KB147422

다시 태양이 되기 위하여

Chung Hyun Kyung
STRUGGLE TO BE THE SUN AGAIN
Introducing Asian Women's Theology
© Orbis Books, Maryknoll, New York 1990

Translated by Park Jae Soon
© Benedict Press, Waegwan, Korea 1994

다시 태양이 되기 위하여
1994년 7월 초판 | 2007년 2월 3쇄
지은이 · 정현경 | 옮긴이 · 박재순 | 펴낸이 · 이형우
ⓒ 분도출판사
등록 · 1962년 5월 7일 라15호
718-806 경북 칠곡군 왜관읍 왜관리 134의 1
왜관 본사 · 전화 054-970-2400 · 팩스 054-971-0179
서울 지사 · 전화 02-2266-3605 · 팩스 02-2271-3605
www.bundobook.co.kr
ISBN 89-419-9412-8 04340
ISBN 89-419-9751-8 (세트)
값 8,500원

아시아 신학 총서 7

다시 태양이 되기 위하여

아시아 여성신학의 현재와 미래

정현경 지음 / 박재순 옮김

분도출판사

나를 낳아 주신 어머니
오양광(1915년~),

내게 젖을 먹여 주신 어머니
강두란(1908~1982년),

내게 꿀을 먹여 주신 어머니
장원(1915년~),

이 세 어머니들께

이 책을
바칩니다.

한국어 출판에 부쳐

이 책을 쓴 지 5년 만에 한국어본이 나오게 되었다. 첫번째 영어본이 나왔을 때나 그후 다른 나라 말들로 번역된 책들이 출판된 때보다 더욱 마음이 설레인다. 모국어에서 느끼는 "너무 가까움"이 중층적인 두려움과 떨림, 기대와 희망을 불러일으키기 때문이다.

3년 전, 분도출판사에서 번역 출판 의뢰가 왔을 때, 처음에는 출판사의 요구대로 나 자신이 이 글을 번역하려고 시도해 보았다. 그러나 곧 그것이 불가능함을 깨달았다. "너무 가까움"에서 오는 억압과 애정이 번역 과정을 방해했기 때문이다. 그후 나는 이 "너무 가까움"의 정체를 알기 위해 고민했다.

나는 이 책의 영어본 서문에서 이 책을 쓰는 과정이 고향으로 가는, 나 자신을 찾는 긴 투쟁과 해방의 여정이었다고 고백했었다. 이 책을 잉태하고 낳는 과정을 통해 제3세계, 아시아, 여성해방 신학자로서의 나 자신을 발견했기 때문이다. 영어본이 나올 당시 나는 고향을 찾은 행복한 사람이었다. 그 행복한 마음을 가슴 가득 채우고, 8년간의 유학생활을 청산하고 진짜 고향으로 돌아왔다. 1989년 여름이었다. 그러고는 곧 "그대 다시는 고향에 가지 못하리"라는 연극의 제목을 되새기며 지난 5년을 살았다. 내가 돌아온 한국은 착취당하는 나라에서 착취하는 나라로 서서히 변해가고 있었고, 씨엔엔(CNN)과 초국적 엠 티비(M. TV)들이 우리들의 안방에서 현란한 춤을 추고 있었다. 베를린 장벽이 무너지면서 내 강의를 듣는 학생들 가슴 속에서 무너져내리는 "이상"의 소리를 들었고, 우루과이 라운드에 맞아 울부짖는 농민들의 울음소리를 지우면서, "국제화", "세계화", "다원화"의 랩송(Rap Song)이 울려퍼지고 있었다.

이 와중에서 한국의 대다수의 교회들은 더욱 큰 교회 빌딩들을 지었고 성서를, 선교사를 "가난한" 나라들에, 또 소위 말하는 "지금은 무너진" 전 사회주의 국가들에 보냈다. 그러나 그 풍족한 "교회 성장" 뒤에서 여성의 목사 안수는 "하느님의 뜻이 아니다", "성서적이 아니다", "문화적으로 시기상조다"라는 이유들로 보류되었고, "타종교에도 구원이 있다"라고 말하는 신학자들은 신학교에서 쫓겨났다.

이 이상한 "고향 땅"에서 나는 민중신학자들과, 사회운동의 새 방향을 찾으려는 이들과 어떤 세계적 변화에도 별 상관없이 계속 억압받는 여성들과 함께 고민한다. 이 땅에서 살아남기 위해, 자기 자신을 달처럼 끝없이 적응시켜 나가던 사람들이 다시 태양처럼 빛나기 위해 우리가 함께해야 할 일은 무엇일까? 21세기를 여는 문턱에 서서, 포스트 모더니즘의 서커스를 보며, 나는 "이제는 돌아와 거울 앞에 선" 누이처럼 웃어 본다. 그러고는 거울에 대고 이렇게 말한다. 이제야말로 더욱더 제3세계 신학이, 아시아의 영성이, 생태학적 여성해방의 비전이, 민중신학이 필요한 때라고. 그러나 이 일을 해나갈 집의 창문과 대문은 세계를 향해, 전 우주를 향해, 미래를 향해 열려져 있어야만 한다고. 그래서 부끄러운 마음으로 오랫동안 감춰왔던 나의 첫 신학적 아기를 내 고향 땅 사람들에게 지금 선보이려 한다. 이 아이의 성장을 위해 귀한 이웃들의 보살핌과 정직한 비판들을 부탁드린다.

그동안 많은 분들이 왜 한국말로 글을 안 쓰느냐고 혹은 못 쓰느냐고 물어오셨다. 그때마다 나는 "화면 조정 시간이에요" 하고 대답했었다. 이제 5년간의 긴 화면 조정 시간이 끝나가는 것 같다. 이 책이 나오는 것을 계기로 더욱 많은 신학적 아이들을 낳고 싶다. 오랜 기간의 침묵 끝에 춤추는 말들이 나올 것 같은 느낌이다. 그 춤들이 살리는 춤, 생명 춤이 될 것을 기도해 본다.

이 책이 나오기까지 애써 주신 분들께 감사드린다. 분도출판사의 이미림 선생님, 임 세바스티안 신부님, 강 안또니오 신부님의 긴 인내와 협조, 박경미, 박재순 님의 원문보다 더 나은 번역이 없었다면 오늘 이 책이 이 땅에 태어나지 못했을 것이다. 또한 지난 5년 동안 나를 명상과 침묵 그리고 지혜와 자비의 세계로 이끌어 주신 많은 스승들과 친지들께 영혼 깊은 곳으로부터의 감사를 보낸다. 바람처럼 강물처럼 구름처럼 곁에 있어 준 고마운 그분들 덕택에

"지금", "여기"가 더욱 아름답고 소중하다.

　마지막으로 내가 아시아 여성해방 신학자가 되기까지 지난 20년의 세월을 한결같이 내 곁에 엄마처럼, 언니처럼, "아내"처럼 계셔 준 이화여대 기독교학과의 스승 장원 선생님께 이 한국어본을 바치고 싶다. 그분의 구체적인 매일매일의 사랑 없이는 나도 이 책도 없었을 것이다.

　이제 또 우리 모두가 태양이 되는 그 날을, 그 땅을 향해 걸어가야겠다.

1994년 통일기원 49년, 이른 봄날,

이화여대 교정에서,

정 현 경

머 리 말

이 책을 쓰는 것은 마치 고향으로 가는 긴 여행을 하는 것과도 같았다. 가는 길에 고난받는 아시아 여성들을 여럿 만났다. 그들의 고통은 나 자신의 상처를 볼 수 있게 해주었고, 해방을 향한 그들의 몸부림은 나와 아시아 자매들의 치유를 위해 열심히 노력하도록 힘을 주었다. 강인하고 지혜로운 아시아 여성들도 여럿 만났다. 그들의 힘과 지혜는 나와 아시아 자매들의 힘과 지혜를 신뢰하도록 영감을 주었다. 그것은 고통과 함께 아름다움으로 가득 찬 여행이었다. 스스로에 대한 증오와 의심이 내 눈을 어둡게 했고, 그래서 나와 아시아 자매들의 새로운 신학이 탄생하는 것을 보지 못했기 때문에 괴로워했다. 하지만 아시아 여성들 가운데서 생명을 주는 진리를 발견하고, 자신에 대한 증오가 사랑으로 바뀐 뒤 나 자신과 아시아 자매들의 아름다움을 기뻐할 수 있게 되었다. 드디어 나는 고향에 돌아온 것처럼 편안하다. 나 자신에게서 그리고 완전한 "여성성"을 향한 아시아 여성들의 투쟁에서 고향을 찾았기 때문이다.

이 책은 지금 태동하고 있는 아시아 여성들의 해방신학에 관한 것이다. 나는 생존과 해방을 위한 그들의 투쟁에 비추어서 아시아 여성신학의 배경과 구체적인 공헌을 밝히고 싶었다. 화산이 폭발하는 것을 목격하고 빨리 그 사실을 다른 사람들에게 알리고 싶어하는 화가와 같은 심정으로 아시아 여성들의 이야기와 시, 신학적인 글들을 모았다. 하지만 그 폭발이 너무나 급박하고 변화무쌍해서 아주 굵고 빠른 선으로 화산의 윤곽밖에 그릴 수 없었다; 오랫동안 침묵해 왔던 아시아 여성들 가운데서 일어난 이 역사적인 폭발 장면을 세세한 부분까지 섬세하게 그리는 것은 내게는 늘 어려웠다. 내가 그린 화산 폭발은 너무 단순하거나 개략적으로 보였다. 하지만 내 그림이 폭발의 순간을 정확하게 포착했다고는 생각한다.

나의 아시아 자매들과 또 그들의 투쟁에 연대하는 사람들에게 부끄럽고 떨리는 마음으로 이 미완의 폭발 그림을 내민다. 내 그림이 고향 여행을 하는 사람들의 마음에 작은 일렁임이 일게 하고, 나눔과 토론, 싸움과 웃음 그리고 기쁨이 생겨나게 했으면 한다.

긴 여행중에 많은 사람들이 내게 도움의 손길을 주었다. 그들은 때로 앞뒤가 안 맞는 내 말을 들어 주었고, 우정의 양식을 먹여 주었으며, 엄마를 찾을 때마다 나를 안아 주었다. 그래서 이 외롭고 힘든 여행을 견딜 수 있었다.

맨 먼저 뉴욕 유니온 신학교의 네 분 박사학위 지도위원들께 깊은 감사의 마음을 전하고 싶다. 그분들은 나의 지적인 성장을 도와 주었으며, 학위 논문을 이렇게 책으로 낼 수 있도록 지원해 주었다. 지도교수였던 제임스 콘(James Cone)은 "내게 가장 많은 상처를 주는 문제"에 대해 학위 논문을 쓰라고 격려해 주었다. 그는 "뭔가 심오한 것을 써야 한다고 생각하는 강박관념"으로부터 벗어나서 아시아 여성들의 신학적인 지혜를 신뢰하고, 그것을 쉽고 단순하게 기술하라고 했다. 그리고 정말로 가난한 자들의 소리를 전하고 싶다면 제대로 전해야 한다고 충고했다. 콘 교수의 지도와 이해, 우리 민족에 대한 사랑을 진심으로 감사한다. 베버리 해리슨(Beverly Harrison)과 그의 글들, 특히 「사랑의 일을 하는 데서 분노가 가지는 힘」(*The Power of Anger for the Work of Love*) 때문에 나는 유니온 신학교에 들어가게 되었다. 유니온 시절 그의 존재는 나의 분노를 진지하게 여겨야 하며, 그것을 나 자신에게 향하게 할 것이 아니라 "정의를 향한 열정"으로 변화시켜야 한다는 점을 늘 일깨워 주었다. 고수 케 고야마(Kosuke Koyama) 교수는 내 논문의 여러 부분에 대해 반대했는데 그로 인해 나는 점점 더 복잡해져 가는 아시아의 정체성을 분명히 볼 수 있게 되었다. 그의 도전은 아시아 상황에서의 그리스도교의 의미에 대해 다시 생각할 수 있게 해주었다. 예일 대학 신학부의 레티 러셀(Letty Russell)은 많은 아시아 여성들과의 지속적인 개인적 교류를 통해 그리고 새로 나오는 아시아 여성신학 글들을 부지런히 읽어 줌으로써 내게 큰 힘이 되었다. 아시아 여성들과 그가 나눈 자매애와 연대, 특히 북미주에 있는 아시아 여성 신학자들에 대한 진심에서 우러난 지원은 나의 여행에 힘을 불어넣어 주었다.

아시아와 제3세계의 여러 신학자들이 귀중한 시간을 내어 인터뷰에 응해 주었으며, 이들과의 대화는 신학적으로 성장할 수 있는 자극이 되었다. 또 아시아의 여러 자매들에게도 감사를 표하고 싶다: 한국의 이우정·조화순·이선애·정숙자·강명순·손은하, 인도의 아루나 그나나다슨(Aruna Gnanadason), 스리랑카의 말린 페레라(Marlene Perera)·버나딘 실바(Bernadeen Silva), 필리핀의 엘리자베스 타피아(Elizabeth Tapia)·로레토 마파(Loretto Mapa)·버지니아 파벨라(Virginia Fabella), 홍콩의 곽퓨란(Kwok Pui-lan), 타일랜드의 난타완 분프라사트 루이스(Nantawan Boonprasat Lewis), 이분들께 감사를 드린다.

또 인터뷰를 통해 내게 영감을 준 아시아와 제3세계의 남성 신학자들에게도 감사를 드린다: 한국의 현영학·안병무·서광선·김용복·박상중, 스리랑카의 티사 발라수리야(Tissa Balasuriya)·알로이시우스 피어리스(Aloysius Pieris)·프레만 나일스(Preman Niles), 인도의 M. M. 토마스·새뮤엘 라이얀(Samuel Rayan)·K. C. 애이브라함(Abraham), 싱가포르의 유츄락(Yeow Choo Lak), 가나의 머시 암바 오두요예(Mercy Amba Oduyoye). 이분들께 감사를 드린다.

한국의 이화여자대학교 선생님들과 동료들, 특히 이전 지도교수였던 박순경 교수께 깊은 감사를 드린다. 여성신학 센터의 동료들에게도 깊이 감사한다. 도나 비벤스(Donna Bivens), 낸시 리차드슨(Nancy Richardson), 프란신 카드만(Francine Cardman), 그리고 1988~1989년 연구/실천 프로그램에 함께했던 분들께도 감사를 드린다.

소중한 친구들이 나를 깨어 있게 해주었다. 보스톤에 있는 안젤리카와 리차드 하터(Angelica & Richard Harter)는 내가 논문을 마무리지을 동안 머물 장소를 제공해 주었다. 패트리샤 매칼럼(Patricia McCullum)은 내게 아시아 음식과 여성 해방적 영성을 먹여 주었다. 김혜선은 내가 날 때부터 춤꾼이었음을 확인시켜 주었다. 바바라 브로클만(Barbara Brockelman)은 나의 여신이 탄생할 수 있도록 도와 주었다. 편집자 토마스 홀트(Thomas Holt)는 나의 부족한 영어를 제대로 된 말로 고치는 힘든 일을 해주었다.

보스톤에서 논문을 쓰는 동안 뉴욕에 남아 있던 유니온 신학교의 친구들은 내가 논문 심사를 받는 꿈을 꾸었다고 하며 전화로, 반가운 카드로 내게 용기를 주었다. 그들은 아다 마리아 이사시-디아즈(Ada María Isasi-Díaz), 마릴린 레그(Marilyn Legge), 파멜라 브루베이커(Pamela Brubaker), 엘리자베스 바운즈(Elizabeth Bounds), 로이스 커크우드(Lois Kirkwood), 샐리 맥니콜(Sallie McNickle), 드와이트 홉킨스(Dwight Hopskins), 하워드 와일리(Howard Wiley)이다. 특별히 유니온의 한국 학생들에게도 감사를 드린다. 뉴욕에서 여성 해방운동을 하는 세 한국 친구들도 내게 끊임없는 영감을 주었다: 신혜수, 류숙렬, 이성옥이 그들이다. 한국 여성들의 투쟁에 대한 그들의 헌신과 부지런한 연구와 활동, 살아 있는 열렬한 한국 여성으로서의 힘에 찬사를 보낸다.

마지막으로 나의 남편 천상경에게도 감사를 표하고 싶다. 그는 넓은 마음과 이해심으로 나를 지켜봐 주었으며, 여덟 달 동안 아내인 내가 내 역할을 못하는 중에도 기꺼이 나를 도와 주었다.

8년 만에 고국으로 돌아가는 것은 내게는 크나큰 기쁨이었다. 이제 서구 신학으로부터 받은 영향을 "씻어내고", 내 민족의, 특히 내 선조 어머니들의 영적인 지혜로 "재교육"해야 할 때가 되었다. 나는 어머니 대지의 풍부한 토양에 깊이 뿌리를 내리고 양분을 빨아들이는 젊은 나무로, 내 민족의 역사와 문화의 우물로부터 물을 마시는 젊은 나무로 나를 그려 본다. 통일을 갈망하는 분단된 나의 조국에서 나는 강인한 어머니들의 힘을 보며 기뻐한다. 그들을 기억하면서 겸손한 마음으로 이 책을 나의 세 어머니들께 바친다: 나를 낳아 주신 어머니 오양광, 나를 길러 주신 어머니 강두란, 한국에서 대학 시절 영적으로 나를 지도해 준 이화여대 은퇴 교수 장원. 이분들의 피와 살, 젖과 꿀이, 꿈꾸고 모험하고 치유할 수 있는 용기를 내게 주었다.

1989년 8월 15일, 서울, 이화여자대학교에서

정 현 경

차 례

한국어 출판에 부쳐 ··5

머리말 ···8

참고 문헌 ···213

서론···15

① **아시아 여성신학의 역사적 배경** ·····················29
  아시아 기독교협의회(CCA) 여성국 ·················32
  제3세계 신학자협의회(EATWOT)의 여성위원회 ······37
  「하느님의 형상으로」: 아시아의 여성신학 잡지 ········46
② **아시아 여성신학의 사회적 배경** ·····················51
③ **다시 태양이 되기 위한 투쟁:**
  인간성에 대한 아시아 여성들의 신학적 성찰 ········75
  인간이 된다는 것은 고난받고 저항하는 것이다 ·······81
  인간이 된다는 것은 하느님의 형상대로 창조되는 것이다·····95
④ **아시아 여성들에게 예수는 누구인가?** ·············105
  전통적인 상들··································105
  새롭게 생겨나는 상들 ····························120
⑤ **오늘의 아시아 여성들에게 마리아는 누구인가?** ·····141
  완전한 여성, 완전히 해방된 인간의 모범으로서의 마리아 ·······146
  참된 제자직의 모범으로서의 마리아·················155
  인류의 구원을 위한 공동의 구원자로서의 마리아·······158
⑥ **떠오르는 아시아 여성들의 영성** ···················161
  아시아 여성들의 영성 형성 ·······················164
  아시아 여성들의 영성의 특징 ·····················173
  아시아 여성들의 새로운 영성의 다양한 모습들 ·········182
⑦ **아시아 여성신학의 공헌과 미래** ···················185
  신학에 대한 새로운 이해 ·························186
  신학자의 정체성에 대한 새로운 이해····················191
  새로운 방법론································195
  아시아 여성신학의 미래 ··························205

서 론

신학을 한다는 것은 개인적이며 동시에 정치적인 행위이다. 한국 여성으로서 내가 신학을 하는 것은 통전성을 향한 나 자신의 투쟁과 자유를 향한 우리 민족의 구체적이고 역사적인 투쟁 속에서 완전한 인간됨의 의미를 추구해 가는 과정이기도 하다. 나는 우리 한가운데 계시는 하느님의 현존과 활동을 분별해서 내가 속한 공동체는 물론이고 나 자신의 해방 과정에 힘을 불어넣고 싶다. 우리들 하나하나가 가지고 있는 고통과 기쁨, 투쟁과 해방의 이야기들은 늘 우리의 사회-정치적·종교-문화적 상황과 관련되어 있다. 그러므로 신학은 개인적이면서 동시에 공적인 작업이다.

나의 신학적 물음들은 하늘로부터 떨어진 것도 아니고 상아탑에서 생긴 것도 아니다. 그 물음들은 어떠한 식민주의에 의해서도 희생당하기를 거부하는 제3세계 여성으로서 내가 가졌던 분노와 희망으로부터 생겨났다. 또한 나의 신학은 자주적이 되고자 하는 열렬한 욕구로부터 영감을 받았고, 민중사에 대한 제3세계의 해방 지향적 해석으로부터 생겨났다.

나의 신학적 관점을 형성하는 데 가장 중요했던 두 가지 사건은 한국의 학생운동과의 만남과 나를 낳아 준 씨받이 어머니와의 만남이었다. 내 개인사에서 일어난 이 두 사건으로 나는 내 민족과 깊은 내면의 자아로부터 나오는 울부짖음을 들을 수 있게 되었다.

한국의 학생운동으로 인해 나는 제3세계의 현실에 눈을 뜨게 되었고, 일생 처음으로 이 운동을 통해 내가 가난한 집안 출신이라는 데 대해 자부심을 느꼈다. 대학에 들어가서 이 운동에 가담하기 전까지 나는 늘 집에 돈이 없는 것과 나의 외모에 대해 창피하게 생각했다. 나는 말라깽이에다 피부가 검고, 납작코에 둥근 얼굴을 하고 있었다. 사람들이 나를 쳐다보는 시선만으로도 내가 예쁘지 않다는 것을 알 수 있었다.

열 살 되던 해 아버지가 파산해서 가산을 전부 날리게 된 후로 나는 우리가 살던 가난한 동네에서의 삶으로부터 벗어나기 위해 안간힘을 썼다. 한때 누렸던 물질적인 안락함과 부유했던 예전 이웃들을 그리워했다. 그곳에서는 모든 것이 깨끗해 보였다. 일 년 내내 꽃이 피어 있었고, 아이들도 상스런 말을 쓰지 않았다. 주변 환경은 늘 아름답고 쾌적했다. 그곳을 떠나서 가난한 사람들과 함께 살게 된 것은 내게는 "실락원"이나 마찬가지였다. 청소년기 내내 나는 주위의 가난한 사람들과 똑같이 되기를 싫어하는 이상한 계집아이였다. 나는 그 게토로부터 탈출해서 예전에 나서 자라던 곳으로 돌아가기 위해 열심히 공부했다. 마음을 단단히 먹고 나는 우리 나라에서 제일 좋다는 고등학교에 들어가는 데 성공했다. 한국 사회에서 이것은 더 높은 위치로 상승할 수 있는 받침대였다. 당연히 이 학교 학생들 대다수는 특권층 출신이었다. 하지만 그들이 "낙원"에서 온 사람들 같아 보이지는 않았다. 그들이 가깝게 느껴지지 않았다. 교만하고 자신들이 특권층임을 전혀 모르는 듯한 그들의 태도는 나와 그들 사이에 건널 수 없는 큰 간격을 느끼게 했다. 우리 모두 교복을 입었지만 점심 도시락 반찬을 보면 각자 어떤 배경을 가지고 있는지 알 수 있었다. 매일매일 점심 시간이 괴로웠다. 왜 그렇게 많은 아이들이 미국 햄이나 치즈, 그밖에 다른 외국 식품들을 매일 먹었는지 모르겠다. 나와 그들 사이의 깊은 경제적인 간격을 도저히 이해할 수 없었다. 그 아이들은 복이 많아서 부자 부모들을 만났고, 나는 복이 없어서 가난한 부모를 가졌거니 생각했다. 하느님이 공평하신지에 대해서도 의문이 생겼다. 어째서 나와 내 주변 사람들은 부자가 아닌데 어떤 사람들은 그렇게 부자가 되도록 허락하셨는지 하느님을 이해할 수 없었다.

학교생활에서도 극단적인 경쟁 때문에 모든 학생들이 비인간화되었다. 교과 과정도 주로 영어, 수학이나 불어, 독일어 같은 외국어를 배우는 데 집중되었다. 좋은 성적을 받아야 좋은 대학에 갈 수 있었다. 우리는 좋은 성적을 받기 위해 미친듯이 로봇처럼 외국어 단어들과 수학 공식을 외웠다.

정말 지겹고 외로웠던 청소년기였다.

이처럼 해결되지 않은 많은 물음들과 정체를 알 수 없는 억압된 분노를 가지고 대학에 들어갔고 학생운동에 접하게 되었다. 그것은 내게 구원의 경험이었다. 학교 밖의 소규모 그룹 스터디에서 우리 민족의 만성적인 고난의 원인인 식민주의와 신식민주의의 본질에 대해 배웠다. 나를 따라다녔던 가난이 운이 나빠서, 혹은 게을러서가 아니라 민족과 제도, 국가 사이의 불평등한 관계 때문이라는 것을 점차 깨닫기 시작했다.

나는 우리나라가 남반구를 착취하는 북대서양의 여러 나라들처럼 다른 민족들에게 고통을 주는 나라가 아니라서 다행이라고 생각했다. 제국주의의 악을 폭로하고 고발하는 제3세계의 한 사람으로서 목청을 높일 수 있다는 것이 자랑스럽게 느껴지기까지 했다. 학생운동의 영향을 받았던 우리들 중 많은 사람들은 국내외의 권력 엘리트들이 꾸며댄 거짓들을 폭로하려고 했다. 우리는 우리 민족과 역사, 문화에 대한 이해 그리고 미의 기준마저도 주로 일본 식민 지배 세력과 미국의 신식민주의적인 지배 공작에 의해 너무나 많이 왜곡되었다는 사실을 깨닫게 되었다.

또한 우리는 제도교육과 대중매체, 정부, 군대, 법률, 우리나라의 생산 양식 등 거의 모든 것에 대해 의문을 제기했다. 공부를 할수록 그리고 우리나라의 제3세계적 현실을 경험할수록 우리가 제1세계의 정치적·문화적 제국주의에 의해 얼마나 많이 세뇌당했는지 알 수 있었다. 우리를 둘러싸고 있는 권력 구조에 대해서도 근본적인 질문을 제기했다. 우리는 "주인이 가르쳐 준 방법으로 결코 주인의 집을 부수지는 못한다"[1]는 사실을 알았다.

우리들 중 많은 학생들이 "의심의 해석학"[2]의 대가가 되었다. 우리는 세상 어느 곳에서나 지배 권력이 하는 말을 그대로 믿지 않았다. 오히려 그들의 말과 행동에 의해 득을 보는 자들이 누구인지 알기 위해 권력 관계 속에서

1. Audrey Lorde, *Sister Outsider* (New York: The Crossing Press, 1984) 110.
2. "의심의 해석학"이라는 용어에 대해서는 Juan Luis Segundo, *The Liberation of Theology* (Maryknoll, New York: Orbis Books, 1976); José Míguez Bonino, *Doing Theology in a Revolutionary Situation* (Philadelphia: Fortress, 1975).

의 그들의 행동을 면밀히 검토했다.

제3세계적인 것에 대한 나의 인식은 신학을 하는 과정에서 식민주의와 신식민주의의 문제를 생각하게 만들었다. 한국에서 정식 신학 수업을 받는 동안 내가 배웠던 것은 유럽 신학이었다. 슐라이어마허(Schleiermacher)·바르트(Barth)·틸리히(Tillich)·불트만(Bultmann)·몰트만(Moltmann)·판넨베르그(Pannenberg) 등, 이른바 19,20세기 신학적 거장들의 신학을 배웠다. 한국 민족과 한국의 역사와 문화에 대한 우리의 신학적 성찰에 대해서는 아무것도 배우지 못했다. 따라서 대학에서 내가 배운 것들은 한국의 민중들이 매일매일 치러나가는 투쟁 속에서 하느님의 활동을 분별해 낼 수 있는 능력을 길러 주지 못했다. 대신 내가 받은 정식 신학 교육 안에 자리잡고 있던 거짓 이데올로기를 발견할 수 있게 해준 것은 학생운동이었다. 신학적 제국주의의 모든 측면들을 해체해 나가는 것이 나의 신학적 작업의 주요 초점이 되었다. 나는 우리에게 고통을 주는 제1세계 사람들이 만들어 놓은 신학적 수수께끼를 푸는 데 내 인생을 허비하지 않기로 결심했다; 그들의 신학적 제국주의를 폭로하고, 생존과 해방을 위한 투쟁 가운데서 우리 민족의 내면에서 울려나오는 소리를 들으면서 아시아 민중의 역사와 문화를 공부하는 데 내 정력을 바치고 싶었다.

그러나 지나온 나의 신학 수업을 돌아보면 유럽과 북미의 백인 신학이 지닌 식민주의적·신식민주의적 요소를 파헤치고, 거기에 대해 반응하는 데 나의 신학 교육의 대부분의 시간을 바쳤다고 고백해야 할 것 같다. 백인들의 학문적 장에서는 나 자신의 신학을 세우는 데 시간과 정력을 쏟기가 어려웠다. 억압적 체제에 반대하는 것만으로는 해방의 현실을 건설하지 못한다는 사실을 분명하게 깨달았다. 새로운 해방의 현실을 발견하고 건설하기 위해서는 나 자신과 나의 민족의 힘과 역사와 계속 접해야 한다는 힘든 사실을 깨달았다.

나의 실존적인 신학 작업이 해체 작업에서 건설 작업으로 변화할 수 있는 결정적인 계기가 된 것은 나를 낳아 준 어머니를 발견한 사건이었다. 내 어머니는 한국판 대리모였다. 1987년 여름 박사학위 논문 준비차 한국을 방문했을 때 나는 처음으로 나를 실제로 낳아 준 어머니가 따로 있다는 사실을 알았다. 나는 늘 나를 길러 준 부모가 나를 낳아 주었거니 하고 생각했었다. 가족 중 어느 누구도 친어머니의 존재에 대해서 이야기해 준 적이 없었다. 아버지가 나의 출생에 관한 서류들을 모두 조작했기 때문에 낳은 어머니는 완전히 "이름 없는" 여자가 되어 버렸고, 우리 가족사에서 공적으로나 사적으로나 깨끗이 지워져 버렸다. 부모가 돌아가실 때 유언에서도 낳아 준 어머니에 대해서는 일언반구의 언급도 없었다.

나를 낳아 준 어머니가 따로 있다는 사실을 알려 준 사람은 나의 사촌이었다. 그는 나의 출생에 관해 철저히 지켜졌던 비밀을 잘 알고 있었다. 내가 태어날 당시 그는 나의 부모와 함께 살면서 집안 일을 돕고 대신 살 곳과 먹을 것을 제공받았다. 그의 아버지는 전라도의 작은 섬에 사는 가난한 어부였는데 어린 딸을 도시의 잘 사는 형제에게 보낸 것이었다. 그 당시 아버지는 지역에서 어느 정도 정치적·경제적 힘을 가지고 있었다. 아버지는 아이를 원했지만 어머니는 아이를 낳지 못했다. 25년을 기다린 끝에 아버지는 자기 아이를 낳아 줄 여인을 찾기로 했다.

나를 낳은 분은 전라도 광주에서 아들 하나와 함께 살고 있던 가난한 미혼모였다. 그는 일제시대에 연인을 잃었다. 나를 낳은 것은 그에게는 커다란 기쁨이면서 동시에 슬픔이기도 했다. 그는 아버지와 새로 내 어머니가 될 여자에게 나를 넘겨 주어야만 했던 것이다. 그들은 내 첫돌날 친어머니에게서 나를 데려갔다고 한다. 그는 나를 보내기를 원치 않았다. 그러나 아버지와 나의 양어머니에 대항해서 싸울 수 없다는 것도 잘 알고 있었다. 그들은 힘이 있었지만 나를 낳아 준 어머니는 아무 힘도 없었다. 나를 낳은 어머니는 나를 떠나보낸 32년 전 어느 비오던 봄날 기차역에 주저앉아 울고 또 울었다고 한다. 얼마 안 가서 그는 나를 잃은 슬픔 때문에 정신에 이상이 생겼다. 당시 십대였던 그의 유일한 아들은 어머니의 고통을 스스로 감당할 수 없어서 자살을 하고 말았다.

유교적인 윤리의 영향을 강하게 받은 한국에서는 결혼의 틀을 벗어나서 아이를 낳은 여성들을 철저하게 배척한다. 어떠한 법이나 관습, 집단도 그들을 보호해 주지 못한다. 그들은 버림받은 사람들이다. 이런 여자들은 스스로에 대해 부끄러움을 느껴야 한다는 것이 일반적인 사회적 통념이다. 이들이 겪는 사회적 소외는 당대에서 그치지 않는다. 그것은 자식들에게까지 이어진다. 20세기 초까지 이어졌던 조선시대에는 첩의 자식들은 과거를 볼 수도 없었다.[3] 이런 전통은 비록 많이 덜해지긴 했지만 오늘날에도 살아 있다. 나의 친어머니는 사회적인 질시로부터 나를 보호하려고 했다. 그는 인간으로서의 자기 존재를 완전히 지워 버리고, 마치 내가 자신에게서 태어나지 않은 것처럼 함으로써 나를 "정상적이고 합법적인" 부류의 아이들에 속하게 하고 싶어했다. 나를 낳아 준 어머니에게서 역사상 희생당한 수많은 사람들의 모습을 볼 수 있다.

처음 나를 낳아 준 어머니를 만나서 그의 힘겨웠던 인생 이야기를 들었을 때 나의 깊은 곳에서 무엇인가가 깨어지는 것을 느꼈다. 그것은 마치 세례를 받는 것과도 같았다: 무언가가 깨끗이 씻겨져 내리는 것 같았고 자유의 기운이 내 몸 전체를 흐르는 것 같았다. 일흔두 살 난 병든 어머니를 통해 나는 민족사 속에서 짓밟혀 왔던 힘과 마주치는 경험을 했다. 나는 스스로에게 말했다. "현경아, 너는 11년 이상 신학 공부를 해 왔다. 하지만 누굴 위해서 지금까지 신학을 해 왔니? 왜 신학을 공부하려고 했니? 너는 늘 네 나라의 억눌린 사람들에게 힘을 불어넣기 위해 신학을 한다고 생각했지. 자, 봐라! 정말로 네 신학을 발전시키면서 가난한 사람들의 문화와 역사에 관심을 기울였는지 생각해 봐라! 네 신학을 형성시키는 대부분의 시간을 너는 누구와 함께 보냈니? 가난한 사람들과 함께였나? 아니면 상아탑 속의 지식인들과 함께였나? 의식적으로건 무의식적으로건 신학을 지배하는 사람들에게 그들의 언어를 써서 너의 지적 능력을 입증하는 데 열중하지 않았니?"

---

3. 유교적인 사회 속에서 한국 여성들의 삶에 대해서는 이옥경, 「이조 시대 정절 이데올로기 형성과 정착에 관한 연구」, 석사학위 논문, 이화여자 대학교, 1985.

나는 부끄러웠다. 유럽이나 북미의 지배적인 신학자들보다 더 나은 신학자가 되겠다는 나의 감추어진 욕망이 부끄러웠다. 나는 유럽 사람들처럼 신학을 하고 싶어하던 열망에서부터 벗어나서 편안하게 쉴 수 있는 어머니의 열린 가슴을 향하고자 하는 내적인 영의 강한 힘을 느꼈다. 다시 뒤돌아볼 필요조차 없었고, 나는 "그들"과 "나" 사이를 가로막는 높은 신학 교육의 담을 넘어서 그것을 무너뜨리고 싶은 강한 실존적 욕구를 느꼈다. 그리고 어머니를 바라보았다. 울고 있는 나의 어머니는 마치 성상과도 같아서 하느님이 나의 사명이 무엇이라고 말하는지 그를 통해 분명히 알 수 있었다.

나를 낳아 준 이 여인을 만남으로써 나의 신학적 의식의 또 다른 차원이 열렸다. 이론적으로 씨름했던 여러 신학적 문제들이 실존적으로 내게 분명히 다가왔다. 어머니와의 만남은 나의 신학적 관심들을 분명히 할 수 있게 해주었고, 특별히 제3세계 여성신학의 규범과 자료들에 관련해서는 더욱 그러했다. 어머니의 삶의 이야기를 들으면서 — 이 외롭고 험한 세상 속에서 단순히 살아남기 위한 투쟁의 이야기 — 나는 그가 살아 온 "침묵의 문화"에 분노하곤 했다.[4] 그 주변의 사람들은 어떻게 해서든 그를 침묵시키려고 했다. 생산적이고 공적인 인간이 될 어떠한 체계적인 도움도 없는 그가 죽지 않고 살아남을 유일한 길은 완전히 보이지 않게 되는 것이었다. 그러나 "침묵은 결코 그를 보호해 주지 못했다."[5] 그의 마음은 갈가리 찢겨졌고, 가난에 내몰려졌으며, 한동안은 정신이상까지 되었었다.

신학 수업을 받던 11년 동안 나는 높은 교육을 받은 스승들을 위해 수많은 보고서들과 신학 논문들을 썼다. 내가 말하고 글을 쓰는 방식과 내용은 거기에 맞게 틀이 잡혀서 내 어머니 같은 사람들은 내가 무슨 말을 하는지 도무지 알아들을 수 없게 되어 버렸다. 유럽과 미국의 신학자들이 말하는 "훌륭하고" "전문적인" 신학자가 될수록 내 어머니 같은 사람들과는 멀어져

---

4. Paulo Freire, *Pedagogy of the Oppressed,* Myra Bergman Ramos 역 (New York: Seabury Press, 1970) 참조.

5. Lorde, 41.

만 갔다. 더 이상 유럽의 특권층 사람들의 질문에 답하고자 하는 이른바 "종합적인" 신학을 하지 않겠다는 것이 이제 내게 아주 분명해졌다. 나는 내 어머니 같은 사람들과 연대하는 신학, 그들에 대한 사랑에서 우러나는 신학을 하고 싶다. 그래서 백인과 자본주의, 남성이 지배하는 이 세상에서 "역사의 밑바닥 중에서도 더 밑바닥에"[6] 속하는 — 내 어머니 같은 — 희생 당한 사람들, 특히 아시아 여성들의 상처와 고통에 소리를 불어넣고, 그들을 부활시키고 싶다.

아시아의 짓밟힌 여성들을 나의 신학의 일차적인 맥락으로 선택한다는 것은 그들의 경험에 대해 책임이 있는 신학을 하겠다는 것을 뜻한다. 서구 남성 지식인들의 삶의 경험으로부터 나온 신학적 언어와 패러다임, 질문들은 아시아 여성신학의 자원이 될 수 없다. 그들은 아시아의 가난한 여성들을 비인간의 지위로까지 몰아넣은 지배문화를 형성시킨 장본인들이기 때문이다. 아시아 여성 해방신학의 자원은 아시아 여성들 자신의 삶의 경험으로부터 나와야 한다. 아시아 여성들이 자신들의 구체적인 매일매일의 삶의 경험들이 스스로를 위한 종교적인 의미 구조를 세우는 데 가장 중요한 자원이라고 여길 때 비로소 우리는 강요된 종교적 권위로부터 자유로워질 수 있다.

우리 아시아 여성들은 스스로의 느낌과 판단을 신뢰하고, 그것들을 사용하여 옳고 그름, 선과 악을 규정하는 기존의 규범 체계에 도전해야 한다. 우리의 구체적이고 역사적인 매일매일의 삶의 경험들이 우리의 신학을 최종적으로 검증하는 시험대가 되어야만 한다. 만일 어떤 종교적 가르침이나 실천이 아시아 여성들에게 생명의 힘을 주고, 삶을 지탱하고 해방시킬 수 있게 한다면 그것은 우리들에게 "기쁜 소식", 곧 복음이다. 그러나 만일 그것이 내적으로나 외적으로나 아시아 여성들을 죽게 만든다면 그것은 "나쁜 소식"이다. 아시아 여성들의 저항과 투쟁 공동체 스스로가 우리의 해방과 통전성의 의미를 정해야만 한다.

---

6. Nantawan Boonprasat Lewis, "Asian Women Theology: A Historical and Theological Analysis", *East Asian Journal of Theology* 4:2 (10,1986) 18.

이 책은 새롭게 떠오르고 있는 아시아 여성들의 해방의식을 해석하고 있다. 나의 목적은 새롭게 떠오르는 아시아 여성 해방신학의 구체적인 공헌을 복음의 의미로 표현해 내려는 것이다. 아시아 여성들이 생존과 해방을 위한 투쟁으로부터 신학과 교회에 대해 제기하는 두드러진 신학적 도전은 무엇인가? 이것이 내가 답하고자 하는 질문이다. 나는 여기서 아시아 여성신학의 공헌을 밝힐 뿐만 아니라 앞으로 취해야 할 방향까지 제시하고자 한다.

여성 해방적 의식을 가진 아시아 여성신학 저술은 1980년대에 가서야 나타나기 시작했으므로 아시아 여성신학에 관한 연구 작업이 많지는 않았다. 아시아 여성신학의 특수한 주제들에 관한 개별 논문들이 여러 잡지에 실리기는 했다. 그러나 세부적인 연구는 드물었다. 중요한 박사학위 논문이 둘 있는데 하나는 홍콩의 곽퓨란이 썼고, 다른 하나는 필리핀의 엘리자베스 타피아가 썼다.

홍콩의 중화대학(Chinese University) 교회와 사회 강사인 곽퓨란은 하버드 신학대학(Harvard Divinity School)에서 「1860~1929년의 중국 여성과 그리스도교」라는 주제로 박사학위 논문을 마쳤다. 그는 그리스도교가 중국 여성의 삶에 끼친 영향을 돌아보면서 부상하고 있는 아시아 여성들의 해방 의식에 초점을 맞추었다. 그는 중국과 해외 선교국의 많은 문서 자료들을 사용해서 중국 여성의 관점에서 하느님, 그리스도, 마리아, 또 다른 주제들에 관한 신학적인 이해를 표현했다. 그것은 주로 20세기 초 중국 여성들의 역사를 재구성하려는 목적을 가진 역사 연구이다. 이 연구는 아시아 선교 역사를 연구하는 데 새로운 통찰을 보여 주었다.[7]

마닐라에 있는 해리스 메모리얼 대학의 사회윤리학 교수인 엘리자베스 타피아는 클레아몬트 대학원에서 그의 박사학위 논문 「아시아 여성신학에 대한 필리핀 그리스도인 여성들의 공헌」을 썼다. 이 연구 논문에서 타피아는 다양한 사회 계층 출신의 15명의 필리핀 여성들을 면담했고, 여성들에게 완

---

7. Kwok Pui-lan, *"Chinese Women and Christianity 1860~1929"*, 박사학위 논문, Harvard Divinity School, 1989.

전한 인간성의 의미란 무엇인가를 신학적으로 분석했으며, 필리핀 여성신학의 의미에 대해 서술했다. 또한 그는 많은 아시아 여성신학 조직이 생겨나는 현상을 분석했으며, 아시아 여성신학의 발전에 끼치는 그 조직의 영향에 대해서도 분석했다.[8]

아시아 여성신학에 관한 중요한 책들도 있다. 마리안느 카토포의 『자비와 자유』는 아시아 여성신학에 관해 나온 최초의 책이다. 카토포는 문학상을 수상한 인도네시아의 저명한 소설가이자 신학자이다. 그 책에서 카토포는 사례 연구를 통해 아시아 여성들의 상황을 검증하고, 아시아 여성의 현실에 대해 신학적인 반성을 한다. 그는 남성 지배와 서구 제국주의에 대해 전혀 "다른 존재"가 될 수 있는 아시아 여성들의 권리를 강조한다. 그는 지배문화가 정해 놓은 이상적인 여성상과는 전혀 다른 여성 스스로 정한 정체성을 찾아 나가고 있다.[9]

전 이화여대 교수인 조직신학자 박순경은 한국 여성의 투쟁과 제3세계 민중들의 투쟁의 관계에 대한 두 권의 책을 출판했다. 신정통주의의 입장에 확고히 서 있는 그는 한국 여성의 관점에서 그리스도와 교회, 인간, 창조, 새로운 신학 방법론에 이르기까지 그 새로운 의미를 기술했다. 그 두 권의 책 제목은 『민족 통일과 기독교』,[10] 『한국 민족과 여성신학의 과제』[11]이다.

아시아 여성신학에 관한 중요한 논문 모음집도 출판되었다: 제3세계 신학자협의회에서 나온 『자비와 동정으로』[12]와 필리핀의 성 스콜라스티카 대학 여성 연구 프로그램의 일환으로 나온 『여성에 관하여』,[13] 『여성과 종교』,[14]

8. Elizabeth Tapia, *"The Contribution of Philippine Christian Women to Asian Women's Theology"*, 박사학위 논문. Claremont Graduate School, 1989 참조.

9. Marianne Katoppo, *Compassionate and Free: An Asian Women's Theology* (Maryknoll, New York: Orbis Books, 1980) 참조.

10. 박순경, 『민족 통일과 기독교』 (서울: 한길사, 1986).

11. 박순경, 『한국 민족과 여성신학의 과제』 (서울: 대한 기독교서회. 1983).

12. Virginia Fabella & Mercy Amba Oduyoye 편, *With Passion and Compassion* (Maryknoll, New York: Orbis Books, 1988).

13. Mary John Mananzan 편, *Essays on Women* (Manila: St. Scholastica's College, 1987).

스리랑카의 사회 종교 센터에서 나온 『창조에의 찬양』,[15] 『하느님, 여성, 성서』,[16] 인도 전국 그리스도교 여성회의에서 나온 『여성의 관점에서 본 인간성의 신학을 위하여』,[17] 한국 여신학자협의회에서 나온 『한국 여성신학의 상황』,[18] 『한국 여성신학의 과제』,[19] 아시아 그리스도교협의회 여성국에서 나온 『아시아 여성이 읽는 성서』,[20] 아시아 여성 자료 센터에서 나온 『꿈을 꾸는 여성: 아시아 여성의 행동신학』[21] 등이 있다.

아시아의 세 가지 주요 에큐메니칼 잡지들에 아시아 여성신학에 관한 중요한 논문들이 실렸다. CCA 신학위원회에서 나오는 「CTC 불레틴」은 한 호에서 완전히 아시아 여성신학을 다루었다.[22] 「동아시아 신학 잡지」도 아시아 여성신학에 관한 특별호를 내었다.[23] 아시아의 유일한 여성신학 잡지인 「하느님의 형상으로」(In God's Image)에서도 아시아 여성신학에 관한 중요한 논문들을 실었다.

아시아 여성들이 쓴 많은 글들 가운데서 내 연구와 관련해서는 난타완 분프라사트 루이스의 논문을 언급해야겠다. 루이스는 타일랜드 출신인데 지금은 미네소타 주 세인트 폴에 있는 메트로폴리탄 주립대학에서 가르치고 있다. 「아시아 여성신학: 역사적 · 신학적 분석」이라는 논문에서 그는 아시아

14. Mary John Mananzan 편, *Women and Religion* (Manila: St. Scholastica's College, 1988).

15. The Center for Society and Religion 편, *A Hymn to Creation: Essays in Women and Religion* (Colombo, Sri Lanka: The Center for Society and Religion, 1983).

16. The Center for Society and Religion 편, *God, Women and the Bible* (Colombo, Sri Lanka: The Center for Society and Religion, 1983).

17. Aruna Gnanadason 편, *Toward a Theology of Humanhood: Women's Perspective* (Delhi: All India Council of Christian Women, 1986).

18. 한국 여신학자협의회 편, 『한국 여성신학의 상황』 (서울: 한국 여신학자협의회, 1983).

19. 한국 여신학자협의회 편, 『한국 여성신학의 과제』 (서울: 한국 여신학자협의회, 1983).

20. Christian Conference of Asia 편, *Reading the Bible as Asian Women* (Singapore: CCA, 1986).

21. Virginia Fabella & Lee Sun Ai 편, *We Dare To Dream: Doing Thology as Asian Women* (서울: Asian Women's Resource Center, 1989: Maryknoll, New York: Orbis Books 1990).

22. *CTC* (Commission on Theological Concerns) *Bulletin* 4:3 (12, 1983).

23. *East Asia Journal of Theology* 4:2 (1986).

여성신학을 아주 잘 개괄해 주었다. 그는 또한 새롭게 떠오르고 있는 아시아 여성신학의 강조점과 방법론도 분명히 밝혀 주었다.[24]

아시아 여성에 관한 일반 문헌과 신학 작업들을 두루 검토한 끝에 나는 — 오로지 이것들만은 아니지만 — 세 가지 주요 장에서 일어난 아시아 여성들의 해방 지향적·여성신학적 의식의 등장에 초점을 맞추기로 했다: 그 세 가지 장이란 아시아 그리스도교협의회(CCA), 제3세계 신학자협의회(EATWOT) 그리고 아시아 여성신학 잡지인 「하느님의 형상으로」(IGI)이다. 이 세 가지 장을 선택한 것은 무엇보다도 그것들이 국제적인 중심이 되었기 때문인데 거기서 우리는 서로 연결되고, 서로를 풍부하게 하며 격려해서 여성신학의 발전을 이루었다. 각각의 장들은 서로 다른 아시아의 여러 나라에서 온 여성들이 가부장적 신학과 교회, 사회에 저항하는 과정에서 서로 대화하고 지원해 줄 수 있는 장소를 제공했다. 위의 세 가지 주요 장에 덧붙여서 나는 한국 여성으로서의 나의 경험과 한국 여신학자협의회에서 나온 자료들을 사용할 것이다. 또한 인도 전국 그리스도교 여성회의와 스리랑카의 사회와 종교 센터에서 나온 신학 저술들도 이용할 것이다.

아시아 여성들 사이에서 해방 지향적인 여성신학적 의식이 생겨난 것은 최초의 일이었다. 몇몇 아시아 나라들에서는 1970년대에 시작되었으며, 남성들이 지배하는 정치적·신학적 해방운동에 여성들이 참여하는 과정에서 생겨났다. 예를 들어 한국 여신학자협의회는 1970년대의 경험을 통해 교회와 사회에서 횡행하는 성차별을 의식한 그리스도인 여성들에 의해 1980년에 시작되었다.

이 책에서는 국가별 신학협의회의 여성들에 관한 자료를 사용하겠지만 일차적인 초점은 국제적인 데 있다. 말하자면 서로 다른 아시아 여러 나라의 여성들이 함께 여성 해방적 지향성을 가지고 신학을 발전시켜 나가는 사실에 주목할 것이다. 이러한 사실을 검토하는 데에는 CCA와 EATWOT, IGI

---

24. Nantawan Boonprasat Lewis, 18-22.

가 가장 좋은 자료이다. 이 작업을 위한 일차적인 자료는 CCA나 EATWOT, *IGI*에 관여하는 여성들의 신학적 의식이 문건들이나, 협의회, 회의 등에서 표현되기 시작한 1980년대 것들이다.

자료들에 대한 접근 방식은 역사적이며 동시에 분석적이 될 것이다. 위에서 말한 세 조직과 아시아 여성들의 전체 해방운동, 종교적 해방운동의 발전과 관련하여 아시아 여성들의 해방신학이 어떻게 발전했는지 살펴보겠다. 아시아 여성들의 경험으로부터 나온 일차적인 자료들도 비판적으로 분석, 검토하겠다. 그러나 아시아 여성들의 해방신학이 아직 형성 과정중에 있기 때문에 분석적이라기보다는 서술적이고, 이야기식이 될 것이다. 아시아 여성신학도 분석의 과정을 거치고 연대하는 해방의 공동 작업을 통해 서로간의 유사점과 차이점을 발견할 필요가 있다. 그것은 아시아 여성신학이 더 깊은 자기 이해를 발전시키고, 신학적으로 더욱 설득력이 있고, 더 분명하게 실천 지향적이 되도록 도와 줄 것이다.

또한 인터뷰를 통해 수집한 열두 명의 아시아 여성들의 이야기도 사용할 것이다. 그들은 아시아 여성들의 신학이 발전하는 데 중요한 역할을 했던 사람들이다.[25] 그밖에 열네 명의 아시아 남성들과 EATWOT, CCA, 그와 관련된 단체들에 속하는 다른 제3세계 여성들, 남성들과 가졌던 인터뷰도 포함될 것이다.[26]

이 책은 일곱 개의 장으로 나뉘어진다. ①에서는 CCA와 EATWOT, *IGI*를 통해 아시아 여성들의 신학적 의식화의 역사적 기원이 어떠한지 검토할 것이다. 일차적인 관심은 아시아 여성들의 해방신학이 발전하는 데 이러한

---

25. 인터뷰한 사람들의 이름은 다음과 같다: 한국의 이우정, 조화순, 이선애, 정숙자, 강명순, 손은하; 인도의 Aruna Gnanadason; 스리랑카의 Marlene Perera, Bernadeen Silva; 필리핀의 Elizabeth Tapia, Loretto-Eugenia Mapa, Virginia Fabella; 홍콩의 Kwok Pui-lan; 타이의 Nantawan Boonprasat Lewis.

26. 인터뷰한 남성들의 이름은 다음과 같다: 한국의 현영학, 안병무, 서광선, 김용복, 박상증; 스리랑카의 Tissa Balasuriya, Aloysius Pieris, Preman Niles; 인도의 M.M. Thomas, Samuel Rayan, K. C. Abraham; 싱가포르의 Yeow Choo Lak; 미국의 James Cone; 가나의 Mercy Amba Oduyoye.

조직들이 어떠한 기여를 했는지 살펴보는 것이다.

②에서는 주로 사회와 교회, 가정 내에서의 가부장적 가치들에 대해 여성들이 어떻게 반응했는지에 초점을 맞추어서 아시아 여성신학의 사회적 배경에 대해 기술할 것이다.

네 가지 중요한 신학적 주제들이 아시아 여성 해방신학의 발전을 규정했는데 그것들은 인간론(③)과 그리스도론(④), 마리아론(⑤), 영성(⑥)이다.

⑦에서는 결론적으로 아시아 여성들의 해방신학이 어떤 중요한 공헌을 했는지 그리고 그것이 앞으로 어떤 방향을 취해야 할지 살펴볼 것이다.

이 책은 아시아 여성들의 투쟁 이야기에 이론적인 틀을 부여하려는 데 그 의미가 있다. 나는 "여성이기 때문에" 겪는 경험으로부터 나오는 아시아 여성들의 신학적 음성들을 들어서 제3세계적·아시아적 현실 속에서 해방을 추구하고, 해방을 위해 싸우는 그들의 독특한 모습을 그려내려고 한다. 바라건대 나의 분석이 악을 밝히고, 아시아 여성들 스스로 정의한 완전한 인간성의 모습을 그려냄으로써 아시아 여성들의 해방 과정에 힘을 불어넣었으면 한다.

이 책이 아시아 여성 해방신학의 특이한 도전을 잘 밝혀서 우리와 다른 상황에서 생겨난 다른 신학들, 특히 아시아 남성들의 해방신학이나 다른 제1세계 여성들의 여성 해방신학과 대화를 하도록 자극을 주었으면 좋겠다. 나아가서 단순히 대화에서 끝나는 것이 아니라 서로 연대하는 해방의 실천으로까지 발전했으면 한다. 마지막으로 아시아 여성들의 해방신학을 이해하기 위한 새로운 모델로 내가 제시한 "생존·해방 중심적 혼합주의"는 이 다원적이고 분할된 세계 속에서 하느님의 활동을 더 깊이 이해할 수 있는 문을 열어 줄지도 모른다. 이 책이 자주성과 인간 존엄성 그리고 통전성을 위해 싸우는 아시아 여성들을 지원하는 한 연구가 되기를 바란다.

아시아 여성신학의 역사적 배경

아시아 여성신학은 완전한 인간성의 실현을 위한 아시아인들의 투쟁의 역사
적 맥락에서 탄생했다. 아시아의 여성들은 오랜 침묵에서 깨어나 그들의 하
느님 경험을 그들 자신의 언어로 말하기 시작했다.

아시아 여성들이 맨 처음 공적인 장에서 눈에 띄기 시작한 것은 20세기
초, 여러 아시아 국가들에서 반(反)식민주의·민족주의 운동이 등장한 것과
때를 같이한다. 여성들은 제국주의의 사슬을 부수고 그들 나라의 독립과 자
결권을 회복하기 위해 남성들과 함께 싸웠다. 이처럼 여성들은 정치화되어
서 반식민주의 투쟁의 대열에 동참했을 뿐만 아니라 그들 각자의 나라에 온
존하는 봉건적이고 가부장적인 관습과 가치들에 대해서도 의문을 제기하기
시작했다. 그러나 많은 아시아 국가들에서 급진적 여성 해방운동은 국가 독
립 이후 1970년대에 이르기까지 억압받았다. 이들 국가들에서는 독립으로
어느 정도 평화를 이룰 수 있게 되자 자유를 위한 다른 모든 투쟁들이 누그
러들었으며, 여성들 또한 가정으로 돌아가라고 종용받았다. 최근에 아시아
의 여성 역사가들은 본래 탈식민화 기간에 발전되었던 이러한 급진적 여성
해방 사상들을 밝혀 내었다.[1]

현재 급속히 성장하고 있는 아시아의 여성운동은 많은 경우 밑바닥 민중
들의 "생존권" 투쟁에 여성들이 동참한 것에 뿌리를 두고 있다. 신식민주의
자들로부터 민족 독립을 얻기는 했지만 이것이 대다수 아시아인들에게 인간

---

1. 이 분야에 관한 연구로는 Joanna Liddle & Rama Joshi, *Daughters of Independence: Gender, Caste and Class in India* (Delhi: Kali for Women, 1986); Kumari Jayawardena, *Feminism and Nationalism in the Third World* (Delhi: Kali for Women, 1986).

다운 삶을 보장해 주지는 못했다. 신식민주의가 발달하고 소수의 지역 권력 엘리트들에 의한 독재가 시작되자 아시아 사람들은 다시 반(半)봉건주의, 자본주의, 군사주의의 혼란 속에서 고난을 받았다. 그러나 이제 민중들은 자신들의 운명을 스스로 결정하고 모든 사람들을 위한 정의를 이루기 위해 다시 일어났다. 여성들은 그들 공동체의 이러한 생존권 운동에 합세했으며, 그 과정에서 남성들에 의해 규정된 정의가 결코 여성들에게 총체적인 해방을 가져다 줄 수 없다는 사실을 깨달았다. 그래서 여성들은 정의에 대한 자신들의 관심을 표명하기 위해 스스로 집단들을 조직해 나가기 시작했다. 여성들의 이런 노력은 UN의 "여성의 해 10년"(1975~1985) 선포에 의해 훨씬 고무되었는데 그것은 이 선포로 인해 여성 문제가 공적으로 많은 주목을 받게 되었기 때문이다.

이처럼 전체 사회에서 여성 문제에 대한 의식이 높아지자 이것은 교회에도 파급되었다. 신학 교육을 받은 많은 아시아 여성들은 교회가 그들 사회에서 가장 시대착오적인 기관이라는 사실을 깨닫기 시작했다. 여성운동의 압력에 못이겨 이미 전체 사회가 지나치게 가부장적인 인습들을 바꾸기 시작했는데도 불구하고 교회는 여전히 "불변하는 신적인" 기관으로 남아 있으려 했다. 그리스도의 선교 사업에서 평등한 동역자인 여성들은 여러 가지로 교회에서 거부되었으며, 이러한 관행은 성서에 계시된 하느님의 진리라는 미명하에 합리화되었다. 여성들은 남성들에 비해 열등하다고 여겨졌으며, 따라서 아내들은 어찌하든 남편들에게 복종해야 한다고 가르쳐졌다. 여성들은 부정하며, 의지력이 부족하여 유혹에 빠지기 쉽다고 생각되었다. 많은 남성 성직자들은 성서를 인용하며 여성들은 교회 안에서 잠잠해야 한다고 말했고, 따라서 여성 안수와 교회 안에서의 여성 지도력은 인정되지 않았다. 여성이 뭔가 쓸모있는 일을 하려고 할 경우 그들도 역시 그리스도가 십자가에서 고난을 당했던 것처럼 고난을 당해야만 했다.[2]

아시아의 교회 여성들은 이처럼 타락한 그리스도교의 여성 이해를 거부했다. 그것은 정의롭지 못할 뿐만 아니라 그리스도교적이지도 않다는 것이다.

그들은 여성들 자신의 관점에서 성서를 다시 읽기 시작했으며, 그리스도교 신학과 교회의 관행들에 나타난 가부장적 편견들에 도전하기 시작했다.

역사적으로 볼 때 아시아의 그리스도교 여성신학은 이 책 대부분의 자료를 제공한 다음의 세 기구의 도움에 힘입어 생겨났다: 아시아 기독교협의회 (Christian Conference of Asia: 약칭 CCA), 제3세계 신학자협의회(Ecumenical Association of Third World Theologians: 약칭 EATWOT), 잡지 「하느님의 형상으로」(In God's Image: 약칭 IGI).

---

2. 교회에서 고난을 미화함으로 인해 많은 아시아 여성들이 이용당하는 것을 보아 왔다. 예를 들어 신분을 밝힐 수 없는 한 아시아 여성 신학자는 결혼 생활에서 겪었던 고통스러운 경험을 이야기해 주었다. 그의 전 남편은 가톨릭 노동운동가였으며, 독실한 그리스도인이었는데 자신의 사랑을 받으려면 고생을 해야 한다고 말했다. 그는 이렇게 말했다고 한다. "당신은 우리 어머니처럼 20년 이상 나를 위해 고생하지 않았으니 내게서 사랑을 받을 자격이 없소." 이 이야기를 해준 아시아 여성은 자기 전 남편의 말이 매일 가톨릭 미사 기도문에서 읽었던 내용과 똑같았다고 했다. 그 기도문은 "주님, 나는 당신의 사랑을 받을 자격이 없습니다"라는 말로 시작한다. 이 여자는 결혼생활에서 겪었던 고통과 사랑을 자신의 교회생활과 연결시켰다. 결혼생활에서 좋은 아내가 되는 것이 곧 고생을 하는 것이었듯이 교회에서 좋은 그리스도인이 되는 것은 곧 고난당하는 것이었다. 이 밖에도 나 자신의 교회 경험과 많은 아시아 여성들의 이야기에 비추어 보건대 그리스도교 여성들의 삶에서 고난을 미화하는 예는 매우 많다.

아시아 기독교협의회(CCA) 여성국

제2차 세계대전 이후 아시아의 여러 국가들은 식민주의자들로부터 해방되었다. 이러한 정치적 해방에는 두 가지 시급한 과제가 뒤따랐다. 하나는 거시적 차원의 과제로서 아시아 국가들에서 사회-정치적 · 종교-문화적 제도들의 탈식민주의화를 추진하는 것이었고, 다른 하나는 미시적 차원의 과제로서 개인들의 외적 · 내적 삶을 새롭게 다시 건설하는 것이었다. 서양으로부터 수입되어 서양 선교사들의 지배를 받았던 아시아의 그리스도교 공동체들 역시 그들 나라들이 직면했던 이러한 과제들을 감당해야만 했다. 그렇지 않고서는 완전한 인간 해방을 위한 민중들의 투쟁에 그리스도교가 아무런 의미도 줄 수 없었다. 이러한 맥락에서 동아시아 기독교협의회(East Asia Christian Conference: EACC)가 조직되었다〔이것은 아시아 기독교협의회(CCA)라는 달라진 이름으로 1973년에 재설립되었다〕. EACC는 1959년 콸라룸푸르에서 1차 회의를 열었다. 여러 아시아 나라들의 교회 지도자들이 모여서 아시아의 정체성이 무엇인지 밝히고, 자신들의 투쟁과 희망을 함께 나누었다. 초기 단계에서 EACC의 주요 관심은 "민족 수립"이었다.

역사적으로 이 단계에서 가장 분명하게 자기 소리를 낸 사람은 토마스였다. 그에 따르면 "복음을 위해 아시아가 필수적으로 예비해야 할 것"[3]은 민족주의이다. 그는 EACC의 창립 총회에서 이 점을 분명히 밝혔다. 그는 아시아의 상이한 종교 · 이념 집단들이 민족 수립이라는 공동의 관심을 중심으로 함께 공동체를 이룰 수 있다고 주장했다. EACC는 회원 국가들 안에서 급속히 성장하는 민족주의에 대해 적극적인 반응을 보였다.

1960년대에 이르러 EACC는 토착화 문제에 집중했다. 많은 아시아의 신학자들은 각자의 상황에서 의미있는 신학이 되려면 그들 자신의 문화적 · 종

---

3. M. M. Thomas, "Some Notes on a Christian Interpretation of Nationalism in Asia", *South Asia Journal of Theology* 2:2 (1960) 26.

교적 유산에 뿌리를 내려야 한다고 결론지었다. EACC는 토착화 신학 대화를 마련하기 위해 1966년 1차 회의를 열었다.[4] 토착화 신학운동은 아시아의 신학자들이 아시아인으로서의 자기 정체성에 대해 예민한 문제 의식을 느끼도록 도왔으며, 이러한 자기 정체성은 서양 선교사들이 그들에게 정해 준 것과는 전혀 달랐다. 이것은 아시아의 토착 종교들과 문화들에 나타난 하느님의 계시를 긍정하는 것이기도 했다. 그러나 이들의 신학운동의 한계는 얼마 안 가서 드러났다. 신학자들은 자신들의 신학적 상황이 종교·문화적 차원을 훨씬 넘어선다는 것을 깨닫기 시작했다. 신학의 상황에는 아시아의 총체적 현실, 특히 전체 아시아 민중들의 삶의 여러 측면들, 즉 세속적·기술적·이념적·경제적 측면에서 일어나는 인권과 정의의 문제가 포함될 필요가 있었다. 이러한 신학적 접근 방식은 "상황화"(contextualization)라고 불려졌고, "아시아적 비판 원칙"을 밝혀 내는 것이 그 주제가 되었다.[5]

상황화와 아시아적 비판 원칙에 대한 신학적 문제의식이 높아지자 EACC / CCA의 주요 신학적 관심도 밑바닥 민중들의 삶의 경험들로부터 생겨난 아시아 신학을 창출해 내는 것이 되었다. 이들의 신학적 노력은 신학의 상황화라는 주제를 더 분명하게 해주었다. 이에 따르면 민족 수립과 토착화 신학은 계급 문제에 대해 분명한 관점을 가지고 있지 않다. 아시아에서의 민족 수립이 대중들에게는 아무런 이익도 가져다 주지 못했고, 신식민주의 권력과 연계되어 있는 소수의 권력 엘리트들만을 이롭게 했다는 사실이 알려졌다. 이와 함께 토착화 신학도 주로 아시아 고등종교의 경전 본문에 나오는 형이상학적 주제들만을 다루었을 뿐, 가난한 대중들의 살아 있는 종교들

---

4. North East Asia Theological Education Educators' Conference, Seoul, *Theological Education and Ministry Report* (Taiwan: The Presbyterian Bookroom, November 28–December 2,1966) 19.

5. Gerald H. Anderson 편, *Asian Voices in Christian Theology* (Maryknoll, New York: Orbis Books, 1976); Douglas J. Elwood 편, *Asian Christian Theology: Emerging Themes* (Philadelphia: Westminster, 1980); Emerito P. Nacpil & Douglas J. Elwood 편, *The Human and the Holy: Asian Perspective in Christian Theology,* (Maryknoll, New York: Orbis Books, 1978) 참조.

은 등한시했다는 사실도 밝혀졌다. 아시아의 신학자들은 아시아의 가난한 대다수 민중들이 신학의 주제가 되어야 한다는 것을 깨달았다. 이러한 새로운 신학적 경향은 민중의 신학(Theology of the people)이라고 불려졌다.

CCA의 이 모든 신학운동에서 여성 문제가 중심화제가 되었던 적은 한 번도 없다. 그런데 1970년대 후반 많은 아시아의 그리스도교 여성들은 여성들이 말을 하고 또 이들의 말을 들을 수 있는 공식 채널이 CCA 안에 필요하다고 느끼기 시작했다. CCA는 그동안 17개 아시아 나라들을 연결시켜 "선교와 복음 전도, 도시·농촌 선교, 청년운동, 개발 계획, 커뮤니케이션 등 여러 분야에 걸쳐 프로그램을 운영했지만[6] 그때까지 여성을 위한 프로그램은 단 하나도 없었다.

여러 아시아 국가들로부터 여성들의 압력을 받은 CCA 실행위원회는 1980~1981년 여성국 개국을 위한 기초 작업을 위해 필리핀의 엘리자베스 타피아를 채용했다. 타피아의 지도로 두 가지 중요한 모임이 조직되었는데 하나는 1981년 1월 인도네시아의 수바부미에서 개최된 아시아 신학 여성회의(The Conference of Theologically Trained Women of Asia)이고, 다른 하나는 1981년 5월 인도의 뱅갈로어에서 개최된 아시아 여성 한마당(The Asian Women's Forum)이다.[7] 이 둘은 CCA 여성국의 토대가 되었다.

이 두 가지 중요한 모임들에서 나온 보고서들을 통해 아시아 여성들은 "CCA의 구조와 정책 내에 여성분과를 둘 필요성이 있음을"[8] 분명히 밝혔다. 1981년 뱅갈로어에서 열린 제7차 총회 때는 여성 참가자들이 유인물을 제작·배포하여 여성들을 위한 정의에 대한 자신들의 관심을 널리 알렸고, CCA 총회는 여성국을 개설하도록 투표를 했다.

일본의 미즈호 마츠다(Mizuho Matsuda)가 1982~1986년 CCA 여성국 초대 총무로 일했다. 1984년 마츠다는 변화하는 아시아 여성들에 관하여 "아시아 여성의 현실, 가난과 억압"이라는 주제로 워크샵을 조직했다. 이

---

6. Elizabeth Tapia, 42. 7. 앞글, 43. 8. 앞글, 41.

워크샵에서 아시아 여성들은 자신들의 그리스도교 신앙에 비추어서 아시아 여성들의 상황을 이야기하고, 아시아 여성들의 특수한 삶의 경험을 가지고 성서를 해석하도록 서로를 격려했다. 이 워크샵의 결과 『아시아 여성이 읽은 성서』라는 책이 나왔다.[9]

이외에도 CCA 여성국은 여성 해방의식을 불러일으키는 책들을 출판했는데 그중 하나가 『여성이 여성에게; 연대하는 아시아 여성: 먹을 것과 정의, 자유를 위한 투쟁에 동참하는 여성』[10]이다. 이 책 서론에서 마츠다는 CCA 여성위원회의 목적에 대해 다음과 같이 아름답게 기술하고 있다.

> 우리는 삶의 모든 면에 여성들이 적극적으로 참여하도록 하기 위해 싸운다. 우리는 결정 과정에서 여성들의 관점이 고려되기를 바란다. 우리는 나름대로의 독특한 방식으로 일하는 여성들을 지원한다. 그러나 아시아에서 여성들의 투쟁은 단순히 일차원적인 대남성 투쟁으로 여겨져서는 안된다. 사회 내에서 "가장 약한 자들", "가장 작은 자들" — 남성뿐만 아니라 여성 — 에게 불이익을 주고 그들을 착취하는 구조적인(사회·정치·문화·경제적) 차원의 여러 측면들을 살피는 일이 매우 중요하다. 앞으로 5년 동안 CCA 여성위원회가 관심을 기울여야 할 부분은 "모든 사람들의 먹을 것과 정의, 자유"를 위한 투쟁에 여성들도 동참해야 한다는 것이다. 투쟁은 앎을 의미하며, 조직화, 하나됨을 의미한다. 투쟁은 용기이며, 믿음, 희망을 의미한다. 우리는 우리들의 작은 집단 안에서 그것들을 세워 나가야 하며, 서로서로 연결되어야 한다. 이 과정에서 우리들 밖에는 도와 줄 사람이 없다. 그리고 그리스도인으로서 우리 여성들은 우리의 신앙 전통 안에 이 투쟁을 위한 어떠한 자원이 있는지 묻고 찾아내야 한다.[11]

---

9. CCA Women's Concerns Committee, *Reading the Bible as Asian Women* (Singapore: CCA, 1986) 참조.

10. CCA Women's Concerns Committee, *Women to Women: Asian Women in Solidarity: Mobilizing Women in Struggles for Food, Justice and Freedom* (Singapore: CCA, 1986).

11. 앞글, 1.

CCA 여성국은 아시아의 그리스도교 여성들이 서로를 지원하기 위해 상호 관련을 맺을 수 있도록 구심점을 제공했으며, 그럼으로써 아시아 여성신학의 발전에 중요한 공헌을 했다.

제3세계 신학자협의회(EATWOT)의 여성위원회

EATWOT는 주로 아시아, 아프리카, 라틴아메리카의 신학자들이 제1세계로부터 수입된 지배적인 신학의 부적합성에 대해 비판, 도전하고, 각자의 나라에서 가난한 사람들의 해방에 기여하는 신학을 하도록 서로를 지원하는 "역사의 밑바닥으로부터" 나온 신학을 발전시키기 위하여 설립한 것이다. 준비 회의는 1976년 8월 탄자니아의 다레스 살렘에서 열렸다. 곧이어서 1977년 가나에서, 1980년 브라질에서, 1981년 인도에서, 1983년 제네바에서 그리고 1986년 멕시코에서 국제회의가 열렸다.[12]

탄자니아의 준비 회의에서는 부자와 가난한 자 사이의 분열과 이 문제가 제3세계 신학자들에게 어떤 의미를 지니는지에 초점을 맞추었다. 역사의 밑바닥으로부터 신학을 한다는 것은 무엇을 의미하는가? 제1세계 신학에 도전하기 위해 필요한 일치를 제3세계 신학자들이 어떻게 이루어 낼 수 있는가? 이러한 것들이 중심적 질문들이었다. 여기서 주목해야 할 점은 여성 문제가 전혀 논의의 대상이 되지 않았을 뿐 아니라 겨우 한 명의 여성만이 이 회의에 초대되었다는 사실이다. 필리핀의 버지니아 파벨라는 회의 준비 작업의 대부분을 해냈는데도 정작 회의에는 초청되지 않았는데 그것은 한 남성 준비위원이 파벨라가 신학적인 면에서 부적격자라고 생각했기 때문이었다.[13]

---

12. EATWOT 모임의 보고서들은 출판되었다. 가나 회의: Kofi Appiah-Kubi & Sergio Torres 편, *African Theology En Route* (Maryknoll, New York: Orbis Books, 1979); 스리랑카 회의: Virginia Fabella 편, *Asia's Struggle for Full Humanity* (Orbis Books, 1980); 브라질 회의: Sergio Torres & John Eagelson 편, *The Challenge of Basic Christian Communities* (Orbis Books, 1981); 인도 회의: Virginia Fabella & Sergio Torres 편, *Irruption of the Third World: Challenge to Theology* (Orbis Books, 1983); 제네바 회의: Virginia Fabella & Sergio Torres 편, *Doing Theology in a Divided World* (Orbis Books, 1985). EATWOT의 역사 요약: James H. Cone, "Ecumenical Association of Third World Theologians", *Ecumenical Trends* 14:8 (September 1985) 119-22.

13. Virginia Fabella는 1987년 12월 뉴델리에서 열린 EATWOT 회의에서 아시아 여성 신학자들에게 이런 이야기를 했다: "남성 해방신학자들은 내가 그들을 위해 일할 수는 있지만 회의에 갈 수는 없다고 생각했다."

제2차 EATWOT 국제회의는 가나의 아크라에서 열렸다. 이것은 아프리카 신학의 발전에 초점을 맞춘 범아프리카 차원의 모임이었다. 여기에는 첫 번째 EATWOT 회의와 달리 좀더 많은 여성들이 나올 수 있었다. 이들에 의해 해방에 대해 일반적으로는 얼마든지 이야기하면서도 구체적으로 여성의 해방에 대해 이야기할 때면 난색을 표시하는 남성들의 모순점이 드러났다. 예를 들어 가나의 오두요예(Mercy Oduyoye)는 "피(월경)"에 대한 아프리카 남성들의 "비합리적인 공포"를 꼬집었는데 이로 인해 아프리카 여성들은 종교적인 행사에서 배제되었다고 한다. 다른 두 명의 아프리카 여성, 즉 카메룬의 조에-오빙가(Rose Zoe-Obinga)와 남아프리카 공화국의 테텔(Constance Baratang Thetele)도 여성으로서의 자신들의 경험을 나누었다. 이 강력한 세 명의 아프리카 여성들이 회의에 참석함으로 인해 몇 가지 여성 문제가 제기될 수 있었다. 이 회의의 최종 문서에는 다음과 같이 씌어 있다:

> 우리는 아프리카의 여성들이 교회와 역사 속에서 능동적인 역할을 해 왔다는 사실을 인정한다. 그들은 자신들이 해방 투쟁에 없어서는 안될 일부분임을 스스로 보여 주었다. 그러나 우리는 과거의 신학 작업에서 그들이 배제되었다는 사실을 그냥 넘겨버릴 수 없다. 미래의 아프리카 신학은 신학을 하는 데서 여성들의 역할을 진지하게 고려해야만 한다.[14]

제3차 EATWOT 국제회의는 1979년 스리랑카의 웨나푸와에서 열렸다. 이 회의에서는 아시아 신학의 발전에 역점을 두었다.[15] 여성 참석자들의 비율은 아크라 회의 때보다 높았다; 그러나 숱하게 많은 공개 발제 중 여성이 맡은 것은 단 하나뿐이었다. 이 EATWOT 국제회의에서 여성신학의 발전을 위해 가장 의미깊었던 성과는 본격적으로 여성 해방의 관점에서 쓴 인도네시아의 카토포(Marianne Katoppo)의 논문이었다. 그의 글 「아시아 여성의

---

14. Appiah-Kubi & Torres, 194.

15. Fabella, *Asia's Struggle for Full Humanity*.

관점에서 본 아시아 신학」[16]은 아시아 여성으로서 그 자신의 개인적 경험에서 출발하여 서양과 남성, 양자 모두의 지배로부터 해방되고자 하는 아시아 여성의 권리를 선언하는 것으로 끝맺는다.

아시아 회의 최종 문서에서 참석자들은 아시아의 여성들이 아시아의 문화와 종교로 인해, 낮은 임금, 섹스 관광으로 인한 매춘 등으로 온갖 측면에서 억압을 받아 왔다고 인정했다. 그들은 여성들의 삶의 많은 측면을 남성들이 지배해 왔음을 깨달았다. 그러나 아프리카 회의와 아시아 회의 둘 다 참석했던 조에-오빙가는 참석자들의 성(gender) 문제와 관련한 배타성 때문에 이 회의에 대해 부정적으로 말했다. 조에-오빙가는 여성 억압을 인식하는 것과 아프리카, 아시아에서의 실질적인 변화를 위해 실천하는 것 사이에는 커다란 차이가 있다고 지적했다. 그는 여성에게 더 많은 결정권이 주어져야 한다고 강조했다. 그에 따르면 "해방은 억압받는 자들 스스로 자신들의 언어를 찾아 자신들의 세계에 이름을 붙이라고 요구한다."[17]

브라질의 상파울로에서 열린 EATWOT 제4차 회의에서는 여성들의 특수한 억압에 대한 관심이 일보 후퇴하는 것으로 보였다. 몇몇 여성 참석자들은 자신들의 이슈가 뒤로 제쳐진 것은 남성 중심적으로 잘못 해석된 마르크스주의 이데올로기가 라틴아메리카의 해방신학에 영향을 끼쳤기 때문이라고 생각했다. 예를 들어 코스타리카의 여성 신학자 코라 페로는 라틴아메리카 남성들의 마쵸(macho) 부르주아 이데올로기로 인한 여성의 억압과 좌파 이데올로기에 성차별 문제에 대한 인식이 부족하다는 점을 비판했다.[18] 이러한 관점들에서는 성(sexuality)의 문제가 은연중에 여성들의 사적인 문제로 여겨졌으며, 공개적으로 논의해서는 안되는 것으로(그러나 실제로는 악용되었다) 여겨졌다. 라틴아메리카의 여성 참석자들 역시 남성 해방신학자들을 비

---

16. 앞글.

17. Rose Zoe-Obinga, "From Accra to Wennappuwa: What Is New? What More?", Fabella, *Asia's Struggle for Full Humanity,* 175.

18. Cora Ferro의 논문 "The Latin American Woman: The Praxis and Theology of Liberation", Torres & Eagelson, 24-31.

판했다: "신학 분야에서의 조직적인 작업에 여성들이 능동적인 주체로서 참여하는 것은 줄곧 거부되어 왔다. 한 인간의 가치는 남성들의 표준에 따라, 즉 남성의 언어로 그 사람이 무엇을 알고 있느냐에 따라 평가되었다."[19] 라틴아메리카의 여성들은 교회의 자리 **대다수**를 차지하지만 교회의 방향을 결정하고, 교회 행정을 하는 데서는 그들의 존재가 없는 것이나 다름없다. 라틴아메리카의 여성들은 계급차별, 인종차별, 성차별로 인한 억압이 서로 연관되어 있음을 남성들이 깨닫도록 촉구했다.

제3세계 신학에 대한 제3세계 여성들의 비판은 1981년 인도의 뉴델리에서 열렸던 제5차 EATWOT 국제회의에서 극에 달했다. 『제3세계 여성의 시각에서의 성찰: 여성의 경험과 해방의 신학들』이라는 글에서 오두요예는 해방을 위한 여성들의 투쟁을 제3세계의 가난한 자들의 "분출 안에서 일어난 또 하나의 분출"이라고 이름지었다. 오두요예는 아직도 많은 남성 해방 신학자들이 양성(兩性, inclusive)적 언어의 사용에 대해 "웃기는 일"이라고 생각하고 있으며, 해방신학자들로서의 그들의 신학 작업에서 여성 문제는 주변적인 위치에 머물 뿐이라고 지적했다.

> 델리에서 여성 해방 논쟁의 불꽃이 튀게 된 것은 바로 그런 (성차별주의적인) 언어들 때문이었다. 그러나 역시 공식 문서 중 단 한 건도 여성에게 맡겨지지 않았다는 사실이 제일 가관이었다. 추측건대 그때 우리는 훨씬 "중요한 문제들"을 다루고 있었나 보다. 델리 회의 때까지는 성차별주의 문제가 소위 그런 더 "중요한 문제들"에 끼지 못했기 때문에, 여성 문제말고도 그런 "중요한 문제들"을 다룰 수 있는 "능력있는" 여자들을 찾지 못했기 때문에 단 한 여성에게도 공식 발표를 맡기지 못했나 보다.[20]

오두요예에 따르면 EATWOT는 사실 버지니아 파벨라가 프로그램을 계획

---

19. Torres & Eagelson, 28.

20. Fabella & Torres, *Irruption of the Third World*, 248.

하는 일을 맡기 전까지는 남성들이 벌이는 판이었다. 델리 회의에서 오두요예는 남성 해방신학자들에 의한 여성 억압을 꼬집었다:

> 여러 국제회의에서 제3세계 대표자들이 반성차별주의는 우선적인 과제가 아니라고 말해 왔다. 때때로 그들은 자신들의 사회에서는 남성들과 여성들이 **각기 스스로의 위치를 알고**, 기꺼이 **각자의 역할을 하며**, 아무도 남성성과 여성성에 대한 사회의 정의에 대해 불편함을 느끼지 않는다고, 따라서 그들 사회에서는 여성 문제가 문제가 될 수 없다고까지 말했다. 성차별 문제는 서구 자본주의 사회의 소수 한가하고 불만에 찬 중산층 여성들의 문제라는 것이다. 그런 말들을 하는 얼마 안되는 제3세계 여성들은 결과적으로 그들과 협력하는 것이라고 했다. 그러나 사실 성차별은 우리들 대부분이 그 안에서 살아가고 있는, 복잡하게 거미줄처럼 얽혀 있는 억압 구조의 일부분이며, 우리가 거기에 스스로를 맞추어 나간다고 해서 억압이 조금이라도 덜해지는 것이 아니다.[21]

EATWOT 내에서의 성차별에 대한 여성들의 심한 비판이 있은 후에 EATWOT는 "해방 투쟁에서의 **여성들의** 공동적인 인간적 **경험**이 신학의 참된 **원천**을 이룬다"[22]는 점을 인정했다.

1983년 스위스 제네바에서 열린 제6차 EATWOT 회의에서는 제1세계 신학자들과 제3세계 신학자들 사이의 만남이 이루어졌는데 여기서는 이 조직 내에서의 성차별주의를 극복하는 데 중요한 발전을 이루었다. 제1세계와 제3세계의 여성 신학자들은 각자의 상황에서 여성들의 성차별 경험에 관해 많은 부분을 함께 나눌 수 있다는 사실을 깨달았다. 그러나 각자의 사회·역사적 배경이 너무 달랐기 때문에 회의에 참석했던 여성들이 "연합해서 남성들의 신학 해석에 대해 도전할 수 있는 공동의 기구를"[23] 세우기는 어려웠

---

21. 앞글, 249. 22. 앞글, 200. 강조 표시는 내가 한 것이다.
23. Fabella & Torres, Doing *Theology in a Divided World,* xvi.

다. 제1세계 여성들과 제3세계 여성들 사이에 잠정적인 일치점을 얻기 전까지 더욱 많은 모임과 대화를 가질 필요가 있다고 여겨졌다. 그들의 기구를 결정하게 되었을 때 제3세계 여성들은 제1세계 여성들로부터도, 제3세계 남성들로부터도 지배받기를 원하지 않았다. 회의 최종 문서에서는 이 점을 다음과 같이 말하고 있다:

> 문화적으로 대단히 가부장적인 제3세계에서 여성들의 억압은 일반화된 현실이다. 그러나 이것이 어느 정도로 제3세계 여성들을 위한 이슈냐는 것은 제3세계 여성들 스스로 결정해야 할 문제다. 제3세계의 남성들도, 제1세계의 여성들도 제3세계 여성 문제에 대해 왈가왈부 결정권을 지닐 수 없다. 제3세계의 여성들은 성차별주의 문제를 따로 분리하지 않고 그들의 나라에서의 해방을 위한 전체 투쟁의 맥락에서 다루어야 한다고 주장한다.[24]

제3세계 여성들은 서양 신학, 남성들의 해방신학, 백인 여성 해방신학 등에 대해 독자적으로 자신들의 신학을 발전시키고 싶어했다. 그들은 자신들의 삶의 경험으로부터 그들에게 맞는 방법론들과 범주들을 찾았다. 제6차 EATWOT 회의 기간 동안 제3세계 여성 신학자들은 그들이 참되게 신학 작업을 할 수 있는 자기 자신들의 공간을 얻어 내기로 결정했다. 그래서 평등을 향한 여성들의 투쟁을 지원하기 위해 구체적인 계획이 세워졌는데 이에 따라 다음의 세 가지를 하기로 했다.

1. 각 대륙 단위의 작업위원회와 조정위원회;
2. 특수 집단들과의 국제적인 대화;
3. 앞으로 5년 기간의 마지막에 각 대륙간 회의와 총회를 소집.[25]

---

24. 앞글, 186.
25. Fabella & Torres, *Irruption of the Third World*, 205.

EATWOT 실행위원회는 조직 내에 여성위원회를 두려는 계획을 승인했다. 그 주요 목적은 제3세계 여성의 시각에서 해방신학을 이루어 내는 것이었다.

1984~1985년에 제3세계 여성 신학자들은 각자의 나라에서 **여성들만의** 국내 모임을 가졌고, 1985~1986년에는 아시아, 아프리카, 라틴아메리카 각 대륙별로 모임을 가졌다. 대륙간의 회합은 1986년 멕시코에서 이루어졌다.[26] 1989년 5월에는 미국 내 소수 민족 여성들과의 만남이 이루어졌고, 가까운 장래에 제1세계 백인 여성 신학자들과도 모임을 갖기로 계획했다.

EATWOT 여성위원회는 아시아 여성들에게 그들의 신학적 투쟁과 희망을 함께 나눌 공간을 마련해 주었다. 여러 아시아 여성 신학자들의 글들이 바로 이 EATWOT 여성회의의 자극과 지원에 힘입어 나온 것들이었다. 세 명의 여성이 아시아에서 여성신학을 발전시키는 데 중요한 역할을 했는데 필리핀 스콜라스티카 대학의 학장이었으며, EATWOT의 프로그램 입안자였던 메리 존 마난잔과 아시아 대륙 여성위원회의 조정자로 일했으며, 「하느님의 형상으로」(*In God's Image*)의 편집인이기도 했던 한국의 이선애, EATWOT 여성위원회와 실행위원회 사이에서 연결고리 노릇을 했던 EATWOT의 전 총무 버지니아 파벨라가 그들이었다. 또한 여성위원회는 깊이 생각해야 할 주제들을 제안하기도 했는데 그것은 다음과 같다:

1. 다양한 여성 억압과 이에 대한 여성들의 반응
   a) 사회 안에서,
   b) 교회 안에서,
2. 각자의 나라에서의 사회 분석
   a) 경제 구조
   b) 정치 상황
   c) 사회-문화적 · 종교적 상황.

---

26. **Fabella & Oduyoye**의 책은 이 회의 보고서이다.

3. 신학적 성찰
   a) 성서와 그외의 다른 자료들, 즉 신화나 민담, 전설, 토착 종교들에
      대한 해석학적 분석.
   b) 하느님에 대한 말과 여성들.
      그리스도론과 여성들.
      마리아론과 여성들.
      성령론과 여성들.
      새로운 영성의 형식들.[27]

1983~1985년에는 아시아의 6개국에서 각 나라 별로 그리스도교 여성들이
모여 여성 해방신학을 주제로 회의를 했다. 그들은 자기 나라의 밑바닥 여
성들과 대화를 하고, 이것을 신학적 작업에 끌어들이려고 노력했다. 그들은
억압 속에서도 살아남아 저항할 수 있게 해준 이 여성들의 영성이 지닌 힘
과 깊이에 도전받았다. 1985년 11월 21~30일에 최초로 아시아 대륙의 여
성들이 마닐라에서 모였다. 일곱 아시아 나라들(홍콩, 일본, 한국, 말레이
지아, 필리핀, 인도, 스리랑카)에서 온 27명의 교회 여성들은 각기 자기 나
라의 사회적·신학적 성찰들을 함께 나누었으며, 서로에게서 많은 힘을 얻
었다.[28]

　참석한 여성들 대부분은 개신교인들이었고, 회의의 주제는 "아시아 여성
의 관점에서 본 총체적 해방"이었다. 이 아시아 회의에서 여성들은 다음과
같은 주제들에 대해 깊이 생각을 나누었다: 여성의 억압 ― 죄된 상황; 하
느님 ― 이야기와 여성; 여성과 그리스도 사건; 여성과 신앙 공동체; 여성
과 마리아; 여성과 성령.

---

27. Mary John Mananzan, *"Theology From the Point of View of Asian Women"*, 2.

28. 나는 미국에서 신학을 하는 아시아 여성과 아시아계 미국 여성들을 위한 후원 집단인
　　아시아 여성신학회(Asian Women Theologians)의 대표 자격으로 이 회의에 초대되어 옵
　　서버로 참석했다.

이 회의에서 제안된 방법론은 상황적·귀납적·집단적인 것이었다. 참석자들은 필리핀의 도시, 농촌 지역들을 둘러보았으며, 여성들의 투쟁 이야기를 들었다. 다음에 그들은 아시아 여성의 억압에 대한 사회 분석을 했고, 아시아 여성의 예속 현실에 대한 깊은 이해에 근거해서 여러 신학적 주제들을 성찰했다. 이 회의에서는 어떠한 개인의 발제나 강연도 없었다. 주제들에 대한 최종 입장들은 모두 그룹 토의에서 나왔으며, 참석자들이 공동으로 쓴 결론에 그것이 표현되었다.[29]

이 회의는 아시아 여성들의 신학적 상상력에 자극을 주었으며, 서로 다른 아시아 나라들의 여성들 사이에 강력한 끈을 만들어 주었다. EATWOT 여성위원회는 이 회의를 통해 우리들의 신학적 성장에 기여했다. 제3세계성과 여성성, 둘 다 전혀 손상됨이 없이 아시아 여성들의 신학 작업의 중심이 되었다. 이 회의는 제3세계 여성들의 집단적인 신학 작업을 통해 해방의 신학에 대한 아시아 여성들의 이해를 넓혔다.

---

29. *Proceedings: Asian Women's Consultation* 참조.

「하느님의 형상으로」: 아시아의 여성신학 잡지

「하느님의 형상으로」(*In God's Image = IGI*)는 민족이나 교단상의 제한을 두지 않고 여성들의 글을 출판하는 아시아의 유일한 여성신학 잡지이다. 1982년 12월 첫 호가 나온 이래 아시아 여성신학 교류의 강력한 구심점이 되었으며, 처음에는 부정기 간행물로 출발했지만 이제는 매년 정기적으로 네 권이 출간된다. *IGI*는 "신학 교육을 받고 쓸모없이 지내기를 원치 않았던 한 주부"[30]에 의해 시작된다. 한국의 시인이자 목사, 신학자인 이선애가 *IGI*의 편집자가 되어, 싱가포르 자기 집 거실에서 이 잡지 일을 처음 시작했다. 아시아 여성들이 겪는 불의에 대한 분노 때문에 그리고 강력한 아시아 여성들의 신학에 대한 환상 때문에 그는 이 잡지를 시작하게 되었다고 한다. 외국인이자 국제적 활동가의 아내라는 신분 때문에(그의 남편은 당시 싱가포르에 있었던 CCA의 활동을 시작했었다) 그는 안수받은 목사임에도 불구하고 싱가포르에서 일할 수 있는 허가를 받지 못했다. 이런 상황을 순순히 받아들이지 않기로 마음먹고 그는 독자적으로 여성신학을 공부하고, 아시아 여러 나라들을 방문하기 시작했다. 한동안 공부하고 여행한 끝에 아시아의 그리스도인 여성들은 서로를 연결하고 각자 운동의 투쟁과 지혜를 나눌 수 있는 공적 채널이 필요하다는 결론을 얻게 되었다. 처음에 이선애는 어느 정도 신학적 표현이 들어 있는 아시아 여성들의 소식지를 생각했는데 이것이 결국은 싱가포르에 있던 여성 집단들의 도움을 얻어 아시아 여성신학의 발전에 헌신하는 잡지를 만들자는 야심적인 아이디어로 발전했다.

아시아 여성들에게는 사실상 공식적인 신학 교육의 길이 막혀 있었으므로 1980년대 초에 여성신학 잡지를 창간했다는 것은 실로 믿음이 아니고서는

---

30. 이선애, 1988년 8월 9일 뉴욕 Inter-Church Center에서 필자와 가졌던 인터뷰. 이선애는 신학 교육을 받고 사회에 기여하고 싶었으나 여자라는 이유로 여러 교회 관계 조직으로부터 거부당했던 개인적 투쟁 경험을 이야기했다. 또한 어떻게 *In God's Image*를 시작하게 되었는지도 이야기해 주었다.

할 수 없었던 일이었다; 아시아에서 신학은 항상 서구에서 교육을 받은 엘리트 남성들에 의해 형성되었기 때문이다. 아시아의 여성들은 대개 그들의 상대자인 남성들에 비해 동등한 교육을 받지 못했다; 그래서 아시아 여성들의 신학적 성찰들은 남성 신학자들에 의해 자주 보잘것없는 것으로 취급당했다. 아시아의 많은 남성 신학자들은 그들의 신학 작업에 여성 신학자들도 끼어주고 싶지만 신학적으로 "자격이 있는" 여성을 찾을 수가 없다고 늘상 노래처럼 말했다. 여성들이 진지하고, 능력있는 신학자로 인정받기는 정말 어려웠다. 카토포는 아시아 남성 신학자들의 성차별주의적인 태도를 그의 글에서 이렇게 쓰고 있다:

> 여전히 여성 신학자는 이단(heretical)이거나 아니면 히스테리(hysterical)거나 둘 중 하나로 여겨지고 있다. 만일 전자일 경우는 당장 화형에 처해지고, 후자일 경우는 서둘러 남편감을 찾아주려고 한다.[31]

*IGI*는 신학적 성향이 있는 여성들이 남성들의 검열을 받지 않으면서 삶의 영적 차원들에 대해 자신들의 생각을 나눌 수 있는 신학적 성역이 되었다. *IGI*의 특별 편집위원회[32]는 이 잡지의 목적에 대해 다음과 같이 말한다:

> 우리는 아시아의 여러 곳에서 여성들이 신학을 하고 있다는 것을 알며, 이들의 생각을 함께 나누는 것이 중요하다고 본다. 그것이 바로 「하느님의 형상으로」의 목적이다 — 우리는 이 잡지가 아시아 여성들이 자신들의 신학적 생각을 함께 나눌 수 있는 마당이 되기를 원한다. 우리는 정말로 우리가 바라는 것의 첫 걸음으로 이 책을 여러분들에게 내민다. 이것은 신학을 사랑하는 아

---

31. Marianne Katoppo, "Editorial", *In God's Image* (December 1982), 3 (다음부터는 *In God's Image* 를 *IGI*라고 표기하겠다).

32. 맨 처음 위원회에서는 이선애, CCA 교육 담당 간사였던 Barbara Stephens, United Church Board for World Ministries의 Karen Campbell-Nelson, CCA 커뮤니케이션 부의 Maria Goh였다.

시아의 여성들 사이에 말을 통하게 하는 매체로 자라날 것이다.

우리는 여성들이 꿈과 환상, 생각과 이론, 희망과 공포, 좌절과 기쁨을 함께 나눌 줄 알고, 그럼으로써 서로를 격려하는 능력을 타고났다고 믿기 때문에 이 첫 걸음을 내디뎠다. 이 잡지는 아시아의 여성들이 갖가지 모습으로 — 논문, 강의, 성서 연구, 프로그램, 시, 그림, 기도, 노래, 예배 등 — 자신들의 신학을 그려 나갈 수 있는 발판이 될 것이다. 우리는 「하느님의 형상으로」가 아시아의 신학 사상에 대한 여성들의 기여도를 확인할 수 있는 수단이 되기를 바란다.[33]

위원들은 틀에 박힌 또 하나의 학술 잡지를 만들어 내려고 하지 않았다. 그들은 "아시아의 여성으로서 복음에 응답하는 것이 무엇인지"[34] 생각을 함께 나누자고 아시아의 여성들을 일깨웠다. 위원회는 이 잡지를 발전시키는 데 아시아의 여성들이 참여할 수 있는 구체적인 방법까지 제시했다:

— 당신이 누구인지 그리고 당신의 상황에서 경험을 함께 나누는 다른 사람들이 누구인지 소개해 주십시오.
— 당신이 무엇을 하며, 무엇을 생각하고 계획하는지, 무엇을 희망하는지 이야기해 주십시오.
— 「하느님의 형상으로」에 실릴 만한 당신의 생각을 표현해 낸 것이 있으면 개인 작업이건 공동 작업이건 상관 없으니 보내 주십시오.
— 「하느님의 형상으로」를 보낼 만한 다른 사람이 있으면 우리에게 이야기해 주십시오.[35]

「하느님의 형상으로」는 이렇게 겸손하게 시작해서 양적으로나 질적으로나 큰 성장을 거두었다. 1987년 5월에는 첫번째 자문회의를 열었고, 앞으로의

---

33. "Introduction", *IGI* (December 1982).   34. 앞글.   35. 앞글.

분명한 편집 계획을 수립하게 되었다.[36] 자문회의는 이 잡지가 더 주제적인 접근을 할 것을 제안했고, 앞으로 매춘, 군사주의, 여성과 정치, 여성과 개발 등의 주제를 다룰 것을 제안했다. 1987년 겨울 이선애와 CCA의 총무였던 그의 남편 박상중은 싱가포르를 떠나 홍콩에 새로 정착해야 했다. 이것은 당시 싱가포르 정부가 「하느님의 형상으로」의 보호막 노릇을 했던 CCA를 정부 전복 혐의로 고발했기 때문이었다. 이때 자문위원회가 *IGI*를 편집·출판함으로써 자매애와 연대감을 보여 주기도 했다. 1988년 9월호는 텔리스-나약(Jessie Tellis-Nayak)의 지도로 인도 여성들에 의해 준비되었고, 1989년 3월호는 파벨라의 지도로 필리핀 여성들이 함께 노력해서 만들었다. 이제 이선애는 아시아 여성들의 삶의 이야기들을 존중하고, 보존해서 현재와 미래의 아시아 여성들이 보고 들을 수 있도록 아시아 여성 자료 센터(Asian Women's Resource Center)를 수립하기 위해 노력하고 있다. 이렇게 해서 그는 *IGI*가 더 풍부해질 수 있게 한다.[37]

---

36. 자문회의에는 필리핀의 **Virginia Fabella**, 인도네시아의 **Marianne Katoppo**, 한국의 이우정, 일본의 **Matsui Yayori**, 뉴질랜드의 **Barbara Stephens**, 인도의 **Jessie B. Tellis Nayak**가 참석했다.
37. 센터 설립을 위한 기금이 마련되었고, 지금 서울에 있다.

아시아 여성신학의 사회적 배경

아시아 여성신학은 아시아 여성들의 눈물과 한숨으로부터, 해방과 완전성을 향한 그들의 불붙는 욕구로부터 탄생했다. 그것은 대학의 학구적 토론의 논리적 결과물도 아니고, 제도 교회의 목회에서 나온 결론도 아니다. 아시아 여성신학은 아시아 여성들의 비명과 울부짖음으로부터, 끔찍하게 고통스러운 그들의 나날의 삶으로부터 탄생했다. 그들은 굶주림과 강간으로 인해, 구타로 인해 자기 아이들의 몸이 썩어들어갈 때 고통으로 몸부림치며 울부짖었다. 신학적인 성찰은 이러한 여성들의 고난에 대한 반응으로 나왔다.

오랜 식민지 역사를 통해서 아시아 여성들은 불의에 마주칠 때마다 드러내 놓고, 혹은 숨어서 외쳤다. 대개 사람들은 그들의 외침을 듣지 못했다. 아시아의 여성들은 남성들이 지배하는 종교에서 위로의 말을 듣지도 못했고, 위로의 행위를 경험하지도 못했다. 아시아 여성들의 눈물과 한숨은 제대로 표현할 길을 찾지 못한 채 수천 년 동안 그들의 집단 무의식 속에 축적되었다. 그래서 이제는 그동안 갇혀 있던 그들의 분노가 드디어 활화산처럼 불길과 연기를 뿜으며 폭발하기 시작했다. 그들은 모든 사람을 사랑한다는 하느님에게, "**그의**" 침묵에 도전하기 시작했다. 아시아 여성들은 이렇게 물었다. "우리가 굶주릴 때 당신은 **어디에** 있었나요? 우리가 강간당하고 몸을 절단당하면서, 남편들과 경찰들, 식민지 국가의 병사들에게 치욕을 당하면서 당신의 이름을 불렀을 때 당신은 **어디에** 있었나요? 당신은 우리의 외침을 들은 적이 있나요? 당신은 우리의 몸이 죽은 개처럼 질질 끌려 쓰레기더미 위에 던져지는 것을 본 적이 있나요?" 아시아 여성들이 신앙을 갖기란 어려웠다. 그것은 그들의 삶이 이처럼 고난에 차 있었기 때문이다.

오랜 가슴앓이 끝에 이제 아시아 여성들은 성숙해졌다. 그들은 더욱 힘있고 지혜로워졌다. 그들은 이제 더 이상 아버지나 큰오빠가 힘없는 자신을 돌봐 준다고 믿는 어린 계집아이가 아니다. 마찬가지로 그들은 전능하고 주권적인 하느님이 삶의 모든 괴로움을 돌보아 준다고 믿지도 않는다.[1] 식민주의자들의 하느님, 제도 교회의 지배적인 하느님과 마찬가지로 "그는"(he) 그들에게 생명을 일으키는 힘을 주지 못했다. 대신 버림받고 무기력하다는 느낌을 더욱 강하게 갖게 할 뿐이었다. 그는 늘 못된 계집아이라고 나무라는 엄한 아버지나 오빠 같았다: "자, 봐라! 내가 전에도 말했었지 않냐? 너는 죽은 듯이 조용하고 말을 잘 들어야 하는 거다. 너는 내가 말하는 것을 듣고 내가 하라는 대로 해야 돼."

이제 성숙한 아시아 여성들은 아버지나 오빠의 힘없는 작은 계집아이이기를 거부했다. 그들은 완전한 인간성과 성숙한 "여성성"[2]을 회복하기로 결심했다. 또한 자신들의 투쟁의 삶에 힘과 활력을 주고, 인간적 존엄성을 부여한 그들 자신의 하느님의 이름을 새로 짓기 시작했다. 그들은 자신들 가운데 계시며, 그들의 눈물과 한숨을 함께 나누는 하느님을 찾아 나섰다. 그들은 "자신들의 고통을 함께 울어 줄 하느님"[3]을 원했다.

아시아 여성들은 힘든 질문들을 하기 시작했다. 제일 먼저 자신들의 삶 속에서 하느님은 **무엇을** 하고 계신지, 그리고 **어디서** 일하고 계신지 물었다. 이 첫째 질문은 **"하느님은 누구이며 무엇이냐?"**라는 다른 질문으로 그들을 인도했다. 그들의 삶 속에서 이루어지는 하느님의 활동에 관한 질문

---

1. 아시아 여성들의 새로운 하느님 이해에 대해서는 *IGI* (September 1988) 참조, 특히 Astrid Lobo의 "My Image of God".

2. "여성성"이라는 말은 1987년 **EATWOT** 아시아 여성 회의에 참석한 아시아 여성 신학자들이 남성들이 정의한 보편적 인간성과 구별되는 여성들의 완전한 인간성을 강조하기 위해 사용한 말이다.

3. Kwok Pui-lan, "God Weeps with Our Pain", *New Eyes for Reading: Biblical and Theological Reflections by Women from the Third World,* John S. Pobee & Barbel von Wartenberg-Potter 편 (Geneva: World Council of Churches, 1986; Oak Park, Illinois: Meyer Stone Books, 1987) 90.

이 하느님의 존재나 본질에 관한 질문보다 앞섰다. 이런 어려운 질문들을 통해 아시아 여성들은 "참으로 제3세계적이고, 참으로 아시아적이며, 참으로 여성적인"[4] 신학을 가꾸어 내려고 노력했다.

아시아 여성들의 신학은 "참으로 제3세계적"인데 그것은 그들의 현실이 빈곤과 억압으로 얼룩져 있기 때문이다. 식민주의, 신식민주의, 군사주의, 독재는 대부분의 아시아 여성들이 겪는 나날의 삶의 현실이다. 가난이 제3세계 사람들을 강타할 때 가장 많이 고통당하는 사람들은 여성들과 어린이들이다. 또한 그들은 인구의 대부분을 차지하고 있기도 하다. 생존을 위한 물질적인 자원이 완전히 메말라 버렸을 때 많은 가난한 남성들은 이미 삶을 계속할 의지를 잃어버리지만 대다수 제3세계 여성들은 스스로의 삶을 포기할 수조차 없다. 그것마저도 그들에게는 사치이다. 그들은 절망하기를 거부하며 죽기를 거부한다. 살아야**만** 한다고 느낀다. 만일 자신들이 삶을 포기하면 아이들이 굶어 죽는다는 사실을 그들은 잘 안다. 아무것도 없는 데서도 그들은 먹을 것을 만들어 낸다. 그들의 육체는 생존을 위해 모든 짐을 지며, 처리해 낸다. 그들은 자기 아이들에게 생명을 주기 위해 극도의 비생명적인 상황에서 생명을 선택한다. 한국의 여성 사회학자 손덕수는 이런 현상을 다음과 같이 감동적으로 묘사했다:

> 삶의 냉혹한 현실과 모성 사이의 괴리는 모성에게 좌절과 "한"을 만든다. "한"은 슬픔이요, 고통이지만 자식이라는 분신에 의해 힘으로, 희망으로 전환되기도 한다. … 어머니들은 자식에 대한 사랑 때문에 고통과 절망을 딛고 일어선다. 어머니의 사랑이 온갖 억압과 가난을 견뎌내어 인류 전체를 살아남게 하는 힘이 아닌가?[5]

---

4. Asian Women's Consultation, "Highlights of the Asian Women's Consultation" *Proceedings: Asian Women's Consultation* (Manila: EATWOT, 1985) 3.

5. 손덕수, 『한국의 가난한 여성들에 관한 연구』 (서울: 민중사, 1983) 85-6.

제3세계 여성들은 가난한 자들 중에서도 더 가난한 자들이다. 그러나 그들은 자신들의 몸 안에 제3세계-됨의 모든 불행들을 끌어안아 온 인류를 창조하고 지탱시키는 사람들이기도 하다. 아시아의 남성 해방신학과 함께 아시아 여성신학도 빈곤과 억압으로 점철된 제3세계의 현실로부터 생겨났다.

또한 아시아 여성신학은 "참으로 아시아적"이다. 이것은 수많은 다양한 민족들과 풍부한 종교적 · 문화적 · 언어적 유산들을 포용한다. 아시아의 인구는 세계 인구의 58%를 차지하며, 아시아 여성들은 세계 인구의 1/4을 차지한다.[6] 아시아는 또한 모든 위대한 세계 종교들의 발원지이기도 하다. 아시아에서 그리스도인 수는 인구의 3% 미만이고, 대다수 아시아인들은 불교, 힌두교, 모슬렘교, 도교, 유교 신자들이다.[7] 말하자면 아시아는 비그리스도교 대륙이다.[8] 아시아 여성신학은 "수천 년 동안 이어져 온 아시아의 문화 자원들을 통해서, 그리고 이웃들의 모든 살아 있는 믿음들을 통해서"[9] 그리스도교 소식의 의미가 어떻게 표현될 수 있는지 묻는다.

아시아 여성신학은 "참으로 여성적"이다. 그것은 여성들의 특수한 경험들과 질문들로부터 나와서 여성들에 의해 표현된 신학이다. 아시아 여성들은 아시아인이자 제3세계인임으로 인한 모든 축복과 문제들을 아시아 남성들과 함께 나누어 가진다. 아시아 여성들의 투쟁을 아시아 남성들의 투쟁으로부터 구별하는 것은 그들의 여성됨이다. 아시아 여성들은 경제적으로, 사회적으로, 정치적으로, 종교적으로, 문화적으로 특수하게 억압을 받는데 그것은 그들이 여성이기 때문이다. 그들은 이것을 성적인 억압(gender specific oppression)이라고 부르며, 가부장주의적 굴레로부터 벗어나 자주성을 얻으려고 노력한다.

---

6. Virginia Fabella, "Asian Women and Christology", *IGI* (September 1987) 14.

7. 앞글.

8. Aloysius Pieris, *An Asian Theology of Liberation* (Maryknoll, New York: Orbis Books, 1988) 87.

9. Padma Gallup, "Doing Theology–An Asian Feminist Perspective", *CTC Bulletin* 4:3 (Singapore: CCA, December 1983) 22.

그러나 아시아 여성들 자신의 언어로 신학을 만들어 간다는 것은 결코 쉬운 일이 아니었다. 이것은 자주 아시아 남성들로부터 비판을 받았으며, 어떤 경우 아시아 여성들마저 이 문제에 대해 모순되게 접근하기도 했다. 이러한 반작용들은 모두 북미와 유럽의 여성 해방 사상 대두에 대한 부정적인 태도와 관련이 있다. 아시아에서의 여성 해방운동과 사상은 서구 자본주의 사회의 백인 여성들의 사상을 수입한 것이며, 아시아 여성들의 현실과는 상관이 없다는 말이 계속 있어 왔다. 따라서 여성들의 특수한 권리 문제에 목청을 높이는 아시아 여성은 누구든지 백인 여성 해방 사상에 세뇌되었다는 비난을 받을 소지가 있다. 아시아 여성 해방운동에 대한 비판자들은 이 운동의 지지자들을 가정 파괴자라고 낙인찍었으며, 아시아의 가난한 대중들의 복지에는 무관심한 중산계급이라고 부르기를 서슴지 않았다.[10]

물론 몇몇 아시아 남성들이 아시아의 여성 해방운동에 동조한다는 사실이 중요하기는 하다. 그러나 그들마저도 **대결적이지 않은** "아시아 여성 해방론"을 꾸려 내는 것이 좋지 않겠느냐고 아시아 여성들을 충고하고 싶어한다. 또 어떤 아시아 남성들은 아시아 여성들의 권리 주장에 동의한다. 그러나 그것은 공연한 말뿐이거나 아니면 아시아 남성들이 민족 혁명, 혹은 계급 투쟁을 끝낼 때까지 여성들은 좀 기다려 달라는 주문이 뒤따른다.[11] 당연히 이런 가부장적 이데올로기들은 아시아 여성 해방론자들을 분노와 좌절에 빠뜨린다. 어떤 아시아 여성 집단들은 비판자들에게 집단적으로 보고문을 써서 답변하기도 했다. 다음은 그들의 답변의 예들이다.

문: 여성 해방주의는 서구 자본주의 사회 백인 여성들의 개념이며, 따라서 아시아 여성의 현실과는 상관이 없지 않은가?

---

10. 아시아에서의 이러한 비난에 대해서는 Kamla Bhasin & Nighat Said Khan, *Some Questions on Feminism and Its Relevance in South Asia* (Delhi: Kali for Women, 1986).

11. 이러한 경험에 대한 아시아 여성들의 증언은 Lee Sun Ai "The Women's Movement and the Ecumenical Agenda", *Weaving New Patterns, Jennie Clarke* (Hong Kong: World Student Christian Federation, Asia / Pacific Region, 1986) 65.

답: 이 질문은 여성 해방운동의 도전을 심각하게 받아들이고 싶어하지 않는 남성들(그리고 몇몇 여성들)에 의해 사회 전반적으로, 혹은 교회 내에서 자주 제기되었다. 그들은 민족주의와 계급 투쟁을 구실삼아, 혹은 가부장제를 유지하는 데 도움이 될 만한 이데올로기라면 무엇이건 내세워서 인간적 권리를 얻으려는 여성들의 정당한 주장을 깎아내리려고 한다. **"여성 해방"** (feminism)이라는 말이 서구 자본주의 사회에서 유래했다는 것은 분명한 사실이다. 그러나 아시아 여성들은 단순히 지리적으로 서구에 기원을 두었다고 해서 여성 해방론의 해방적인 핵심까지 무시해 버리는 것은 잘못된 태도라고 옳게 지적한다. 반대하는 사람들은 자신들이 어떤 종류의 여성 해방론에 대해 이야기하고 있는지 물어야만 한다. 여성 해방론에 대한 정의는 매우 다양하다. "그것은 여성 해방론이 역사적으로, 문화적으로 구체적인 현실에 바탕을 두고 있으며, 의식과 인식, 행동의 수준에 따라 달라지기 때문이다."[12] 최근에 열린 한 아시아 여성 해방론자들의 워크샵에서 방글라데시, 인도, 네팔, 파키스탄, 스리랑카로부터 온 여성들은 오늘날의 여성 해방론을 이렇게 정의했다. "그것은 사회 내에서, 즉 작업장과 가정에서 여성에 대해 행해지는 억압과 착취에 대한 인식이며, 그러한 상황을 변화시키고자 하는 여성들과 남성들의 의식있는 행동"[13]이라고 한다. 아시아 여성들은 그들 자신의 구체적인 역사적 상황 속에서 자신들에게 여성 해방이란 무엇인지 정의한다. 아시아에서 그리스도교는 서구 선교사들에 의해 들어왔고, 식민주의적인 배경을 가지고 있지만 아시아의 그리스도인들에 의해 그 해방적인 핵심이 재발견되었으며, 따라서 여전히 해방적인 힘을 가지고 있다. 만일 그것이 사실이라면 아시아 여성들에 의해 재발견된 여성 해방론의 해방적인 핵심을 받아들이지 못할 이유가 없다. 몇몇 남아시아 여성들은 서구에서 들어온 온갖 것들을 다 받아들이면서 여성 해방론은 서구적이라 하여 받아들이지 않는 사람들의 위선을 폭로했다:

---

12. **Bhasin & Khan**, 2.   13. 앞글.

이 사람들은 가령 국회나 대통령 제도가 밖에서부터 들어왔다는 사실을 전혀 문제삼지 않는다; 자본주의의 발전, 토지의 사적 소유, 부재지주 제도, 좌익 사상의 기원이 어디인지도 전혀 문제삼지 않는다. "여성 해방"이란 말이 남아시아에서 생겨나지 않았다고 치자; 하지만 산업 혁명도, 마르크스주의도, 사회주의도, 나아가서 우리 남아시아의 종교들도 남아시아에서 생겨나지 않았다. 아인슈타인이 라호어에서 태어난 것도 아니고, 마르크스가 캘커타에서 태어나지도 않았으며, 레닌이 다카에서 태어나지도 않았다; 하지만 이것들이 서양에 기원을 두었다고 해서 우리에게 의미없는 사상이 되지는 않는다. 결코 그것들을 국가적, 혹은 지리적 울타리 안에 가두어 두어서는 안된다.[14]

아시아 여성들은 결코 서구의 백인 여성들을 흉내내는 사람들이 아니다. 그들은 그들 나름대로 생각이 있다. 아시아의 여성 해방론자들이 백인 여성들에 의해 세뇌되었다고 주장하는 아시아의 남성들은 사실상 아시아 여성들이 백인 여성들보다 지적으로 열등하다고 전제하고 있다. 이것은 아시아 여성들이 아니라 남성들이 서구 식민주의를 내면화하고 있음을 보여 준다. 아시아 남성들은 백인 나라들의 가치 기준을 흉내냄으로써 동족인 유색인종을 (특히 여성을) 경멸하는 법을 배웠다. 백인 여성들이 스스로 생각할 줄 안다면 왜 아시아 여성이라고 못하겠는가? 아시아 여성들은 유치한 어린 계집아이처럼 백인 여성들에게 세뇌당했기 때문에 자신들의 해방을 위해 싸우는 것이 아니다. 아시아 여성들은 자신들의 가정과 교회, 공동체 안에서 가부장주의의 악을 경험했기 때문에, 그리고 그것을 깨뜨려 버리기로 작정했기 때문에 자신들의 권리를 위해 싸우는 것이다.

문: 아시아의 여성 해방운동은 가난한 여성들의 투쟁에 전혀 도움이 되지 않는 중산층 여성들의 운동이 아닌가?

---

14. 앞글, 4.

답: 여성 해방운동을 파기시켜 버리려는 아시아의 남성 신학자들과 지식인들이 이런 질문을 계속해 왔다. 또한 몇몇 좌익계 남성들이나 노동계급 여성들이 그렇게 묻기도 했다. 아시아의 여성 해방론자들은 중산층 여성들이 그들의 운동의 중요한 참여자라는 사실을 부인하지 않지만 중산층이라는 사실이 자동적으로 가난한 여성들의 적임을 의미한다는 가정에 대해서는 부인한다. 문제는 좀더 복잡하다. 아시아의 여성 해방론자들은 단순히 중산층에 속한다는 이유로 자신들을 거부하는 아시아 남성들을 신뢰하지 않는다. 사실은 남성 비판가들 자신이 흔히 중산층이거나 안락한 삶을 추구하는 것 같다. 이런 남성들에게 아시아의 여성 해방론자들은 이렇게 응수한다: "만일 당신 자신의 중산층 신분과 함께 당신의 정치, 사회, 문화 사상들을 버린다면 그때 우리도 당신의 비판을 한 번 심각하게 고려해 보겠습니다"라고 말이다.

중산층 아시아 남성들의 경우와는 달리 몇몇 좌파 남성들과 노동계급 여성들의 도전은 비록 그들이 아시아 여성 해방운동의 완전한 모습을 제대로 파악하지는 못했더라도 어느 정도 정당성을 지닌다. 여러 아시아 나라들에서 여성 해방운동은 중간계급의 운동처럼 보인다. 이러한 인상을 받게 되는 당연한 이유들도 있다. 첫째 이유는 대중매체나 출판물들을 접할 수 있는 여성들이 대체로 중간계급 여성들이라는 사실이다. 그들은 고등교육 기관에서 훈련을 받았으며, 남성 학자들이 정해 놓은 공식 부문의 언어들을 구사할 줄 안다. 이들 여성들은 남성들의 지적인 놀음의 규칙을 이용해서 그들을 능가하는 법도 배울 기회가 있었다. 그들은 이제 아시아의 여러 나라들에서 공식 언어가 된 예전 식민주의자들의 언어도 배웠다. 대개의 경우 그것은 영어이다. 밑바닥 여성들은 토착언어만을 할 줄 알 뿐이며, 고등교육을 받지도 못했다. 따라서 밑바닥 여성들이 공적인 분야에서 눈에 띄기란 중간계급 여성들에 비해서 훨씬 어렵다.

그러나 아시아 전역에 걸쳐서 노동계급 여성들의 문제를 제기하는 여성 집단들은 수없이 많다.[15] 가령 한국에서 여성운동의 주류는 바로 이 여성 노동자들의 운동에 의해서 형성되고 있다. 이 운동을 하는 한국의 많은 중산층 여성들은 한국의 여성운동이 가난한 여성들의 생존권 운동과 한국의 통일에 역점을 두어야 한다는 것을 인정한다. 여성 해방주의는 지배와 피지배를 근본으로 하는 모든 종류의 위계 질서적인 관계들에 대한 근본적인 비판이다. 이때문에 중산층 여성들은 노동계급 여성들에 대한 자신들의 특권을 분별할 수 있으며, 사회적으로 중간계급인 자신들에 대해 자기 비판적이 될 수 있다.

문: 여성 해방론자들은 민족 해방을 위해 반드시 하나가 되어야만 하는 아시아 공동체를 분열시키고 있지 않은가?

답: 아시아의 여성 해방론자들은 자기들의 공동체를 사랑한다. 우리들 대부분이 아시아 공동체의 어머니들이거나 아내들, 누이들, 딸들이다. 그러므로 우리의 권리 주장 때문에 아시아 남성들이 우리를 공동체 파괴자라고 비난한다면 우리는 그들의 몰이해에 절망하고 만다. 대개의 경우 절망은 애증 관계로 표현된다. 우리 아시아 여성들은 아시아 남성들이 아시아인으로서 공동의 운명과 투쟁을 우리와 함께 나누고 있기 때문에 그들을 사랑한다. 아시아 남성들은 — 남녀노소를 막론하고 — 아시아인들을 착취하고 비인간화하는 식민주의와 신식민주의로부터의 해방을 위해서 우리와 함께 투쟁하고 있는 우리의 동료들이다. 우리 아시아의 남성들과 여성들은 **모두** 아시아 내외의 권력 엘리트들에 의해서 역사적으로 희생당하고 가난을 강요받은 제3세계 사람들이다. 우리의 남자들, 곧 아버지들과 형제들, 연인들, 친구들이 권력 엘리트나 군사 독재자, 식민지 — 신식민지 하수인에게 박해를 받을 때에 우리의 마음은 분노와 아픔으로 떨린다. 우리 남자들의 행복은 사실 우리들 자신의 행복과 직결된다. 그들은 우리 가족의 일원이다. 아시아 여성들은 자주 우리의 남자들과 아이들을 포용하지 못하는 여성 해방 혁명

---

15. 이러한 예들에 대해서는 **Bhasin & Khan, 17.**

은 원하지 않는다고 말한다. 역사상 자주 아시아 여성들은 공동체로서의 우리의 위신을 지키기 위해 아시아 남성들과 함께 전쟁터에 나가 싸웠다. 아시아 여성들이 민족주의와 민주주의 그리고 사회주의 혁명을 위해 투쟁에 헌신한 예는 수없이 많다. 그들은 이 사회에 정의와 완전함이 도래하도록 하기 위해 남성들과 함께 감옥에 갇히기도 했고, 고문을 당하기도 했으며, 때로는 피흘리고 죽임을 당하기도 했다. 이렇게 우리는 고통과 투쟁의 경험을 그들과 함께 했기 때문에 인류 공동체의 다른 어떤 사람들보다도 그들 아시아 남성들을 더욱 가깝게 느낀다. 우리는 그들의 행복을 위해 염려하며, 그들이 하느님께로부터 부여받은 모든 것을 한껏 누리면서 살아 가기를 바란다.

그러나 우리는 아시아 남성들이 자기들의 이익과 편의에 따라 여성 해방을 정의할 수 있는 권한을 가지기나 한 듯이 행동하는 것을 좋아하지 않는다. 믿었던 동료들로부터 배신당했을 때 가장 많이 상처받는다. 우리 사회의 불의의 원인인 권력자들이 우리더러 공동체 파괴자라고 비난할 때 우리는 그리 많은 상처를 받지 않는다. 으레 그들은 그러려니 하고 생각하기 때문이다. 그러나 해방 투쟁을 하는 아시아 남성들이 아시아의 여성 해방론자들을 공동체 파괴자들이라고 비난한다면 그들은 스스로에게 진지하게 이렇게 물어보아야 한다: 지금 가난한 공장 노동자들과 땅 없는 농부들이 그들의 억압자들에 대항해서 싸우는 데다 대고 그들을 공동체 파괴자라고 비난하고 있는 것이 아닌지 말이다. 여성 해방론자들은 소위 진보적이라는 그런 남성들에 대해 그들의 해방 주장의 순수성을 의심할 수밖에 없다. 예를 들어 어떤 남아시아의 여성 해방론자는 이렇게 묻는다:

진보적이라는 사람들이 여성 문제에 관해서만은 왕초 전통주의자가 된다는 사실을 믿을 수 있겠는가? 농부들이나 노동자들이 체제를 변혁하려고 노력할 때는 전혀 비난거리가 안된다. 그러나 갇혀서 지배받기를 거부하는 여성들, 이용당하기를 거부하는 여성들은 불화를 일으킨다고 비난받는다. 여성을 짓

누르며 불화를 일으키고 가정을 파괴하는 장본인은 가부장적 사회 체제가 아
니고 무엇이겠는가? … 여성들을 희생해서 평화와 조화가 유지될 수는 없다.
가정 밖에서는 민주주의를 이야기하면서 그 안에서 남성들의 독재를 허락할
수는 없다.[16]

총체적인 해방의 의미를 믿는다고 하는 아시아의 해방운동을 하는 남성들은
더 자기 비판적이 되어야 한다. 한국 노동운동사에서 성차별 문제와 관련해
서 일어난 일들은 시사해 주는 점이 많다.

한국 민중운동에서 여성 노동자들의 운동은 가장 지속적인 저항운동 가운
데 하나였다.[17] 여성 노동자들은 정부와 회사 소유주들의 협박과 회유에도
타협하지 않고, 정의를 위한 자신들의 주장을 계속했다. 여성 노동자들은
자신들은 아무런 특권도 없기 때문에 비타협적인 태도를 취할 수 있다고 말
한다. 그들은 다른 사람들 위에서 특권을 가져본 적이 없으므로 유혹을 뿌
리치기가 쉽다고 한다. 이 여성 노동자들은 남성 노동자들과 함께 노동자의
권익을 위해 싸웠다. 그러나 여성 노동자들은 남성 노동자들이 자신들과 함
께 결정권을 나누어 가지려 하지 않자 이 남성 동료들과도 대결해야만 했
다. 한국의 동일방직에서 일어난 일들은 민중운동에서 실제로 공동체를 파
괴하는 사람들이 누구인가를 보여 준다.

동일방직은 수출 위주의 기업이었다. 다른 대다수 방직 공장들과 마찬가
지로 노동자들은 대부분 여성들이었다. 1970년대 급격한 한국의 GNP 성장
뒤에는 열악한 근로 조건의 방직 공장에서 일했던 여공들이 있었다. 이 공
장들이 한국 수출 물량의 대부분을 생산해 냈던 것이다. 동일방직은 약
80%의 노동자들이 여성이었다. 원래는 남성 노동자들이 노조를 지도했지만

---

16. 앞글, 14.

17. 한국 여성 노동자들의 투쟁과 이 운동에 적극적으로 뛰어들었던 조화순에 대해서 더 자
세히 알려면 *Let the Weak Be Strong: A Women's Struggle for Justice,* Lee Sun Ai & Ahn
Sang Nim 편 (Oak Park, Illinois: Meyer-Stone Books, 1988) 참조.

노동운동에 참여함으로써 여성 노동자들의 의식도 높아져서 드디어는 한 여성을 노조의 지도자로 선출하게 되었다.[18]

노조에 속한 몇몇 남성 노동자들은 여성을 노조의 지도자로 인정할 수 없었고, 그래서 그들은 회사로부터 돈을 받고 경찰의 힘으로 여성이 지도하는 노조를 파괴하려 했다. 여성 노동자들은 남성 동료들의 배신에 환멸을 느꼈으며, 거기에 저항했다. 어떤 남성 노동자들과 경찰들은 그들에게 오물을 던졌다. 몇몇 여성 노동자들에게는 억지로 똥을 먹였고, 그들의 가슴을 똥 범벅으로 만들기도 했다. 그러나 이것이 결코 여성들의 저항을 약화시키지는 못했고, 오히려 여성들이 지도하는 노조를 더욱 강인하게 만들었다. 경찰이 힘으로 그들을 체포하려 하자 여성 노동자들은 옷을 벗고 맨몸으로 저항했다. 이 상징적인 행동은 한국 여성 노동운동의 질적인 도약을 이루었다. 확고하게 여성 노동자들을 지원했던 조화순은 이 사건이 자기 자신과 다른 여성들의 여성 의식을 높이는 역할을 했다고 고백했다.[19]

이 일이 있기 전까지 여성 노동자들은 여성운동에 그다지 많은 주의를 기울이지 않았다. 그들도 역시 여성운동은 중간계급의 운동이라고 생각했기 때문이었다. 그러나 남성 동료들로부터 배신당한 뒤 그들은 성차별주의로부터 해방될 필요가 있다는 것을 깨닫기 시작했다.

남성들이 여성 해방을 공동체 파괴 행위로 여긴다면, 사실상 그들은 공동체에 대한 여성들의 꿈은 전혀 고려하지 않은 채 자기들만의 이익에 따라 공동체의 의미를 정의한 것이다. 한국의 남성 노동자들이 쓴 다음의 두 편의 시는 남성들의 전혀 다른 두 가지 여성 의식을 분명하게 보여 준다. 하나는 여성의 해방을 총체적인 해방 과정의 **본래적인 일부**로 보는 것이고, 다른 하나는 여성을 남성 해방의 한 **수단**으로 보는 것이다. 첫번째 시는 박노해가 쓴 「이불을 꿰매면서」이다.

---

18. 조화순, 1986년 5월 뉴욕에서 필자와 가졌던 인터뷰.
19. 위의 인터뷰.

이불 호청을 꿰매면서
속옷 빨래를 하면서
나는 부끄러움의 가슴을 친다

똑같이 공장에서 돌아와 자정이 넘도록
설거지에 방청소에 고추장 단지 뚜껑까지
마무리하는 아내에게
나는 그저 밥 달라 물 달라 옷 달라 시켰었다

동료들과 노조일을 하고부터
거만하고 전제적인 기업주의 짓거리가
대접받는 남편의 이름으로
아내에게 자행되고 있음을 아프게 직시한다

명령하는 남자, 순종하는 여자라고
세상이 가르쳐 준 대로
아내를 야금야금 갉아먹으면서
나는 성실한 모범 근로자였었다

노조를 만들면서
저들의 칭찬과 모범 표창이
고양이 꼬리에 매단 방울소리임을
근로자를 가족처럼 사랑하는 보살핌이
허울좋은 솜사탕임을 똑똑히 깨달았다

편리한 이론과 절대적 권위와 상식으로 포장된
몸서리쳐지는 이윤 추구처럼

나 역시 아내를 착취하고
가정의 독재자가 되었었다

투쟁이 깊어 갈수록 실천 속에서
나는 저들의 찌꺼기를 배설해 낸다
노동자는 이윤 낳는 기계가 아닌 것처럼
아내는 나의 몸종이 아니고
평등하게 사랑하는 친구이며 부부라는 것을
우리의 모든 관계는 신뢰와 존중과
민주주의적이어야 한다는 것을
잔업 끝내고 돌아올 아내를 기다리며
이불 호청을 꿰매면서
아픈 각성의 바늘을 찌른다[20]

노동자 박노해는 노동운동에 참여하면서 자신이 아내를 억압하고 있음을 깨닫기 시작했다. 그는 자신이 가정 안에서는 독재자임을 발견했다. 공장에서 자신이 착취당했던 것처럼 그는 아내를 착취했었다. 그러나 이제 그는 생활 태도를 바꾸었다. 소위 여자들의 일을 하기 시작했다. 그는 이제 이불을 꿰매며, 속옷을 빤다. 왜냐하면 아내는 결코 하녀가 아니며, 해방은 가정 안에서도 역시 체험되어야 한다는 것을 깨달았기 때문이다. 그는 "남을 지배하는 죄로부터 스스로를 해방시켜 자신의 아내도 문화적인 굴레로부터 자유롭게 하고 새로운 삶의 형태를 찾아내기 위해"[21] 남성으로서의 특권을 포기했다. 그는 자기 비판을 통해 억압의 올무를 알아보았고, 남성과 여성이 "신뢰와 존경, 민주적인 나눔"으로 살아가는 새로운 공동체의 비전을 보게 되었다. 아시아 여성은 결코 공동체를 파괴하고 싶어하지 않는다.

---

20. 박노해, 「이불을 꿰매면서」, *IGI* (April 1985) 3에 이선애가 영역했다.
21. 앞글.

여기 익명의 남성 노동자가 쓴 또 하나의 시는 정의로운 사회를 향한 남성들의 해방의식이 항상 여성들의 해방을 포용하는 것은 아니라는 점을 보여 준다. 이 시의 제목은 「우리들의 이야기」이다.

누이야, 아이를 낳거라
열 명, 스무 명 아이들이 자라서
육탄에 맞서 육탄으로
총칼에 맞서 총칼로
용가리 투사가 될 때까지

개꿈, 용꿈[22]
딸아들
상관말고
누이야, 아이를 낳거라
오십 명, 백 명
두 주먹 불끈 쥐고
목청껏 외치며
다함께 불이 되고, 전쟁터의 고함소리가 될 때까지

신물나는 족보
학벌, 지위, 외모
상관말고
가난에 겁먹지 않는
확고한 의식으로 무장한 애인을 만나라

---

22. 한국에서는 임신 전후에 아기 엄마가 꾼 꿈을 중요하게 여긴다. 이 꿈이 아기의 미래를 예언해 준다고 여긴다. 특히 용꿈을 꾸면 아기가 행운을 타고났다고 여겼다. 개꿈은 아기의 미래에 대해 별 의미가 없는 것으로 여겨졌다.

춥고 배고픈 밤일수록
더욱 뜨겁게 사랑을 해라
네 사랑이 깊을수록
네 눈물도 많아진다
누이야, 아이를 낳거라
수천 명, 수백만 명 낳아서
투철한 의식을 지닌 아이들로 키워라
그리고 네 뜨거운 눈물을 알게 해라

누이야, 아이를 낳거라
이 역사 속에서 계속 번식을 해라
그들이 자라서 끓어 넘치는 사랑으로
빛나는 혁명을 이룰 때까지[23]

이 남성 노동자는 노동자들의 혁명을 꿈꾸고 있다. 혁명을 달성하기 위해 그는 누이들이 아이를 많이 낳아서 미래의 혁명 전사들을 만들어 내기를 바라고 있다. 그는 여성들을 아이 낳는 기계쯤으로 생각하고 있다. 그는 새로운 사회와 혁명 과정에서 여성의 역할을 자기 편의대로 정해 놓고 있다. 그는 누이들에게 그들이 혁명에서 무엇을 원하는지, 어떻게 혁명에 참여하기를 원하는지 묻지 않는다. 단지 명령을 내릴 뿐이다. 그가 원하는 바를 누이들에게 말하는 방식은 일종의 명령이며, 일방적이다. 그의 시 속에서는 여성들이 그의 명령에 뭐라고 반응할 여지가 없다. 삶의 주체로서의 여성은 그의 시 속에서 침묵하고 있다.

실제 혁명 상황에서 여성들은 단순히 아이 낳는 기계가 아니었다. 남성들이 한 모든 일을 여성들도 했다. 그들도 남자들처럼 목숨을 걸고 싸웠으며,

---

23. 노동자들의 미간행 문집 63-4.

심문당하고, 고문받고, 감옥에 갇혔다. 그들은 결코 아이 낳는 기계로서가 아니라 완전한 인간으로서 남성 동지들과 나란히 혁명 전쟁에서 싸웠다. 혁명을 위해 여성들은 아이 낳는 기계가 되어야 한다는 좌파 남성들의 요구는 가히 범문화적이다; 이렇게 잘못된 주장을 하는 예는 세계 어느 곳에나 널려 있다. 아시아 여성들은 아시아 남성들과 순전한 상호적 관계를 이루기 원한다. 우리는 남성과 여성이 모두 완전한 인간성을 가지고 참여할 수 있는 공동체를 원한다. 만일 남성들이 여성을 **그들의** 혁명을 위한 수단으로만 여긴다면 역사의 주체가 될 권리를 주장하는 우리가 아니라 그들이야말로 공동체 파괴자이다.

문: 만일 "아시아 여성 해방론"이 아시아의 고급문화와 조화를 이루어야 한다면 비대결적이어야 하지 않는가?
답: 몇몇 아시아의 여성 해방론자들은 많은 아시아 남성들과 여성들이 사용하는 "아시아 여성 해방론"이라는 말을 좋아하지 않는다. 그것은 구체적인 아시아의 상황에서 그 말이 사용되고 있는 방식 때문이다. 한국의 한 여성 사회학자 집단은 아시아 여성 해방론이라는 말을 빈번하게 사용하는 데 대해 이렇게 반응했다.

> 그것은 아시아에서의 여성 해방론은 서구의 여성 해방론과 달라야 한다는 말처럼 들린다. 말하자면 아시아 여성은 "말 잘 듣고", "얌전하고", "잘 참아야" 한다는 뜻으로 들린다. 어떤 반(反)여성 해방론자들에 따르면 여성들은 "좋은 엄마", "좋은 아내"가 되는 것이 여성의 중심 역할임을 부인하지 않는 한 해방될 수 있다고 한다. 아마도 "아시아적인" 방식은 "서구의" 방식과는 달라야 하는 모양이다. 그래서 우리는 비대결적인 방식으로 운동을 풀어나가야 하는 모양이다.[24]

---

24. **"A Discussion on Feminism"**, *Asian Women* 11: 36 (September 1986) 1.

아시아 남성들이 아시아에서 여성됨이 무엇을 뜻하는지 정의할 위치에 있는 것은 아니다. 남자들이 "아시아적"이라는 말을 사용할 때는 남자들 자신들에 대해서와 여성들에 대해서 각기 다른 이중적인 기준을 적용시킨다. 아시아 남성들이 식민주의와 신식민주의로 인한 문화의 유럽화, 미국화에 대항해서 싸울 때면 그들 역시 매우 대결적이다. 군사 독재 아래서 정의를 위해 투쟁할 때도 말이나 행동에서 그들은 매우 호전적이다. 그들은 결코 말 잘 듣고, 얌전하며, 인내하는 사람들이 아니다. 또한 식민주의자들이나 독재자들이 정해 놓은 선량한 시민들도 아니다.

아시아 남성들이 억압자들에게 저항하는 그들의 투쟁에서 **"아시아적"**이라는 말을 사용할 때에 이 말은 역사 속에서 자랑스런 주체됨을, 투쟁 속에서의 존엄성을, 어떤 종류의 제국주의도 받아들이지 않는 단호한 결의를 의미한다. 그러나 아시아 남성들이 이 말을 여성들에게 사용할 때에는 아시아적이라는 의미가 전혀 달라진다. 아시아 여성들은 전통적인 아시아 문화의 중요한 전수자가 되어야 한다고 아시아 남성들은 말한다. 아시아 문화란 사실 주로 권력을 가진 남성들에 의해서 규정된 것이다. 아시아 여성들은 결코 "서양 여자들처럼" 호전적이거나 공격적이어서는 안된다고 한다. 왜냐하면 우리 아시아 여성들은 수천 년 역사의 고상한 문화를 가지고 있기 때문이라는 것이다. 아시아 남성들은 아시아 문화에서의 조화와 상호 보완의 중요성을 이야기한다. 그들은 아시아 공동체에서의 음양의 아름다움과 여성성과 남성성의 조화를 강조한다. 남자들이 보기에 공격적이라고 생각되는 여자들의 소리나 행동은 자동적으로 비아시아적인 것으로 치부해 버린다. **"아시아적"**이라는 말을 남자들이 그들 자신에 대해 사용할 때는 가장 진보적인 의미를 지니게 되지만 여자들에 대해 사용할 때는 가장 시대착오적인 의미로 바꾸어 버린다.[25]

이처럼 이중적인 표준을 사용하게 되는 데에는 두 가지 중요한 이유가 있

---

25. Bhasin & Khan, 14.

다. 하나는 민족주의에 대한 잘못된 견해를 강조하기 때문이고, 다른 하나
는 식민주의의 산물인 내면화된 "동양주의"[26] 때문이다. 비록 아시아의 여러
곳에서 민족주의가 식민주의에 대항해 싸우는 중요한 이데올로기이기는 했
지만 그것 역시 아시아 여성을 희생해서 전통적인 가부장주의 문화를 유지
하려는 경향이 있었다. 여성들이 자신들의 권리를 위해서 동요하면 민족주
의 투쟁을 하는 남성들은 너무 쉽게 부적합하다고 비난했다. 남성 민족주의
자들이 **"전통으로 돌아가자"**, **"식민지 문화에 대항해서 우리 문화를 보
호하자"**고 강조할 때 그들이 말하는 **"우리 전통"**과 **"우리 문화"**는 구체적
으로 정의되어 있지 않다. 모든 문화는 자기 전통 안에 해방적인 차원과 억
압적인 차원을 모두 가지고 있다. 우리 여성들은 **우리 문화**와 **우리 전통**
을 볼 때 숨막히는 가부장적 측면들을 함께 본다. 그러므로 우리 여성들은
몇몇 민족주의 운동에서 남성들이 무비판적으로 전통 문화를 강조하는 것이
억압적인 행동이라고 본다; 예를 들어 이란의 민족주의자들은 미 제국주의
에 대항해서 싸우면서 다른 한편으로는 그들의 문화적 유산을 지킨답시고
다시 베일을 쓰라고 이란 여성들에게 강요한다.

또한 아시아 여성들은 아시아 남성들이 여성들의 해방 투쟁은 반드시 비
대결적이어야 한다고 말하는 것은 그들의 내면화된 동양주의(Orientalism)
때문이라고 본다. 동양주의는 서구 식민주의의 산물이다. 서구 식민주의자
들은 아시아 사람들을 서구 사람들처럼 완전히 "진보하지" 못한 "별종"으로
여겼다. 그들은 자신들에게 도전하고, 영향을 주며, 자신들을 변화시킬 수
있는 사람들로 아시아인들을 대하기를 원하지 않았다. 서구인들은 아시아인
들을 참되게 만나거나 그들로부터 무언가를 배울 마음은 전혀 없이 아시아
인들을 객관화했다. 그들은 아시아인들을 가리켜 이국적이며, 신비하고 감
성적이라고 한다. 아시아 남성들은 서구인들이 이처럼 인종편견적인 망언을
하는 데 대해서는 분개한다. 그들은 서구인들이 소위 자연적인 아시아인들

---

26. Edward W. Said, *Orientalism* (New York: Vintage Books, 1978) 참조.

의 특성을 정의내리는 데 대해 단호히 거부한다. 그러나 사실은 아시아 여성들의 특성을 제멋대로 정의하는 그들 자신이야말로 서구 식민주의자들과 똑같은 태도를 취하고 있는 것으로 보인다. 아시아 남성들은 아시아 여성들을 자신들과는 전혀 다른 별종으로 객관화시킨다. 아시아 남성들은 아시아 여성들에 대한 자신들의 태도가 세계 자본주의가 고안해 낸 아시아 여성들의 판에 박힌 이미지를 더욱 강화시킬 뿐이라는 사실을 기억해야 한다. 서구 남성의 눈으로 볼 때 소위 부드럽고 얌전하며, "비대결적인" 아시아 여성들은 지구상에 마지막 남은 천국으로 보이기 때문에 그들은 대결적이고 호전적인 서구 여성 해방운동에 물들지 않은 "진짜 여자다운 여자"를 만나러 아시아로 온다. 아시아 남성들이 비대결적인 아시아 여성의 상을 강조할 경우 결과적으로는 서구 남성들의 성적인 환타지를 지원하는 꼴이 되며, 아시아 여성을 온 세계의 창녀로 전락시키는 꼴이 된다. 어떻게 아시아 여성을 탐색하는지에 대해서 책을 쓴 한 서구 남성의 성적인 환타지를 살펴볼 필요가 있다. **"방콕의 뒷골목에서: 세상에서 가장 활짝 열려진 도시에서 즐거움을 누리는 방법"**이라는 책에서 봅 토드는 자신이 어떻게 타이 여성들을 탐색했는지에 대해 의기양양해서 이렇게 말하고 있다:

명심할 것은 당신이 뚱뚱하거나 불능이거나 늙었거나 아무 상관이 없다는 것입니다: 수백만의 타이 여자들에게 당신은 부자가 되어 온갖 것을 누리며 신나게 살 수 있는 길을 열어 줄 티켓과도 같기 때문입니다. 달리 그 여자들이 그런 생활을 누릴 수 있는 길이란 없습니다. 당신은 그 여자들에게 좋은 일을 하는 것입니다. … 만일 결혼을 생각하고 있다면 어떻게 해서라도 와서 이 수수께끼 같은 동양 여자들을 보고 배워서 당신 마음 속에 샘플로 담아 가는 것이 좋겠습니다.[27]

---

27. Bob Todd, "Backstreet Guides to Degrading Slavery", *CCA News* 23:1/2 (January / February 1988) 13.

만일 아시아 남성들이 아시아 여성들을 민족주의 투쟁의 동지로 삼고 싶다면 우리가 용감한 전사들이 되도록 격려해야 한다. 그들은 더 이상 우리에게 이중적인 요구를 해서는 안된다. 자기들에게는 부드럽고 얌전하며, 비대결적이 되라고 하면서 서구 식민주의자들에게는 호전적이고 대결적이 되라는 것은 분명 이중적인 요구이다. 우리 아시아 여성들은 아시아 남성들이 자기들 편할 대로 꼈다 켰다 할 수 있는 로봇들이 아니다. 우리도 온전한 인간이다. 우리는 서구 식민주의를 거부하지만 아시아 남성들의 성차별주의적·문화적·사회적 식민주의도 거부한다.

문: 여성 해방은 중요한 해방운동이다. 그러나 우리들 각자의 상황에서 해내야 할 더 중요한 운동들이 있다. 계급 투쟁, 인종 차별에 대한 투쟁, 반식민주의 투쟁이 그것이다. 그러므로 여성들은 이러한 해방 투쟁들이 끝날 때까지 기다려야 한다.

답: 이러한 부류의 사람들은 늘 자신들은 자기 공동체에서 여성 해방운동을 지지한다고 말한다. 그러나 그들은 지금은 자기 공동체에서 전체적으로 여성 해방을 위해 힘을 쏟을 때가 아니라는 말을 덧붙이기를 잊지 않는다. 그들에게는 해결해야 할 다른 "중요한" 문제들이 있다는 것이다. 우리 여성들은 가부장주의적 역사 속에서 단 한 번도 해방을 위해 "적절한 때"를 가져 본 적이 없다! 만일 **지금**이 적절한 때가 아니라면 앞으로도 결코 적절한 때를 가지지 못할 것이다. 많은 혁명들이 여성들에게 동등한 힘을 부여할 것을 약속했다. 그러나 구체적인 역사 경험들은 혁명이 끝난 뒤 그러한 약속들이 한번도 여성들이 원했던 만큼 지켜지지 않았음을 보여 준다. 이제 우리는 해방 투쟁에서 어느 것이 우선적인지를 남성들 혼자서 독단적으로 결정하도록 내버려 두어서는 안된다는 사실을 깨닫기 시작했다. 여성들은 더 이상 남성들이 "중요한" 갈등이 무엇인지 결정할 때까지, 혹은 "우선적인" 것이 해결될 때까지 기다릴 수 없다. 그러면 해방 투쟁에서 주요 갈등, 우선적인 것을 결정할 사람은 누구인가? 그것은 인구의 절대다수를 차지하는

가난한 여성들이 아니고 누구겠는가? 어떠한 투쟁에서건 가난한 여성들과 어린이들이 억압받는 자들 중에서 더 억압받는 자들이 아닌가? 정의를 위한 싸움에서 남성들이 여성들의 권리를 포함시킨다고 해서 최종적인 해방에서 그들이 잃을 것이 무엇이 있겠는가? 그들이 잃을 것이라곤 남성 억압자로서의 왜곡된 특권밖에 없다. 만일 수탈적인 체제로부터 보장받은 자신들의 특권을 포기하지 않은 채 완전한 해방이 오기를 기대하는 집단이 있다면, 그들은 결코 해방의 본질적인 의미를 알지 못하는 것이다.

실제로 남성들이 해방을 위한 여성들의 주장을 총체적인 해방 투쟁의 고유한 한 부분으로 수용할 때 그들은 해방 과정을 앞당길 수 있다. 여성들은 스스로에 대해 능력과 책임감을 가진 완전한 인간 존재로 느낄 때에만 해방 과정에서 잠재력을 충분히 발휘할 수 있다. 아무리 싸워 봤자 함께 싸운 다른 사람들의 노예가 된다면 어느 누구도 다른 사람들의 혁명을 위해 싸우고 죽으려 하지 않을 것이다. 만일 여성들의 희생을 대가로 얻은 해방으로부터 남성들이 대부분의 이득을 가져가 버린다면 여성들은 결코 자신들의 전존재를 바쳐 투쟁 과정에 헌신하지 않을 것이다. 투쟁을 통해 남성들과 똑같이 여성들도 억압의 굴레로부터 해방된다는 것을 여성들이 진정으로 알고 느낄 수 있을 때 그들은 남성들과 마찬가지로 목숨을 걸고 투쟁에 참여할 것이다. 여성들의 요구를 뒷전으로 물리쳐 버리고 투쟁의 다른 요소들에 우선권을 두는 것은 총체적인 투쟁 과정에 잘못 접근하는 것이다.

간단히 말해 민주화가 먼저냐, 여성 해방이 먼저냐 하는 것은 물음 자체가 잘못된 것이다. 아시아 여성들은 여성으로서의 자신들의 해방을 뒷전에 밀어둔 채 해방 과정을 여러 토막 낼 수 있기라도 한 것처럼 먼저 민주화를 위해, 혹은 계급 차별과 인종 차별에 대항해서 투쟁할 수 없다. 해방은 통전적으로 생각되어야 한다. 누구보다도 여성들의 경험이 그러한 사실을 말해준다. 성차별주의에 대항한 흑인 여성들의 투쟁과 관련하여 한 미국 흑인 여성의 발언은 똑같은 점을 말해 준다:

혹인 해방운동을 하는 많은 혹인 남성들은 우리들에게 "혹인이 먼저"인지 "여성이 먼저"인지 묻는다. 우리는 이 질문에 대해 분개하는데 그것은 이 질문이 우리 여성들이 마치 기계처럼 분해될 수 있는 것으로 전제하고 있기 때문이다. 우리는 "혹인 여성들"이다. 월요일부터 목요일까지는 혹인이고, 다음에 금요일부터 일요일까지는 여성이고 그런 것이 아니다. 우리는 일주일이면 7일 내내 혹인 여성들이다. 우리는 검은 피부와 여성 생식기를 동시에 가지고 있다. 우리는 하나를 위해 다른 하나를 포기할 수 없다. 우리는 시종일관 혹인 여성이다.[28]

혹인 여성들이 이렇듯이 우리는 시종일관 아시아 여성들이다. 우리는 투쟁의 여러 측면들을 분해할 수 없다. 우리의 투쟁은 통전성을 위한 투쟁이기 때문이다. 아시아 여성들이 아시아 남성들에게서 원하는 것은 "여성 문제"에 대한 "관대한 이해"가 아니다. 우리는 그들의 회개를 원하며 그들이 아시아 여성들에 대한 억압을 끝내는 데 온전히 헌신하기를 원한다. 우리는 그들이 구체적인 행동의 변화로 **회개**(metanoia)를 보여 줄 것을 원한다. 여성들에 대한 남성들의 억압은 여성들의 문제가 아니다. 그것은 아시아 남성들이 해결해야 할 남성들의 문제다. 해방운동을 하는 아시아 남성들이 완전한 인간성을 위한 아시아의 투쟁에 여성 해방을 본래적인 한 부분으로 포함시킬 때에만 민중 해방을 향한 그들의 주장이 순수성을 지닐 수 있다. 이것은 아시아 여성들의 해방을 위한 남성들의 지원이 마지못한 생색내기 식이어서는 안된다는 것을 의미한다. 아시아 여성들의 도전은 아시아 남성들이 여성들과 관계를 맺는 방식을, 세계를 생산·재생산하는 방식을, 그들의 노동과 세계관의 내용을 변화시켜야 한다는 것을 의미하기도 한다.

아시아 여성신학은 아시아 남성들이 자신들에게 정해 준 위치를 그냥 그대로 따를 수만은 없다고 생각한 아시아 교회의 여성들에 의해서 형성되고

---

28. 1985년 봄학기 뉴욕 유니온 신학교에서 있었던 **James Cone** 교수의 "혹인신학" 강의를 들었던 한 혹인 여학생이 이렇게 지적했다.

있다. 타종교 여성들 그리고 일반 여성들과 함께 우리는 여성 해방적인 신학과 교회, 사회를 창조하기로 결심했다.

다시 태양이 되기 위한 투쟁:
인간성에 대한 아시아 여성들의 신학적 성찰

서 막

첫째 여자 목소리   1. 내가 태어났을 때 아무 노래도 없었네
　　　　　　　　　 슬픔만이 공기를 가득 채우고 있었네
　　　　　　　　　 찾아와서 축복해 주는 사람도
　　　　　　　　　 돌봐 주는 사람도 없었네
　　　　　　　　　 "죽여, 죽여, 죽여 버려!"
　　　　　　　　　 아버지는 그렇게 말했지
　　　　　　　　　 온 세상이 다 아는 일이지
　　　　　　　　　 나는 계집애였으니까

남자 목소리　　　 너는 계집아이야, 재앙이란 말이야
　　　　　　　　　 너는 나를 망치고 말거야, 너는 골치거리란 말이다

여성 합창　　　　 어머니는 소리 없이 우셨네
　　　　　　　　　 우리 어머니들이 늘 그랬듯이
　　　　　　　　　 내 팔자를 불쌍해하시면서
　　　　　　　　　 어머니도 겪으신 그 팔자를

　　　　　　　　 2. 나도 내 형제들처럼 자라났지
　　　　　　　　　 육체, 정신, 영혼 모두가 자랐지
　　　　　　　　　 하지만 내 머리만은 한번도 훈련받은 적이 없어

내 몸 ─ 내 몸은 있는 대로 다 써먹었어
집에서도, 밖에서도 일했지
힘들다고 감히 생각하지도 못했어
남자들이 밭에서 돌아왔을 때
나는 그들에게 먹을 것과 안락함을 주었지

남자 목소리   집에서, 집안 일을 하는 게 너의 행복인 줄 알아
내가 한 방 먹이기 전에 네 분수를 알아야지

여성 합창   어머니는 내 마음을 알았네
우리 어머니들이 늘 그랬듯이
내 팔자를 불쌍해하시면서
어머니도 겪으신 그 팔자를

3. 젊은 시절은 재앙이었지
결코 황금기가 아니었어
제기랄! 결혼을 해야 했거든
어떤 작자의 아내로, 노예로 살았지
내 영혼은 대답을 원한다구
왜 내게는 공평치가 못한지
동무처럼 껴안았다가
왜 나를 모욕하는 거지

남자 목소리   남자는 하느님이야, 하느님은 남자라고
너는 여자야, 여자, 여자

합창   어머니는 나의 괴로움을 아셨지

우리 어머니들이 늘 그랬듯이
내 팔자를 불쌍해하시면서
어머니도 겪으셨으니까

4. 이제 나는 과부야
   보잘것없고, 약하고 늙었지
   내가 죽는 날은 어떨까
   눈물을 흘리게 될까
   안도의 한숨을 쉬게 될까
   슬픈 시작에
   외로운 끝맺음이겠지
   그리고 나의 유일한 위안, 성서책은
   나를 완전히 죄인으로 만들고 말 거야

남자 목소리　　네 아버지의 이름으로
　　　　　　　네 남편
　　　　　　　네 아들의 이름으로
　　　　　　　순종할지어다, 공손하고
　　　　　　　감사할지어다
　　　　　　　평화를 붙들지어다

여성 합창　　　내 딸은 내 슬픔을 알지
　　　　　　　딸들이 늘 그러듯이 말이야
　　　　　　　내 팔자에 분노하면서
　　　　　　　그걸 부숴 버리려고 하지

둘째 여자 목소리 5. 나는 이 굴레들을 부숴 버릴 거야

수치에서 나 자신을 풀어 줄 거야
나는 배울 거야
배워서 온 세상 여자들을
가르칠 거야
모욕에서 벗어나 자유를 가르칠 거야
하느님은 남자와 여자를
하느님의 형상 그대로
창조하셨지
하느님의 능력으로 여자는 축복을 받았어
내가 태어났을 때, 살아서나
죽어서나 **나는 축복을 받지**

남자 목소리 참으로 너는 **여자**니
       하느님과, 우리가 너를 영화롭게 한다
       모든 인간의 권리를 향한
       우리 줄달음질의 동반자로

여성 합창   여자들은 다함께 와서
       억압에 맞서 연대하고
       우리 친구 남자들을 도웁시다
       이 땅을, 인간을 발전시킵시다[1]

완전히 인간적이 된다는 것은 무엇을 의미하는가? 이것은 아시아 여성들이 그들의 삶에서 끔찍한 고통과 불의를 경험할 때 던지는 질문이다. 아시아 여성들은 상처받기 때문에 인간성과 하느님의 의미에 대해 어려운 질문들을

---

1. 이 노래는 인도의 유명한 시인 **Nargis Basu**가 쓴 것이다. **Clarke, 108-10 참조.**

하게 된다. 그들은 존엄성과 온전성을 지닌 인간으로 살아남기 위해 겉보기에 무의미해 보이는 고통 속에서도 의미를 찾고 싶어한다. 나서부터 죽을 때까지 아시아 여성들은 남성 지배 사회의 죽으라는 저주에 맞서서 싸워야만 한다. 사실 아시아 여성들에 대한 이러한 저주는 그들이 생물학적으로 잉태되기 전부터 시작된다. 아시아의 부모들은 아들을 수태하게 해 달라고 신들에게, 여신들에게 기도한다. 일단 임신이 되면 그들은 전체 임신 기간 동안 아들을 낳기를 기대한다. 딸을 낳게 되면 대개의 아시아 부모들은 매우 실망한다. 어떤 한국 여성들은 섭섭이라는 이름을 가지고 있는데 그것은 후회스럽고 실망스럽다는 뜻이다. 어떤 여자들은 끝냄이라고 불리는데 이것은 (또 딸을 낳는 것을) 끝낸다는 뜻이다. 많은 아시아 여성들은 이처럼 남성 숭배적인, 여성 모독적인 세상에 태어나서 "저주하는" 이름들로 불린다. 때로 여자 태아들은 어머니 뱃속에서 양수 검사[2] 뒤에 죽임을 당하고, 때로는 태어나자마자 아들을 원하는 가족의 손에 죽임을 당한다. 대체로 여자 아이들은 제대로 먹지도 못하고 교육받지도 못하며, 남자 아이들과 비교해 볼 때 지나치게 많은 일을 한다. 다 자란 다음에도 계급 차별, 인종 차별, 신분 차별, 문화적 제국주의에 기반을 둔 억압적인 공적·사적 구조 속에서 여성들의 삶은 계속 더 나빠질 뿐이다. 그들의 몸은 지배당하고, 그들의 노동은 착취당한다.[3]

아시아 여성들의 자기 이해는 이런 처참한 현실로부터 생겨난다. 내가 어렸을 적에 한국에서 나의 어머니와 이모들은 자주 내게 이렇게 말하곤 했다: "만일 네가 고통과 고난의 의미를 묻기 시작하면 그때부터 하느님을 알기 시작하는 거다." 말하자면 고통과 고난은 아시아 여성들이 완전한 인간성의 의미를 찾아 나가는 데서 인식론적인 출발점이라는 것이다. 아시아 여성들은 인간성의 깊이를 알며, 다른 여성들의 아픈 마음을 이해한다. 그것

---

2. 더 자세히 알려면 Marie Mignon Mascarenhas, "Female Infanticide and Foeticide in India", *Stree* 16 (October 1987) 14-5. *Stree*는 인도 그리스도교 여성협의회(All India Council of Christian Women)의 소식지이다.

3. 아시아 여성들의 상황을 잘 설명해 준 글로는 *Balai* 2:4 (December 1981) 참조.

은 그들이 고난받았고, 고통 속에서 살았기 때문이다. 이러한 앎은 아시아 여성들의 고통과 고난의 원인인 특권을 가진 남성들의 앎과는 다르다. 아시아 여성들의 인식론은 찢어진 몸으로부터의, 치유와 통전성을 갈망하는 **찢어진 몸으로부터의 인식론**이다.

자신의 몸이 찢어지는 가운데, 완전한 인간성에 대한 갈망 속에서 아시아 여성들은 하느님을 만났고 알게 되었다. 그렇다면 하느님을 안다는 것은 무엇을 뜻하는가? 아시아 여성들에게 그것은 자신들의 삶의 궁극적인 의미를 깨닫는 것이고, 이 역사와 우주 속에서 존재의 의미를 발견하는 것이다. 아시아 여성들은 대단히 종교적인데 그것은 그들의 삶이 고통과 고난으로 점철되어 있기 때문이다. 인간성에 대한 아시아 여성들의 이해는 그들의 고난과 해방을 위한 투쟁 한가운데서 하느님이 누구이며, 무엇을 하는가에 대한 그들의 이해와 직결되어 있다.

아시아 여성들이 매맞고, 찢겨지고, 질식당하며, 불태워질 때, 손발을 절단당할 때 그들에게 완전히 인간적이 된다는 것은 무엇을 뜻하는가? 아시아 여성들은 그들 자신의 몸이 찢겨지는 경험으로부터, 자긍심과 목적을 가진 인간 존재로 살아남을 길을 찾는 과정에서 그러한 질문들을 생각하게 되었다. 사적으로나 공적으로나 억압의 희생자들로서 그리고 동시에 해방의 주체들로서 그들은 시와 노래, 이야기들을 통해 가부장적 역사의 밑바닥으로부터 그들의 생존의 지혜를 표현해 냈다. 아시아 여성들은 만일 통전성과 정의, 평화가 지배하는 세계를 꿈꿀 수 없다면 더 이상 무의미한 고난을 견딜 수 없다는 것을 안다. 그들은 또한 삶의 깊고 풍성한 아름다움에 대한 비전 없이는 자신들이 죽어 버리고 말리라는 것도 안다. 고난과 악, 죄, 하느님의 형상에 대한 아래 아시아 여성들의 신학적 성찰은 동서양의 지배적인 신학과 철학에 나타나는 소위 인간 본성에 대한 추상적이고 형이상학적인 반성의 산물이 아니다. 그것들은 아시아의 많은 "상처받은 치유자들"이 찢겨진 몸과 상처받은 영혼들을 치유하기 위해 만든 처방이며, 약이다. 이제 이 아시아 여성들의 이야기를 들어 보자.

인간이 된다는 것은 고난받고 저항하는 것이다

아시아 여성들은 자신들의 고난을 떠나서 인간성을 정의할 수 없다. 아시아 여성들에게 인간됨이란 고난받는 것이다. 그것은 고난이 그들의 삶의 경험의 중심적 요소이기 때문이다. 그러므로 아시아 여성들은 인간으로서 자신이 누구인가를 이해하기 위해 고난과 화해해야만 한다.

아시아 여성들은 외세의 지배, 국가의 억압, 군사주의, 인종 차별, 자본주의 등, 이 세상 권력과 전권자들의 말살적인 구조 아래서 "아무것도 아닌 존재"가 되었다. 가부장적 사회 속에 만연한 체계적인 여성 혐오는 아시아 여성들의 삶을 비참하게 만들었다. EATWOT의 아시아 여성 회의에 참석했던 아시아 여성들은 이러한 죄된 억압의 상황을 다음과 같이 묘사했다:

> 아시아 사회의 모든 국면에서 여성들은 지배당하고, 비인간화되며, 비여성화된다; 그들은 차별당하고, 착취당하며, 괴롭힘당하고, 성적으로 이용당하고, 유린당하며, 소위 남성 지배권에 늘 스스로를 복종시켜야 하는 열등한 존재로 여겨진다. 가정과 교회, 법, 교육, 미디어, 이 모든 부분에서 여성들은 편견과 거짓 친절로 대해져 왔다. 아시아에서 그리고 온 세계에서 비굴하고 굴종적인 아시아 여성의 신화는 판에 박힌 지배 남성 이미지를 강화하기 위해 막무가내로 퍼져나갔다.[4]

아시아 여성들은 삶에서 온갖 형태의 억압을 경험하면서 주변의 악의 원인이 무엇인지를 묻게 되었다. 그들은 악이 인간의 죄로부터 생겨난다고 생각했다. 그러나 그들은 억압자의 죄와 피억압자의 죄를 구분한다. 아시아 여성들이 보기에 억압자들의 죄는 "권력과 특권, 지식, 부를 향한 그들의 욕

---

4. "Final Statement: Asian Church Women Speak" (Manila, Philippines, November 21-30, 1985) Fabella & Oduyoye, 119.

망"[5]에 근거한다. 억압자들의 "탐욕"과 "남을 지배하려는 욕구"는 "계급, 가부장적 사회의 기반"이다.[6] 이러한 특징들은 "자신에 대한 / 타인에 대한 관계를 왜곡시키며", 다른 사람들을 "지배하고 조종하게 만든다."[7] 인간의 죄란 단순히 개인적인 태도를 말하는 것이 아니다. 그것은 "집단적"이고 "체계적인" 성격을 지녔다.[8] 즉, 인간의 죄는 식민주의, 신식민주의, 자본주의, 인종 차별주의, 계급 차별주의, 신분 차별주의 그리고 성차별주의 등을 통해서 나타난다.

아시아 여성들은 억압자들의 죄에 대해 분노하지만 한편으로 억압받는 자편의 죄를 인정하기도 한다. 이것은 내면화된 자기 혐오, 피억압자끼리의 폭력, 무지 등을 포함한다. 여러 형태의 식민주의와 가부장주의에 의해 생겨난 내면화된 자기 혐오는 그들로 하여금 자기 자신을, 다른 여성들을 신뢰하지 못하게 한다. 아시아 여성들은 "자신감이 없고", "다른 여성들이" 지도적인 자리에 올라가도록 격려할 마음도 없다고 고백한다.[9] 많은 경우 억압에 대한 그들의 분노는 직접 억압자를 향하지 않고 서로를 향한다. 이것은 여성들 사이에 "서로를 향해 폭력적이 되게" 만든다.[10]

1984년 11월, 인도의 뱅갈로어에서 열린 인도 여성 신학자 대회에서 사용된 다음의 예배문은 가부장적 사회 속에서 아시아 여성들의 죄 이해가 어떤지 보여 준다:[11]

---

5. 1985년 11월, 마닐라에서 열렸던 아시아 여성 신학자들의 회의에서 사용되었던 스리랑카의 예배 의식문. *IGI* (March 1987) 7.

6. Aruna Gnanadason, "Women's Oppression: A Sinful Situation", Fabella & Oduyoye, 73.

7. 앞글.   8. 앞글.

9. "Report of Indonesian Theologically Trained Women's Consultation" (Sukabumi, June 24-9, 1983) *IGI* (December 1984) 9.

10. 이우정, 「한국의 전통 문화와 여성신학」, 『한국 여성신학의 과제』 (서울: 한국 여신학자협의회, 1983), 77.

11. 인도의 여러 교회에서 온 66명의 남녀가 1984년 11월 21-24일 뱅갈로어의 화이트필드에서 「인간화의 신학을 향하여: 여성의 관점에서」라는 주제로 열린 국내 회의에 참석했

첫째 인도자 우리는 우리들이 성을 왜곡시키는 자들임을 압니다.

다같이 우리는 우리 자신들로부터, 서로에게서부터, 생명의 하느님으로부터 멀어져 있습니다.

둘째 인도자 우리들이 파괴되어 있음을 고백합시다.

여성 우리는 여성의 전통에 얽매여 자연적인 순응자의 역할을 택함으로써 여성 열등성의 신화를 영속화시키는 데 일조했음을 고백합니다.

남성 우리는 남성의 전통에 얽매여 자연적인 지도자의 역할을 당연시함으로써 남성 우월성의 신화를 영속화시키는 데 일조했음을 고백합니다.

여성 여성으로서 우리는 아내로, 어머니로, 남성들의 성적인 대상으로 우리들의 이미지를 기꺼이 한정시켜 왔음을 고백합니다.

남성 남성으로서 우리는 자주 여성들을 성적인 대상으로 여겨 왔음을 고백합니다. 우리는 그들의 역할을 아내로, 어머니로 한정시킨 데 일부 책임이 있습니다.

여성 우리는 성서와 역사 속에서 우리들 자신의 참된 정체성을 찾으려고 노력하지 않았음을 고백합니다. 우리 자신과 다른 여성들을 신뢰하는 데 실패했습니다. 우리들 자신이 스스로의 가장 지독한 적이 되었습니다.

남성 우리는 남성 지배의 거짓된 환상을 강화시키는 종교적인 가르침들을 지속해 왔음을 고백합니다. 우리는 스스로 종됨을 추켜세우면서 여성들에게 귀찮은 일들만 맡겼습니다.

다. 이 초교파 회의는 인도 전국 그리스도교 여성 회의(인도 교회협의회의 여성 조직이다)와 가톨릭 여성들, 신학 교육을 받은 인도 여성들의 모임에 의해 개최되었다. 이 회의는 아시아 여성신학을 정립하려는 목적으로 EATWOT가 후원했다. 이 회의의 성과물들은 인도 전국 그리스도교 여성협의회에 의해 책으로 출간되었다. 더 자세히 알려면 Gnanadason, *Toward a Theology of Humanhood*.

여성	우리는 모든 종류의, 모든 조건의 인간들에게 자기 긍정과 창조성을 금하고, 부정하는 사회 체제에 몸담고 있음을 고백합니다.
남성	우리는 말로만 보편적인 평등을 이야기하고, 실제 삶은 성차별에 뿌리 깊이 물들어 있음을, 정말 우리가 여성들을 예속적인 위치에 몰아넣었음을 고백합니다.
다같이	성령의 능력에 힘입어 우리는 우리들 자신을 고발합니다. 우리는 하느님이 우리를 새 사람들로 만들도록 내버려 두지 않았습니다. 우리는 하느님께, 교회에 그리고 세상에 우리 죄를 고백합니다. 우리는 서로 서로의 화해를 위해 일할 것을 맹세합니다.
첫째 인도자	우리의 창조자, 구원자, 위로자의 이름으로 너희 죄가 용서받았다. 너희는 과거로부터, 과거의 억압으로부터 자유로워졌다. 너희는 과거의 죄를 명심하기는 하되 거기에 매이지는 않고, 상호성과 사랑의 새로운 미래를 향해 나아가도록 자유롭게 되었다. 이 선물은 완전하니 하느님의 사랑의 은혜 안에서 살라.[12]

위의 예배문에서 말하듯이 억압은 억압받는 자들로 하여금 자기 자신으로부터 소외되는 경험을 하게 한다. 억압받는 여성들은 자신 안에서 매우 심한 분열을 경험한다. 인간으로서 자신이 어떤 사람이 되고 싶은가에 대한 생각과 자본주의/가부장제 사회 속에서 그가 처한 현실 사이에는 큰 차이가 있다. 그리고 이런 상황은 수치심과 죄의식, 자기 혐오를 불러일으킨다. 오랫동안 지속되는 수치심과 죄의식, 자기 혐오는 아시아 여성들에게 무감각 상태의 거짓 안정감을 가져다 준다. 생존을 위해 모든 감각을 잃게 되는 것은 억압받는 자에게는 가장 비극적인 상황이다. 왜냐하면 그때는 개인이 저항

---

12. "Liturgy Used at the Indian Women Theologian's Conference", *IGI* (December 1984) 28.

할 힘을 잃어버리기 때문이다. 이처럼 무감각해지는 과정에서 개인들은 그들 자신으로부터, 서로로부터 그리고 생명의 하느님으로부터 멀어진다. 아시아 여성들은 이처럼 무감각해지는 것을 소외(Separation)의 죄라고 부른다. 이 소외가 자본주의/가부장주의 사회의 억압으로 인한 것이 사실이지만 아시아 여성들은 그들 자신이 이 죄에 대해 책임이 없다고 생각하지 않는다. 아시아 여성들은 그냥 억압자에게 굴종하고 그들 자신을 그리고 다른 여성들을 신뢰하지 못함으로 인해 억압을 영속화시킨 자신들의 책임을 인정한다.

한국의 여성 신학자들은 남성 민중신학자들과[13] 함께 피억압자들이 죄된 상황에 대해 반응하는 또 다른 한 형태를 설명한다. 그것은 "**한**"이라고 불리는데 이 한은 역사 속에서 대대로 주변 강대국들로부터 짓밟혀 왔던 한국 민들에게 가장 지배적인 감정이다. 이 감정은 막다른 골목에 도달했을 때 생겨난다. 한국 사람들, 특히 가난한 사람들과 여성들은 자신들에게 가해지는 불의에 도전할 수 있는 공적인 채널을 가지지 못했다. 그들은 물리적·심리적 위협과 억압자들에 의해 실제로 가해지는 신체적 폭력으로 인해 오랫동안 침묵당해 왔다. 자신들의 참된 자아와 감정을 표현할 길이 전혀 없을 때 억압받는 자들은 자신들 내부로 "움츠러들게" 된다. 사회적 무력감에서 비롯되고, 이처럼 표현되지 못한 분노와 원한은 그들의 마음 속에 "응어리"를 만든다. 이러한 응어리는 자주 그들의 몸에까지 생기게 되는데 이것은 억압받는 사람들이 자주 심리적으로뿐만이 아니라 신체적으로도 질병을 앓게 됨을 의미한다.

한국의 민중신학자 현영학은 **한**의 감정을 이렇게 더 자세하게 설명했다.

---

13. 민중은 "사람들", 특히 "억눌린 사람들"을 뜻하는 말이다. 민중신학자 서광선에 의하면 민중은 "억눌리고 수탈당하며 지배, 차별, 소외당하는 사람들, 지식인들을 포함하여 여성들이나 가난한 사람들, 노동자나 농민들처럼 정치·경제·사회·문화·지적으로 억압받는 사람들이다"(1983년 8월 클레아몬트 신학교에서 했던 서광선의 강의 내용 중 일부이다). 따라서 민중 개념은 프롤레타리아보다 광범위하다. 민중신학자들은 한국 민중의 구체적이고 역사적인 경험으로부터 신학을 하려고 한다.

한은 자신들에게 고통을 주는 불의에 대항해서 원한을 풀지 못할 때 생겨나는 감정이며, 끔찍한 재난으로 인해 생겨나는 무력감이며, 완전히 버림받은 감정("당신은 왜 나를 버리셨나요?")이고, 사람의 오장육부를 뒤흔들어 몸부림치게 하는 고통과 슬픔의 감정이며, "복수"를 하려는 강한 욕구이자 잘못된 이 모든 것들을 바로잡으려는 욕구이다.[14]

한국 여성 신학자들과 남성 민중신학자들은 근세 역사 속에서 피억압 한국 여성들의 핵심적인 경험이 **한**이었다는 데 대해 동의한다. 억압받는 한국 여성들은 "민중 중의 민중"이며 **"한맺힌 사람들 중에서도 가장 한맺힌 사람들"**이다.

고통스러운 역사 속에서 한국 여성들이 **한**을 처리한 방식은 다양한 배경을 가진 다른 아시아 여성들과 피억압 민중들에게 생존을 위한 귀중한 자료를 제공해 준다. 한국 여성들이 **한**을 처리하는 방식은 두 가지가 있다. 하나는 한을 수용하는 것이고, 다른 하나는 거부하는 것이다. 수동적으로 **한**을 받아들이는 것은 체념이라고 할 수 있다. 한국 사람들은 한의 이 측면을 **"정한"**(情恨)[15]이라고 부른다. 아시아의 많은 종교-문화 전통들이 이러한 태도를 부추겼다. 불교와 힌두교에서는 인간의 삶을 고통으로 본다; 고통받는다는 것은 정상적인 인간 존재가 된다는 것을 의미한다. 숙명에 대한 가르침들로 인해 사람들은 자기가 사는 동안 겪는 일들은 마땅히 일어날 일들이라고 생각한다. 그들의 삶은 이미 정해져 있고, 아무도 그것을 바꿀 수는 없기 때문이다. 그들이 할 수 있는 일이라곤 자신의 상황에 자족하는 것이며, 충실하게 삶으로써 다시 태어났을 때 더 나은 운명을 보상받는 것이다. 한국 여성들은 노래나 시, 춤을 통해 자신들의 슬픈 운명을 표현하곤 했다.

---

14. 현영학, "Minjung: The Suffering Servant and Hope", 1982년 4월 13일 뉴욕 유니온 신학교 James Memorial Chapel에서 했던 강연 내용이다.

15. Suh Nam Dong, "Toward A Theology of *Han*", *Minjung Theology* (Maryknoll, New York: Orbis Books, 1983) 55-72.

이러한 문화적 분위기 속에서 서구 근본주의적 선교사들에 의해 예정론과 십자가에 대한 경직된 교리들이 들어오게 되자 이것은 한국 그리스도교 여성들의 삶에 더욱 무거운 짐을 지우는 꼴이 되었다. 이것은 그들을 더욱 수동적이 되게 만들었고, 자기 희생을 받아들이게 했다. 한국 여성들에게 그리스도인이 된다는 것은 예수가 십자가에서 고난당했던 것처럼 묵묵히 고난을 받아들이는 것이라고 해석되었다. 그것은 하느님의 뜻이고 영원 전부터 예정되어 있었다는 것이다.

그러나 자신의 운명을 수동적으로 받아들이기만 하는 것이 한국 여성들의 삶의 전부는 아니다. 한국 여성들은 **한**으로 점철된 자신들의 삶을 받아들이기를 거부하는 투사들이기도 하다. 그들은 자신들의 상황에 대해서 분노하며, 복수하려 하며, 혁명적인 변화를 시도하기도 한다. 한국인들은 이 측면을 **원한**(怨恨)이라고 부른다.[16] 역사 속에서 한국 여성들은 생존의 지혜를 통해 복잡하게 꼬인 **한**의 실타래를 풀어 왔다. 한국 전통에서는 **한**을 푸는 것은 **한풀이**라고 한다. 온건한 **한풀이** 방식으로는 노래, 춤, 제의 등이 있고, 공격적인 방식의 **한풀이**는 농부들, 노동자들, 도시 빈민들, 조직화된 여성의 정치적 운동 등에 의해서 발전되었다.

최근에 한국 여성 신학자들은 그들의 전통에서 여성들의 생존의 자원이 무엇이었는지를 발견해 내는 데 많은 정력과 시간을 들였다. 신약성서학 교수인 이우정은 민중운동과 함께한 정치적 활동 때문에 강제로 정부에 의해 해직되었는데, 한국의 전통적인 노래, 속담, 민요, 신화 등에 표현된 한국 여성의 고난과 저항에 많은 관심을 기울였다.[17] 그에 따르면 한국 여성들은 끔찍한 세상의 불의에 의해 짓밟히고 수동적으로 희생당하기만 한 것이 아니라 해방의 능동적인 주체들이기도 했다. 한국 여성들은 풍자와 해학을 통해 비판적인 입장을 세웠으며, "그것은 그들로 하여금 무력한 슬픔을 넘어설 수 있게 했다"는[18] 것이다. 민담과 노래들을 통해 한국 여성들은 정치 권

---

16. 앞글.   17. 이우정, **63-78**.   18. 앞글.

력자들의 탐욕과 양반, 지식인들의 어리석음, 남성 사제들과 종교 제도의 위선, 가부장적 가족들의 야만성 등을 풍자했다. 자신들에게 가해지는 온갖 무지와 폭력을 견뎌내 온 한국 민중 여성들의 생존 지혜가 지니는 생명력은 많은 제3세계 민중들이 군사주의와 핵전쟁, 자연 파괴의 절망적 상황을 극복하도록 도울 수 있다고 이우정은 생각한다.

한국 여성들의 지혜에 대한 분석에서 이우정은 "현재에 바탕을 둔 낙관주의", "자기 노동에 대한 확신", "이웃에 대한 사랑",[19] 이 세 가지를 보물이라고 했다. 그에 따르면 한국의 민담, 신화, 노래 등에는 서구에서 나타나는 영웅주의적 절망이 보이지 않는다. 이러한 한국의 민중 전승들에는 육체와 영혼, 세속 세계와 영적인 세계 사이의 이원론도 없다. 한국 여성들은 만일 그들이 잘 견뎌내고 함께 싸워 나간다면 결국에는 **이 세상에서 자신들이 승리할 것**이라고 굳게 믿는다. 이우정은 이러한 믿음을 현재에 바탕을 둔 낙관주의라고 부른다. 그는 또한 한국의 전통적인 노동요에 나타나는 노동의 기쁨과, 노동에 대한 깊은 확신을 강조한다. 이것이 한국 민중 여성들로 하여금 자연과 조화를 이루는 생명을 축하할 수 있게 했다는 것이다. 민중 여성들에게 자연은 생명의 기반이며, 어머니 대지의 젖가슴이다; 자연과 교류를 가지고, 자연과 함께 일한다는 것은 기쁘고 소중한 일이다. 이우정은 한국의 여러 민중 예술에서 노동에 대한 이러한 태도를 발견했다.

여성의 생존을 위한 또 다른 중요한 자원은 이웃에 대한 사랑이다. 한국의 민담과 신화를 보면 한국 여성들은 폭력이 아니라 이웃 사랑에 바탕을 둔 지혜를 통해 악을 극복한다고 이우정은 주장한다. 그는 어떻게 남성 신들이 이웃들의 음식을 먹어치우거나 아니면 사람들을 파괴하는 탐욕스러운 고기 탐식가로 묘사되었는지 보여 주었다. 반면 여신들은 부지런하게 일하고, 인간을 파괴하지 않고 보호하면서 땅에서 곡식과 열매를 거두어들이는 농사꾼으로 묘사되었다.[20]

---

19. 앞글, 74-5.　　　　20. 앞글, 74.

위의 예들이 **한**에 대한 여성들의 온건한 저항을 보여 준다면 최근의 역사에서 한국 여성들은 공격적 저항 태도를 취하기도 했다. 사실 가장 공격적인 노동운동과 도시빈민운동은 여성들이 주도했다. 한국에서 여성들은 급격한 경제 발전의 희생양들이었고, 이들의 생존권 투쟁은 강력하고도 지속적이었다. 최근에는 한국과 많은 아시아 국가들에서 자본주의와 가부장주의적 사회에 저항하는 여성운동들이 활발히 전개되었다. 인도에서는 지참금 제도와 사티 제도*에 대한 저항운동이 일어났으며, 필리핀에서는 군사 독재와 다국적 기업, 국제적인 매춘 산업에 대한 반대운동이 일어났고, 일본에서는 생태계 보전운동이, 스리랑카에서는 국가 테러리즘에 대한 저항운동이 일어났다. 아시아 여성들은 이 운동들에 동참함으로써 자신들의 참된 자아를 발견하게 되었고, 더욱 강력하게 되었다.[21]

인도의 수녀 지그리드(Sigrid)는 여성들이 억압받는 희생자에서 해방의 주체로 변할 때 거치게 되는 세 단계를 발견했다. 그는 그것들을 "인식-교육-연결"[22]이라고 부른다. 그에 따르면 여성들은 자신의 인격을 깨닫기 시작할 때 변화되기 시작한다. 다음에 여성들은 유능한 해방의 주체로서의 자격을 갖추기 위해 스스로를 훈련시킬 필요가 있다. 마지막으로 여성들은 그들의 힘을 유지하고, 사회 변화를 가능하게 하기 위해서 더 큰 여성들의 공동체에 합세할 필요가 있다. 이 세 단계들은 시간적으로 차례차례 이루어지는 것이 아니라 여성들의 변화의 세 가지 다른 측면들이다.

다른 아시아 여성들도 여성들의 해방 과정에 대해 이와 비슷한 생각들을 발표했다. 대개의 여성들은 자기 각성/자기 긍정이 성장과 해방을 향한 첫걸음이라고 생각한다.[23] 여성들은 비판적 반성과 창조성을 통해 자기 각성과 자기 긍정을 이룬다. 비판적 반성이 그들로 하여금 가부장적 사회에 의해

---

* 남편의 시체와 함께 아내가 타 죽는 인도의 풍습 — 역주.

21. 아시아 여성운동에 대해 더 자세히 알려면 *IGI* (April 1986) 참조.

22. Sigrid, "Through Woman's Eyes", *IGI* (December 1985 / February 1986) 31-2.

23. Lee Sun Ai, "A Reading from a Taoist Funeral Song Designated for Women", *IGI* (April 1984) 5.

강요된 거짓된 자아의 억압적인 힘을 볼 수 있게 한다면 여성들의 창조력은 그들의 참된 자아를 발견할 수 있게 한다. 인도의 여성 해방적 예술가 드수자(Lucy D'Souza)는 그의 삶에서 창조성의 의미가 어떤지 이렇게 말한다:

> 내게 창조성이란 나 자신을 이해하고 받아들임으로써 나를 발견하고, 나와 화해하는 것을 의미한다. 또한 이것은 내가 다른 사람들을 있는 그대로 받아들이고, 우리가 사는 사회를 건설할 수 있도록 도와 준다.[24]

자기 각성/자기 긍정을 이룬 여성들은 자기 견해를 가지며, 그들의 개인적·정치적 관계들을 변화시킨다. 개인적인 차원에서 여성들은 자신들의 삶에서 남성들과의 관계를 새롭게 수립한다. 이 여성들은 "그들(남성들)을 두려워하지 않으며, 뒷전으로 밀려나거나 조종당하거나 지배받기 싫어한다."[25] 많은 아시아 여성들은 자신들이 완전한 인간성을 지닌 여성으로서 자기 각성/자기 긍정을 이룬 후 그들의 결혼생활이 어떻게 변화되었는지 말해 준다. 필리핀의 한 여성 농민은 그리스도교 바닥 공동체의 성서 연구를 통해 여성은 이러이러해야 한다는 옛 종교적·문화적 가르침들을 떨쳐버리기 시작했을 때 자신의 결혼생활에서 일어났던 변화에 대해 이렇게 말한다:

> 우리는 남편들이 무서워서 벌벌 떨며 순종했다. 그들은 남자고, 먹을 것을 벌어오는 사람들이었기 때문이다. … 전에는 화난 남편들이 "당신이 남편노릇까지 하지 그래?"라고 말하곤 했다. 그러나 지금은 옳은 말만을 따른다. 우리는 그들과 동등하기 때문이다. 우리는 이제 깨었고, 더 이상 예, 예, 하지 않는다. 우리는 이것을 성서 연구에서 배웠다. 자유와 동등한 권리를 말이다.[26]

---

24. Lucy D'Souza, "My Sadhana", *IGI* (September 1988) 18.

25. Rita Monterio, "My Image of God", *IGI* (September 1988) 35.

26. Jurgette Honclada, "Notes on Women and Christianity in the Philippines", *IGI* (October 1985) 17.

어떤 여성들은 아시아에서는 아직까지 불명예로 여겨지는 이혼을 함으로써 가부장적 결혼생활과 완전히 결별하기도 했다. 대개의 경우 아시아에서 이혼녀들은 배척당하며, 다수의 분노와 공포의 대상이 된다. 대개의 아시아 나라들에서 이혼녀들이 결혼식에 참석하는 것이 금지되는데 이것은 이혼녀들이 있으면 재수가 없다고 여겨졌기 때문이다. 한 인도 여성은 이혼녀로서의 자신의 투쟁과 축복을 아래와 같이 잘 표현했다:

> 나는 일찍 결혼했고, 이때 나의 인격은 파괴당하고 공격당했다. 그때나 그 이전이나 시를 쓰고 노래를 부르는 것으로 나 자신을 지켜 나갔다. 그것은 내적으로 생존할 수 있는 유일한 길이었다. … 결혼의 굴레에서 벗어나기로 했을 때에야 비로소 나는 여성으로서 다시 설 수 있었다. 멸시받고 차별당하며, 쓸모없다고 여겨지는 여자가 되기로 선택한 것이다. 그러나 나는 살기 위해서, 나의 인간성을 지키기 위해서 싸우는 여자가 되었다. 다시 나 자신이 되기로 선택한 것이다. "여성"이 되기 위한 나의 투쟁은 올바른 인격이 되기 위한, 인간이 되기 위한 투쟁이었다.[27]

또 어떤 여성들은 남성들의 폭력으로부터 자신들을 보호하고 치유하기 위해 여성 동성애를 택하기도 했다. 여성 동성애는 아시아 사회에서는 금기이며, 드러내놓고 이야기조차 할 수 없다. 대부분의 아시아인들은 동성애주의는 동양의 문제가 아니라 서양의 문제라고 생각한다. 그러나 제1세계 남성들의 탐욕과 내정 간섭적인 대외 군사 정책 등으로 인해 시작된 국제적인 섹스 관광과 매춘 산업은 아시아의 여러 곳을 매음굴로 만들었다. 필리핀과 타이, 한국, 그외 여러 아시아 나라들의 많은 가난한 여성들이 제1세계와 자기 나라 남성들에 의해 유린당했다. 아시아 여성들의 몸은 남성들에 의해 말 그대로 찢겨지고, 질식당하고, 멍들었으며, 죽임을 당했다. 한국의 한

---

27. Susan Joseph, "I am a Woman", *IGI* (September 1988) 30-1.

매춘 여성은 자신들과 연대하고자 하는 다른 한국 여성들에게 남성들에 대한 자신의 느낌을 이야기했다.[28] 그는 자기 몸을 파는 것이 생존을 위한 유일한 길이었음에도 불구하고, 자기 행동에 대해 심한 수치와 죄책감을 느꼈다. 동시에 그는 모든 남성들에 대해 강한 적대감을 가지고 있었다:

> 일단 바지만 내리면 남자란 다 똑같아요. 모두 다 짐승들이라구요. 부자건, 가난뱅이건, 교육을 받았건, 일자 무식쟁이건 그런 건 아무 상관 없다구요. … 내 손님들의 직업은 가지가지지요. 사업가에다 교수님, 경찰관, 심지어는 목사님들도 내 손님이지요. 그들이 내게 하는 짓이란 다 똑같아요. 그 사람들은 어떻게 나를 이용해서 재미를 볼 건가만 생각한다구요.[29]

남성들에 대한 이러한 분노는 여러 아시아 나라들의 매춘 여성들이 쓴 글들에서 흔히 발견할 수 있다. 미군 기지 주둔으로 인해 아시아 나라들 중 제1세계에 의해 성적으로 가장 많이 착취당한 필리핀에서는 매춘 여성들 사이에 여성 동성애가 눈에 보이는 한 현상이 되었다. 신학적으로 훈련을 받은 일군의 필리핀 여성들이 함께 모여 동성애 문제에 대해 심각한 토론을 벌인 적이 있다.[30] 한 참석자가 "동성애는 이제 우리 문화의 일부가 되어 가고 있다"[31]면서 동성애 문제와 그것의 성서적 함축 의미가 무엇인지에 대해 문제를 제기했다. 필리핀의 성서학자인 도밍구에즈(Elizabeth G. Dominguez)는

---

28. 그가 속해 있던 윤락녀 보호 집단은 한소리회("한의 소리", 혹은 "큰 소리")라고 했는데 서울 용산에 있었다. 이 집단은 미국에서 온 메리놀 수녀회에 의해 조직되었다. 이 가톨릭 수녀들은 자기들의 종교를 윤락녀들에게 강요하지도 않았고, 한국의 윤락녀들을 그리스도교로 전도하려 하지도 않았다. 그들이 한 일은 윤락녀들에게 안식처를 제공하는 것이었다. 나는 1987년 여름 그들을 방문해서 윤락녀들과 얼마 동안 함께 일할 수 있는 시간을 가졌다.

29. 1982년 8월 10일 필자와 인터뷰.

30. 이 회의는 1983년 5월 24~27일에 열렸다. 구약성서 학자 Elizabeth G. Dominguez 박사가 이끌었던 성서 연구 참석자들 가운데서 동성애 문제가 논의되었다.

31. 신학 교육을 받은 필리핀 여성들의 모임 보고서, "A Continuing Challenge for Woman's Ministry", *IGI* (August 1983) 8(아래에는 "A Continuous Challenge"로 부르겠다).

두 성서 구절을 인용해서 이 질문에 답했다. 2사무엘 1장과 룻기 1장 16절 이하이다. 도밍구에즈는 요나단을 위한 다윗의 노래에서 다윗이 자신에 대한 요나단의 사랑을 "어느 여인의 사랑도 따를 수 없었다"고 고백하고 있음을 지적했다. 또한 그는 룻과 나오미 사이의 사랑은 "무조건적인 나눔의 사랑"이었다고 말했다. 도밍구에즈는 이렇게 주장한다:

> 만일 동성애가 비난받아 마땅하다면 그것은 오직 사람들이 그로 인해 품위를 잃은 경우만이다. … 만일 오늘날 사회에서 동성애가 지배적인 행태로 되었다면 아마도 그것은 우리가 몸담고 있는 사회가 뭔가 잘못되고, 인간이 필요로 하는 인간적 돌봄(caring)을 제공해 주지 못해서 이성애(heterosexuality) 관계가 소진되어 버렸기 때문일 것이다. 내가 이 문제를 제기하는 것은 인간적인 돌봄이 가장 근본적인 것이라고 믿기 때문이다. 그것은 두 개인들 모두에 의해 경험되며, 그것에 의해 그들의 인간성이 유지된다.[32]

아시아 여성들이 그들의 일차적인 파트너와의 관계를 변화시켜 나가는 것이 개인적인 삶에서 여성들의 자기 각성/자기 긍정의 표시라면, 정의를 위해 애쓰는 더 큰 민중 집단과 연대하는 조직화된 여성운동은 공적인 삶에서 아시아 여성들의 자기애의 표시이다. 아시아 전역에 걸쳐서 여성들은 정치적 변화를 위해 조직화되었다. 한국 여성들은 정부 소유의 텔리비전 방송이 프로그램에서 여성의 이미지를 떨어뜨리고, 군사 정부의 이익을 위해 사람들을 기만하자 시청료를 내지 않기로 했다. 또 필리핀의 여자 집사들은 위계 질서적인 구조 속에서 자신들에게 투표권이 주어지지 않자 감리교 연회에서 걸어나와 버렸다. 일본 여성들은 여성 억압을 영속시키는 천황 숭배와 군국주의가 부활할 움직임을 보이자 이에 저항하는 시위를 벌였다. 인도 여성들은 그들의 시민권을 말살하는 대인법(personal law)과 종교법을 폐지하기

---

32. 앞글.

위해 행진을 하기도 하고, 단식 투쟁을 벌이기도 했다.[33] 여성들은 아시아 전역에서 분연히 일어나고 있다! 그들은 수백 년 동안의 잠에서 깨어나 지금 거대한 산들을 움직이고 있다. 옛날 아시아의 선조 할머니들의 예언이 우리 세대에 와서 현실이 되었다. 미래에 대한 그들의 환상은 자유를 향한 우리의 지속적인 여행길에 영감을 준다:

두고 보시오. 산이 움직이는 날이 올 테니
내가 이렇게 말하지만 사람들은 믿지 않지
그냥 잠시 동안 산이 자고 있었던 거야
예전에는
산들이 모두 불 속에서 움직였어
하지만 당신들은 믿지 못할 거야
이 사람아, 그러면 이건 믿겠지
이제 자고 있던 여자들이 모두 일어나 움직일 거야[34]

---

33. *IGI* 1985년 12월호와 1986년 2월호에는 "Emerging Patterns in the Women's Movement in Asia"라는 논문이 실렸는데 여기에는 부편집인인 Ranjini Rebera가 아시아 여러 나라의 여성 해방운동가 일곱 명을 면담하여 그들의 활동과 교회나 사회와 여성운동의 관계에 대해 정리한 내용이 나온다. 면담 대상자들은 Ruth Kao(타이완), Audrey Rebera(스리랑카), Jocelyn Armstrong(뉴질랜드), Saramma Jacob(인도), Prakai Nantawasee(타이), Cynthia Lam(홍콩), Andrea McAdam(오스트레일리아)이다.

34. 일본의 Akiko Yosano가 쓴 시이다. 이 시는 20세기 초에 씌어졌다고 생각된다. *Voices of Women: An Asian Anthology,* Alison O'Grady 편 (Singapore: Asian Christian Women's Conference, 1978) 13.

인간이 된다는 것은 하느님의 형상대로 창조되는 것이다

완전한 인간성을 찾아가는 과정에서 아시아 여성들은 성서의 가르침들로부터 힘을 얻는다. 그러나 성서의 기쁜 소식이 아시아 여성들에게는 그냥 아무 의심없이 받아들일 수 있는 값없이 거저 주는 선물이 아니다. 성서는 그렇게도 많은 여성 억압적인 내용을 담고 있기 때문이다.

성서의 많은 상호 모순된 가르침들 중에서 아시아 여성들은 여성과 남성이 하느님의 형상대로 동등하게 창조되었다는 창세기의 가르침(창세 1,27. 28)을 가장 자주 인용한다. "하느님의 형상대로"는 아시아 여성들이 인간성에 대한 그들의 관점을 정의하기 위해 채택한 중요한 성서 구절 중 하나이다. 인간 존재 — 남성과 여성 — 는 하느님의 형상대로 창조되었다. 인간으로서 우리가 누구인지는 하느님이 누구인지에 의해 정의된다. 이것은 바르트 신학적, 혹은 신정통주의적으로 보일지도 모르겠다. 아마 그러한 신학들이 아시아 여성들의 언어에 영향을 끼친 것도 사실일 것이다. 그러나 그들의 인간학의 열쇠는 신학이 아니다. 오히려 그 반대가 맞다. 말하자면 그들의 신학의 열쇠가 인간학, 아시아 여성들의 고난과 희망의 경험이라는 것이다. 하느님은 그들의 경험에 의해 정의된다. 따라서 인간성에 대한 아시아 여성들의 관점을 이해하기 위해서는 하느님에 대한 그들의 생각이 어떻게 변화했는지 살펴보는 것이 중요하다.

남성과 여성으로서의 하느님

많은 아시아 여성들은 하느님이 자신 안에 남성적 특성과 여성적 특성 모두를 가지고 있다고 생각한다. 아시아 여성들에게는 하느님을 양성적으로 생각하는 것이 자연스러운데 그것은 아시아의 종교 문화 속에는 많은 남신들과 여신들이 있기 때문이다. 인도의 갤럽(Padma Gallup)은 서구 그리스도교가 남성적 측면과 여성적 측면 모두를 포함하는 하느님의 양성적 특성을 잃어버렸다고 주장했다. 그에 따르면 그것은 "서구 그리스도교가 경직된 가부장제와 조로아스터교의 이원론, 그리스 철학, 시장 윤리 그리고 청교도 전통의 남성 지배적인 도덕성으로 겹겹이 싸여 있기"[35] 때문이다. 갤럽은 또한 아시아의 여성 해방신학은 "수천 년이나 된 그들 자신의 문화로부터, 그들 이웃들의 살아 있는 믿음으로부터"[36] 자료를 끌어내야 한다고 제안했다. 그는 "**하느님의 형상**"을 아시아 여성의 관점에서 이해하는 데 힌두교의 종교, 문화 전통으로부터 영감을 얻었다. 갤럽이 보기에는 힌두교의 **아르타나레스바라**[Arthanaressvara: 남성신의 **시밤**(절대 선, 혹은 사랑)과 여신인 **삭티**(Sakti, 절대 능력)가 하나를 이루어 어느 하나도 상대방 없이는 아무 일을 할 수 없는 신] 이미지가 아시아 여성들에게 "**하느님의 형상**"을 위한 적극적인 모델이 될 수 있다. 갤럽은 "남성적인 측면과 여성적인 측면을 똑같이 유지하고 있는 신성의 개념이 비이원론적이고, 비경쟁적인 사고와 행동의 형태를 가능하게 할 수 있다"[37]고 생각했다.

많은 아시아 여성들은 남성적인 측면과 여성적인 측면 둘 다 가지고 있는 양성적인 신 이미지가 남성과 여성 사이의 평등과 조화를 촉진시킬 것이라고 믿는다: 즉, "동등한 존재들 사이의 동반자 관계"[38]를 말이다. 그러나 동시에 그들은 아시아에서 조화와 상호 보완의 방식이 어떻게 여성에 반대되는 방향에서 이용되어 왔는지에 대해서도 관심을 가진다. 파벨라는 여성의 평등성을 희생하면서 상호 보완과 조화를 강조해서는 안된다고 아시아 여성들에게 경고했다. 그는 얼마나 많은 아시아 교회들이 판에 박힌 여성적 역할을 고정시키기 위해 남자들 편한 대로 상호 보완 개념을 이용해 왔는지에 대해 이야기했다. 파벨라는 "상호 보완은 평등을 존중하는 한에서만 해방된 여성들에게 받아들여질 수 있다"[39]고 주장했다. 간단히 말해 남성적 특성과

35. Gallup, 22.   36. 앞글.   37. 앞글.

38. Chitra Fernando, "Towards a Theology Related to a Full Humanity", *IGI* (April 1985) 21.

39. Virginia Fabella, "Mission of Women in the Church in Asia: Role and Position", *IGI* (December 1985 / February 1986) 8.

여성적 특성을 모두 포함하는 신성을 재발견하려는 아시아 여성들의 열망은 남성과 여성이 모두 동등한 동반자로 존중받는 완전한 인간성을 향한 그들의 열망과 동일한 것이다.

공동체로서의 하느님

아시아 여성들은 하느님을 개인이 아니라 공동체로 본다. 필리핀의 도밍구에즈는 창세기 1장 26절을 해석하면서 이렇게 말한다: "하느님의 형상대로라는 것은 공동체 안에 있다는 것이다. 그것은 단순히 하느님을 나타낼 수 있는 한 남성이나 여성을 뜻하는 것이 아니라 관계 안에 있는 공동체를 뜻한다."[40] 순수한 공동체 안에서는 모든 사람들이 다른 사람들에게 "청지기"이다. "모든 부분들이 서로 다른 부분들을 위해서 존재하고, 모든 부분들에 그 역할이 있다."[41] 이러한 공동체는 "상호 의존", "조화", "상호 성장"에[42] 의해 특징지어진다.

"관계 안에 있는 공동체"로서의 하느님의 형상은 아시아 여성들로 하여금 개인주의에서 벗어날 수 있도록 힘을 준다. 동시에 그것은 그들로 하여금 공동체의 일원으로서 책임성과 권리를 존중하도록 격려한다. 만일 힘의 균형이 없다면 조화와 상호 의존성, 상호 성장도 불가능할 것이다. 독점된 힘은 상호성을 파괴함으로써 공동체를 파괴한다. 그러므로 이처럼 관계성 안에 있는 공동체로서의 하느님상 안에는 위계질서적인 힘의 피라미드 맨 꼭대기에 앉아서 다른 모든 살아 있는 존재들을 지배하는 유일적이고 전능한 하느님의 자리가 없다. 상호적인 관계가 없는 곳에는 하느님에 대한 어떠한 인간적인 경험도 없다. 아시아 여성들은 오직 공동체 안에서만 인간이 하느님에 대해서 성찰할 수 있고, 하느님의 형상을 성취할 수 있다고 믿기 때문에 신학에서 공동체의 중요성을 강조한다.

---

40. "A Continuing Challenge" 7.   41. 앞글.   42. 앞글.

자연과 역사 속에서 창조자로서의 하느님

아시아 여성들은 하느님이 "이처럼 찬란하게 아름답고 풍성한 우주를 창조한 분이기도 하다는 것"[43]을 믿는다. 그들은 "출산을 하고, 요리를 하며, 정원을 돌보는 여성으로서, 의사전달자로서, 저술가로서 그리고 환경과 분위기, 생명의 창조자로서 그들 자신의 창조성 안에서"[44] 창조자 하느님을 경험한다. 창조자 하느님은 자신 안에 사로잡힌 사람들을 불러내어 그들을 하느님의 창조의 동역자로 초대한다. 아시아 여성들이 그들 자신의 창조성을 자극하여 스스로 치유를 이루어 갈 때 그들은 생명의 근원 — 하느님을 접하는 것이다. 그들은 아기를, 정원을, 먹을 것을 만든다. 그들은 역사도 창조한다. 하느님은 그냥 우주를 만들어 놓고 뒤에 물러나 앉아만 있는 원동자(prime mover)가 아니다. 하느님의 창조는 계속적으로 진행하는 과정이다. 이 창조자 하느님은 우리들 자신의 역사 창조 안에서 우리와 함께 걷고 있다. 이분은 "정의를 위해 투쟁하는 피억압자들과 함께하는 역사의 하느님"이다.[45]

여성들은 억압 상황으로부터 나와서 그들에게 생명을 주는 대안적인 구조를 창조해 갈 때 해방의 과정을 통해 그들의 하느님을 만난다. 그들은 출애굽 사건과 예수의 삶, 아시아의 여러 민중운동들에서 입증되었듯이 역사의 하느님이 억압받는 자들의 편에 서신다는 것을 안다. 이러한 하느님에 대한 신뢰와 함께 아시아 여성들은 정의의 투쟁을 위한 힘을 얻는다. 아시아 여성들은 믿음을 통해 자신들이 "정의, 평화, 창조의 보전"[46]을 위한 계약에 하느님의 동역자로 창조되었음을 안다.

---

43. Monteiro, 35.   44. 앞글.

45. Lee Sun Ai, "Images of God", *IGI* (September 1988) 36.

46. 이 문구는 세계 교회협의회의 1990년대 선교 목표이다. 많은 아시아 여성들은 이 목표를 환영하며, 그 실천을 위해 국내 회의들을 했다.

생명을 주는 영으로서의 하느님

새롭게 부상하는 아시아 여성 신학자들은 생명을 주는 영으로서의 하느님을 강조하며, 그들 자신 **안에서** 그리고 생명을 불러일으키는 모든 것들 **안에서** 그를 만날 수 있다고 생각한다. 이러한 움직임은 그들 이전 세대와 달라지는 신학적 패러다임의 변화를 천명하는 것이기도 하다. 최근까지만 해도 아시아 신학자들은 서구의 신정통주의 신학에 상당히 많이 의존했다. 신정통주의 신학은 초월적인 절대 타자 하느님과 타종교의 진리에 대한 그리스도교 계시 진리의 우월성을 주장한다. 젊은 세대 아시아 여성 신학자들은 그들의 신학에서 하느님의 내재성을 강조한다. 그들은 모든 것을 끌어안는 하느님상을 원한다: 즉, 어느 곳에서나 현재하고 움직이며, 신성에 대한 새로운 이해를 위해 문을 여는 생명을 주는 영으로서의 하느님이다. 인도의 무용가이자 음악가이고 시인인 수잔 죠셉(Susan Joseph)은 영에 대한 자신의 이미지는 새라고 말했다:

> 성령은 나의 새였다. 영과 나와의 만남은 하느님에 대한 나의 이미지를 더 포괄적이고, 무제한적인 것으로 바꾸어 놓았다.[47]

이선애는 이처럼 포괄적이고 무제한적인 하느님 상을 다음과 같이 표현했다:

하느님은 움직임입니다
하느님은 성난 파도입니다
하느님은 어머니 같습니다
하느님은 아버지 같습니다
하느님은 친구들 같습니다
하느님은 존재의 힘입니다

---

47. Susan Joseph, "Images of God", *IGI* (September 1988) 37.

하느님은 삶의 힘입니다
하느님은 생명을 주는 힘입니다[48]

여성들은 하느님을 모든 것 안에서 (특히 그들 자신 안에서) 모든 것을 포괄하는 실재로 이해하면서 자신들의 개인적인 힘을 신뢰하기 시작한다. 인도의 과학자이자 가톨릭 교회의 적극적인 평신도 지도자이기도 한 아스트리드 로보는 한 인간으로서 자신에 대한 확신이 자라나기 시작한 것은 하느님상에 대한 새로운 이해와 직접 관련이 있다고 고백한다. 그는 이렇게 주장한다:

> 한 여성으로서 내게는 내가 하느님 안에 있고, 하느님이 내 안에 있다는 사실이 중요하다. 이제 나는 더 이상 하느님을 구원자로 보지 않는다. 나는 그를 내 안에 있는 능력과 힘으로 본다.[49]

로보는 힌두교로부터 하느님의 보편성에 대한 새로운 통찰들을 끌어내는 한편 자신 안에 계시는 하느님을 "지고의 중심"으로 발견한다. 원천적인 힘을 얻기 위해 자신 안을 들여다보면 볼수록 그는 자신의 힘을 신뢰하게 된다. 그는 이제 힘없는 희생자인 자신을 구해 달라고 하느님에게 매달리지 않는다. 로보는 이러한 자신의 새로운 이해를 다음과 같이 더 발전시킨다:

> 이제 나는 희생자 구출 놀음이 건강한 것이라고 여기지 않는다. 나는 이제 하느님에 대한 불필요한 의존심을 버려야 한다는 것을 배웠다. 나는 이제 점차로 하느님이 내게 주신 자원들이 무엇인지 알게 되었다. 나는 나의 창조를 통해 드러난 하느님의 사랑에 응답하기 위해서 더욱더 발전하고 창조적이 되어야 할 필요성을 절실하게 느낀다.[50]

---

48. Lee Sun Ai, "Images of God", 37.
49. Astrid Lobo, "My Image of God", *IGI* (September 1988) 48. 50. 앞글.

어머니, 여성으로서의 하느님

많은 아시아 여성들은 생명을 주는 능력으로서의 하느님이 당연히 어머니로, 여성으로 인격화되어야 한다고 생각한다. 왜냐하면 여성들이 자녀들과 가족들을 먹임으로써 그들에게 생명을 주기 때문이다. 많은 아시아 여성들의 글에서 하느님은 여성으로, 어머니로 그려진다. 어떤 아시아 여성들은 다른 사람들에게 생명을 주고 그들을 먹이는 여성들의 경험 때문에 여성은 남성보다 생명을 불러일으키는 일에 훨씬 민감하다고 주장한다. 한 아시아 여성 집단은 모세의 출생과 출애굽에서 남아 살해 사건을 성찰하면서 그 점을 강조했다:

> 모든 여성은 생명에 가까우며, 자기 아이를 사랑한다. 여성은 생명이며 사랑이다. 남자 아이들을 죽이는 것은 가부장주의가 그 자체 안에, 즉 남성 능력 안에 가지고 있는 칼날이 결국은 죽음을 불러일으킨다는 것을 말해 준다.[51]

어머니, 여성으로서의 하느님은 다른 여러 속성들과 함께 하느님의 불변성을 강조하는 낡은 개념들에 도전한다. 여성의 몸은 월경과 임신을 통해 남성에 비해 빨리 성장하고 변한다. 어머니 하느님은 더 접근하기 쉽고, 인격화하기 쉽다. 아시아 여성들이 하느님을 여성으로, 어머니로 생각하기 시작할 때, 그들은 자신들의 몸과 여성성을 있는 그대로 받아들이기 시작한다. 여성 하느님은 가부장적인 남성 하느님과 달리 우리를 있는 그대로 받아들인다. 이 여성 하느님은 나날의 아시아 여성들의 삶의 경험과 상호 작용하면서 기꺼이 스스로 변할 수 있는 상처받기 쉬운 하느님이다. 이 하느님은 아시아 여성들에게 이야기하고, 그들의 이야기를 들으며, 그들과 함께 우는 하느님이다. 이 하느님은 아시아 여성들의 투쟁과 권리 주장에 함께하시며, 성장하고 변하며, 그들과 동행한다.

---

51. Pearl Derego, et al., "The Exodus Story", *IGI* (September 1988) 48.

이러한 하느님에 대한 아시아 여성들의 신뢰는 그들 자신을 신뢰할 수 있게 하고, 절망스러운 상황 속에서도 희망할 수 있게 한다. 하느님의 능력은 가부장적 종교와 사회 속에서 아시아 여성들이 잃어버렸던 전혀 다른 종류의 능력을 불러일으킨다:

> 죽음이 아니라 생명을 불러일으키는 능력
> 함께 일하는 능력
> 진실한 감정을 경험할 수 있는 능력
> 다른 사람들을 받아들이고
> 그들로 하여금 인간으로서의 그들의 잠재력을
> 완전히 실현할 수 있도록 돕는 능력[52]

아시아 여성들은 이러한 새로운 힘을 가지고, 자주성을 지닌 인간이 되기 위해 투쟁한다. 그들은 더 이상 여성들이 태양을 따라 변해야 하는 달일 필요가 없는 새 세상을 꿈꾼다. 아니 그들은 생명의 불길을 태우며 스스로 빛나는, 이 땅에 생명을 주는 태양이 되려고 한다.

> 원래 여자는 태양이었다
> 그는 참 인간이었다
> 그런데 이제 여자는 달이 되었다
> 그는 다른 것에 기대서 살며
> 다른 빛을 반사해서
> 빛을 낼 뿐이다
> 그의 얼굴은 창백한 병색이다

---

52. Fernando, 24.

이제 우리는 감추어진 태양을 다시 찾아야 한다
"숨겨진 우리 태양을 밝히고
본래 우리의 선물을 다시 찾자!"
이것은 우리 마음 속에
끝없이 울리는 외침이다
이것은 누를 길 없는
억누를 수 없는 우리의 욕구이다
이것은 우리의 마지막
완전한
그리고 유일한 본능이다
이를 통해
우리의 온갖
찢겨졌던 본능들이
하나가 된다[53]

아시아 여성의 관점에서 보면 자기 인식은 하느님 인식으로 이끈다. 아시아 여성들은 자신들의 고통 속에서 하느님을 만나며, 하느님은 그들이 하느님의 형상에 따라 남성들과의 공동체 안에서 완전하고 동등한 참여자로 창조되었다는 것을 드러내 준다. 아시아의 그리스도인 여성들에게 자신을 아는 것은 곧 하느님을 아는 것이다. 완전한 인간성의 상징이 된 예수 그리스도에 대한 아시아 여성들의 인식이 어떤지는 이제 다음 장의 주제이다.

---

53. Hiratsuka Raicho, "The Hidden Sun", O'Grady, 10.

아시아 여성들에게 예수는 누구인가?

전통적인 상들

자신들의 예수 경험을 표현하기 위해 대다수의 아시아 여성들은 그들이 선교사들로부터 전해 받은 전통적인 호칭들을 사용했다. 아시아의 많은 교회들은 아직도 서구 선교사들의 신학과 남성 중심적 성서 해석의 지배를 받고 있기 때문에 표면적으로 보기에 몇몇 아시아 여성들의 신학은 서구 선교사들, 혹은 아시아 남성들의 신학과 비슷하다. 그러나 아시아 여성들이 예수에 대한 전통적인 칭호들을 어떻게 사용하는지 좀더 자세히 살펴보면, 낡은 언어로부터 새로운 의미가 생겨나고 있음을 알 수 있다. 다음은 아시아 여성들의 경험을 통해 새로운 의미를 얻게 된 전통적인 예수상들의 예이다.

고난받는 종으로서의 예수

아시아 여성들의 신학적 표현 속에서 가장 지배적인 예수상은 고난받는 종의 상이다. 아시아의 그리스도교 여성들은 신학적으로 보수적이건 진보적이건 이러한 예수상에 상당히 편안함을 느끼는 것 같다.

싱가포르에서 열렸던 아시아 여성신학 대회에서 그리스도론 연구반이 한 요약 발표[1]에 따르면 여러 나라로부터 온 아시아의 그리스도교 여성들은 예수를 "고난받는 종의 역할을 하는 예언자적 메시아로", "많은 사람들을 위

---

1. 1987년 11월 20~29일 싱가포르에서 그리스도론을 주제로 열린 아시아 여성 신학자들의 회의에 제출된 글인 "Summary Statement from the Theological Study Group". *IGI*가 이 회의를 후원했다. 이 회의에 대해서 자세히 알려면 *IGI* (December 1987–March 1988) 참조. 회의 자료들은 1988~1989 *IGI*에 실렸다(다음부터는 *Consultation on Asian Women's Theology–1987*이라고 표기하겠다).

한 죄값으로 자신을 내어준" 사람으로 정의했다. 그들에 의하면 예수는 "고난받는 메시아성을 통해 새로운 인류를 창조한다."[2]

싱가포르 대회에 모였던 아시아의 그리스도교 여성들은 "승리하는 왕", "권위주의적인 대사제"[3]로서의 예수상 같은 것들을 거부했다. 그들은 이러한 예수상들이 "교회와 신학에서 가부장주의적인 종교 의식을 뒷받침해 왔다"고[4] 주장했다. 예수는 다른 사람들에 대한 지배가 아니라 그들을 위한 고난을 통해 메시아가 되었다는 것이다. 한국의 신학자 최만자와 많은 아시아의 그리스도교 여성들은 "고난과 순종"[5]을 통해 그들의 인간성과 예수의 인간성을 연결시켰다. 아시아 여성들의 삶의 경험은 "고난과 순종"으로 점철되어 있기 때문에 그들이 자신들에게 가장 익숙한 경험을 통해 예수를 만나는 것은 당연해 보인다.

아시아 여성들은 가족과 사회, 문화가 그들에게 가하는 고통과 복종으로 인해 괴로움을 당할 때 자신들의 경험의 의미를 규정해 줄 수 있는 언어를 필요로 한다. 고난받는 예수상은 아시아 여성들로 하여금 그들의 고통 속에서 의미를 발견할 수 있게 해준다. 예수는 아시아 여성들이 가족들과 공동체의 다른 성원들을 위해 고난받듯이 다른 사람들을 위해 고난받았다. 예수의 고난이 구원의 의미를 지녔듯이 아시아 여성들은 자신들의 고난도 구원의 의미를 지녔다고 보기 시작했다. 그들은 예수의 삶과 죽음의 이야기를 통해 자신들의 고난으로부터 의미를 창출해 내고 있다. 다른 사람들을 위한 예수의 고난이 생명을 주는 것이었듯이 아시아 여성들의 고난도 그들 자신과 억압을 경험하는 다른 사람들에게 힘을 주는 근원으로 생각되었다.

그러나 고난으로부터 의미를 찾아내는 것은 위험한 일이기도 하다. 그것은 해방의 씨앗이 될 수도 있지만 아시아 여성들을 억압하기 위한 아편이 될 수도 있다. 이처럼 서로 갈등하는 두 가지 가능성이 아시아 여성들의 예수와의 만남의 경험을 규정짓는다.

---

2. 앞글, 1.　　　　3. 앞글, 2.　　　　4. 앞글.

5. Choi Man Ja, "Femenist Christology", *Consultation on Asian Women's Theology–1987*, 3.

아시아 여성들은 자기 가족과 교회, 사회로부터 그들이 받는 많은 모순된 경험들에도 **불구하고** 예수를 믿어 왔다. 많은 모순들에도 **불구하고** 믿는다는 것은 그리스도인이 되려고 하는 많은 아시아 여성들에게 주어진 유일한 선택 가능성이다. 예를 들어 그들의 아버지는 억압적인 세계 속에서 그들을 보호하고, 그들에게 안전을 제공하며, 먹을 것과 입을 것, 살 곳을 마련해 주는 사람이어야 한다. 그러나 너무 자주 아시아 여성들은 아버지들에게 매맞고, 조혼을 하도록, 혹은 매춘을 하도록 팔아넘겨진다. 아시아 여성들의 남편들은 그들을 사랑해야 하지만 사실은 사랑과 가정의 화합이라는 구실로 자주 자기 아내들을 때린다. 아시아 여성들의 형제들은 그들을 지원하고 격려해야 마땅하지만 암암리에 자기 자매들을 이용해서 더 높은 교육을 받으며, 자매들이 등록금을 벌기 위해 몸을 팔고 있다는 현실을 무시한다. 안정과 사랑, 돌보겠다는 약속은 지켜지지 않았다. 아시아 여성들은 그들이 사랑하는 남성들을 신뢰했지만 그 남자들은 그들을 배신했다. 그러나 아시아 여성들은 아직도 "아마도 언젠가는, 어느 곳에선가는 누군가가 나를 있는 그대로 사랑하고 돌보아 주겠지"라고 희망하며, 믿는다. 예수가 바로 그 사람일까?

어떤 아시아 여성들은 다른 남자들은 모두 자신들을 배신했지만 예수만은 그들을 존엄성을 지닌 인간으로 대해 주고, 정말로 사랑해 준다고 생각한다. 싱가포르 대회에서 타이의 그리스도교 여성인 코몰 아라야프라텝은 예수에 대한 자신의 생각을 이렇게 표현했다:

> 우리 여성들은 늘 예수 그리스도께 감사한다. 우리는 예수 덕분에 여성들에 대한 하느님의 은혜를 깨달을 수 있다. 하느님은 탄생에서부터 죽음과 부활에 이르기까지 예수 그리스도의 삶에서 여성들이 중요한 자리를 차지하도록 했다.[6]

---

6. Komol Arayapraatep, "Christology", *Consultation on Asian Women's Theology–1987*, 6.

그러나 예수에 대한 교회의 가르침들은 실제로 복음서에서 예수가 말하는 대로가 아니라 그들의 남편들, 아버지들, 형제들이 아시아 여성들에게 말하는 것과 아주 비슷하다. 교회는 아시아 여성들에게 이렇게 말한다:

> 예수께서 하늘에 계신 그의 아버지께 그랬듯이 당신들은 순종하고 인내해야 한다. 그는 십자가 위에서 고난과 죽음을 견뎠다. 좋은 그리스도교 여성도 마땅히 그래야 한다. 그런 모든 고통을 겪고 났을 때 당신들도 예수처럼 언젠가 천상에서 부활할 것이다. 십자가 없이는 부활도 없을 것임을 반드시 기억해야 한다. 고통이 없이는 얻는 것도 없다. 살기 위해서는 먼저 죽어야 한다.[7]

아시아 여성들에게 이것은 매우 힘들고 혼란스러운 가르침이다. 그들은 이렇게 묻는다: "예수의 사랑을 얻기 위해 왜 우리가 죽어야만 하는가?" "우리가 분명하게 살아 있으면서 예수를 사랑할 수는 없는 것일까?" 아시아 여성들이 보기에 자기 부정과 사랑은 교회에서나, 가정에서나 여성에게만 적용되었다. 어째서 이 가르침이 남성들에게는 적용되지 않는 것인가?

서구의 식민주의와 신식민주의는 예수에 대한 아시아 여성들의 믿음에 또 다른 짐을 덧붙여 놓았다. 서구 그리스도인들이 예수를 아시아에 전했을 때

---

7. 아시아 여성들은 남성들이 독점하고 있는 제도 교회에서 대체로 이렇게 가르침을 받는다. 나는 1983년 캘리포니아 주 오렌지 카운티의 한 한인 교회에서 주일 학교 교사로 일한 적이 있는데 대학부의 성서 공부를 지도하던 한 한국 여자가 전 신도들 앞에서 자신의 자아가 죽었다가 부활한 이야기를 하는 것을 들은 적이 있다. 그 여자는 자기가 남편에게 얼마나 많은 죄를 지었던가를 고백했다. 남편이 비합리적이고 공정치 못하다고 생각했기 때문에 그에게 순종할 수 없었다고 했다. 그래서 그들은 부부 싸움을 자주 했다. 하루는 부부 싸움중에 의사였던 남편이 너무 화가 나서 부엌칼을 여자에게 집어던졌다. 다행히 칼은 빗나가서 뒤에 있는 벽에 꽂혔다. 그 순간에 그 여자는 남편의 심판을 통해 하느님의 사랑을 느꼈다고 했다. 그때 하느님의 뜻에 복종하듯이 아내로서 남편에게 복종해야 한다는 것을 깨달았다고 한다. 그 여자는 전 신도들 앞에서 옛 자아는 죽었고, 남편의 사랑을 통해 새 자아가 태어났다고 간증했다. 그리고 다음과 같은 말로 이야기를 끝맺었다: "이제 나 자신을 십자가에 못박고 하느님의 뜻을 따르기로 한 뒤부터 우리 가정에는 싸움이 없고, 오직 평화만 있습니다." 간증이 끝난 뒤 전 신도들이 아주 큰 소리로 "할렐루야"라고 답했다. 이것은 아시아의 교회들에 나타나는 "여성혐오"의 한 예에 불과하다. 나는 여러 교회 여성들의 모임에서 아시아 여성들로부터 교회 내에서의 여성 억압의 이야기를 수없이 많이 들어왔다.

많은 경우 아편과 총도 함께 가져 왔다.[8] 그들은 아시아인들에게 한편으로는 예수의 사랑을 가르치면서 다른 편으로는 아편을 주어 서서히 죽게 하든지 총을 주어 빨리 죽게 만들었다. 미군들이 베트남 여성들과 아이들을 강간할 때, 민주주의를 위한다는 미명 아래 오렌지탄과 총, 폭탄으로 베트남 사람들을 죽일 때, 미국 국민들은 "하느님이 미국을 축복하사"라고 그들의 국가를 불렀다. 종교적이든 세속적이든 선교활동에서 죽음과 사랑은 연결되었다.[9]

이처럼 모순된 개인적·정치적 경험에도 불구하고 어떤 아시아 여성들은 여전히 예수를 선택한다. 어째서 그들은 계속해서 예수를 선택하는가? 아시아 여성들이 매맞고, 강간당하고, 불에 탈 때 예수는 어디에 있었는가? 그들을 고통으로부터 보호하기 위해서 그는 무엇을 했는가? 아시아 여성들에게 예수는 누구인가? 아들이 도와 달라고 외치는데도 불구하고 ("나의 하느님, 나의 하느님, 어찌하여 나를 버리십니까?") 로마 식민지 지배 권력과 종교 당국에 의해 죽임을 당하게 내버려둔 그의 아버지와 똑같은가? 아니면 무책임하고 무능한 아시아 남성들과 같은가? 그들은 연인과 아내에게 사랑과 "행복한 삶"을 약속하지만 그들의 몸과 마음을 훔치고 나서는 "돈을 많이 벌어서 선물을 사가지고 올 테니 내가 없는 동안 내 아이들과 늙으신 부모님을 잘 돌봐 주시오"라고 말한다. 물론 이 남자들은 희망 없이 기다리기만 하는 연인과 아내에게 돌아오지 않는다. 그들의 어깨 위에 온갖 생존의 무거운 짐을 지워놓은 채 말이다. 과연 아시아 여성들은 이처럼 낡은 수동적 의존의 악순환에 갇혀 있는 것인가? 그들은 그 남자가 자기들을 돌보지 않고 버리는데도 불구하고 다른 형태의 남성 관계를 알지 못하기 때문에 또 다시 그 남자를 사랑하는 것처럼 예수를 사랑하는 것인가?

8. 중국 선교 역사에 대해서 더 자세히 알려면 Kwok Pui-lan, "The Emergence of Asian Feminist Consciousness on Culture and Theology" (Hong Kong: 미간행물, 1988) 참조.

9. 아시아에서 선교사들의 역할에 대해 대립된 견해들이 있다는 사실을 알고 있다. 어떤 사람들은 파괴적이었다고 보고, 또 어떤 사람들은 긍정적이었다고 본다. 나는 전적으로는 아니지만 일차적으로 그들의 역할이 부정적이었다고 본다.

어떤 용감한 아시아 여성들은 이처럼 끝간 데 없이 혼란스러운 "그럼에도 불구하고"의 사랑놀음에 대해 "아니"라고 단호하게 말한다. 그들은 예수가 예수이기 **때문에** 사랑하는 것이지 예수임에도 **불구하고** 사랑하는 것은 아니라고 말한다. 그들은 예전에 자신들이 사랑하는 사람들과 관계를 맺었던 방식, 강요된 여성의 희생에 바탕을 둔 방식을 받아들이기를 거부한다. 그보다 그들은 스스로를 **존중**하기로 선택했다. 예수는 해방과 통전성을 향한 아시아 여성들의 길고 힘든 여행을 긍정하고, 존중해 주며, 거기 적극적으로 함께할 때만 그들에게 좋게 여겨진다. 아시아 여성들은 예수가 모든 억압받는 자들과 연대하면서 침묵을 강요당해 온 아시아 여성들의 편을 들었다는 사실을 열정과 자비를 가지고 깨달아가고 있다. 이러한 예수는 아시아 여성들의 새 연인이며 친구, 고난받는 종이다.

예수가 "예수이기 **때문에**" 선택한 한 예를 필리핀의 리디아 라스카노에게서 발견할 수 있는데, 그는 10년 이상이나 도시 빈민 지역에서 공동체를 조직해 왔으며, 예수가 필리핀 여성들의 고난과 저항에 적극적으로 함께하는 고난의 종이라는 것을 경험했다.[10] 그는 예수의 고난에는 두 가지 서로 다른 계기가 있다고 본다. 하나는 "수동적"이고 다른 하나는 "능동적"이다. 그는 식민주의와 군사 독재 그리고 남성 지배 아래서의 가난한 필리핀 여성들의 고난을 예수의 고난과 동일시한다. 그는 예수의 고난의 수동적인 동기의 한 예로 이사야서를 인용한다:

> 늠름한 풍채도, 멋진 모습도 그에게는 없었다. 눈길을 끌 만한 볼품도 없었다. 사람들에게 멸시를 당하고 퇴박을 맞았다. 그는 고통을 겪고 병고를 아는 사람, 사람들이 얼굴을 가리고 피해 갈 만큼 멸시만 당하였으므로 우리도 덩달아 그를 업신여겼다(이사 53,2-3).

---

10. Lydia Lascano, "Women and the Christ Event", *Proceedings: Asian Women's Consultation* (Manila: EATWOT, 1985) 121-9.

라스카노는 고난받는 종이 멸시받고 천대당하는 것이 필리핀 여성들의 근본 경험과 같다고 보았다. 많은 필리핀 여성들은 그들을 짓누르는 나날의 생존의 고통 때문에 그리고 억압의 근본 원인이 무엇인지 모르기 때문에 "스스로를 해방시킬 희망도 없이 수동적으로 고난당하고 있다."[11] 고난받는 종이라는 예수상은 필리핀 여성들이 겪고 있는 이런 현실을 잘 표현해 준다.[12] 예수가 겪는 고난의 수동적인 계기는 가난한 필리핀 여성들에게 매우 중요한데 그것은 예수가 **겪은** 고난으로 인해 그들이 예수를 믿을 수 있기 때문이다. 예수는 결코 제도 교회가 하는 식으로 고난에 대해 강의하거나 설교하지 않는다. 그는 자신도 그들처럼 무력하게 고난당한 적이 있기 때문에 여성들의 고난을 이해한다.

라스카노는 이와 함께 예수의 고난의 수동적인 계기와 대조되는 능동적인 계기에 대해서도 이야기한다. 예수의 고난의 능동적인 계기란 연대의 행위로서 실제로 "행동을 하고", "동참하는 것"을 뜻한다. 라스카노에 의하면 동참한다는 것은 누군가의 옆에서 함께 걸어주는 것이다.[13] 예수는 해방을 위한 필리핀 여성들의 투쟁에 적극적으로 현재하며, 그들의 의로운 행위에 동참한다. 필리핀 여성들에게 예수는 결코 그들의 투쟁에 대해 무감각한 관찰자가 아니다. 오히려 예수는 정의를 위한 그들의 투쟁에 능동적으로 참여한다. 또 다른 필리핀 여성, 버지니아 파벨라는 예수의 고난이 지니는 이러한 적극적인 행동과 참여의 측면에 대해 다음과 같이 설명한다: "예수는 그가 가르치고 행동한 것을 위해 실제로 투쟁했기 때문에 체포자들의 손 아래서 고난을 견디었다. 그것은 체제의 수중에서 언제 끝날지 모르는 고통을 겪고 있는 그의 백성들과 자신을 끊임없이 동일시하는 것이며, 동시에 더욱 강화하는 것이다."[14]

필리핀 여성들에게 예수는 고통을 즐기는 피학대증 환자도 아니고, 뭐든 아버지가 하라는 대로 맹목적으로 하는 줏대없는 어린아이도 아니다. 반대

---

11. 앞글, 123.　　　　　12. 앞글, 125.　　　　　13. 앞글.

14. Virginia Fabella, "Asian Women and Christology", *IGI* (September 1987) 15.

로 예수는 억압받는 자들과 스스로를 동일시하는 자비롭고 순수한 분이다. 그는 "자신이 가르치고 행동한 것을 위해 스스로 싸웠으며", 자기 목숨을 바쳐서라도 자기가 선택한 결과에 대해 책임을 졌다. 예수의 고난의 이미지는 아시아 여성들로 하여금 억압자에 의해 강요된 고난과 정의와 인간의 존엄성을 위해 싸운 결과로 당하는 고난을 분별할 수 있게 해주었다.

한국의 신학자 최만자는 여성 해방적 그리스도론에 대한 그의 발표에서 예수의 고난이 지니는 해방적 측면을 분명하게 밝혀 주었다. 그는 이렇게 질문한다: "억압적인 권력 밑에서 복종하며 고난을 당하는 여성들이 어떻게 고난받고 순종하는 종의 의미를 받아들이는가?"[15]

그의 대답은 이렇다:

> 고난 자체는 끝이 아니다. … 그것은 사회적인 차원에서 확실하게 하느님의 구원 행위를 드러내 준다. 고난은 가부장주의의 악을 폭로한다. 예수는 가부장적 세계의 악한 권력에 대항해서 십자가의 멍에를 졌다. 이러한 순종은 단순히 세상 권력에 대해 스스로를 포기하는 것과는 다르다.[16]

또 다른 한국의 여성 신학자 박순경은 예수의 종됨의 의미를 더욱 발전시켰다. 그에 따르면 예수의 종됨은 억압받는 자들 가운데서의 종됨의 의미를 바꾸어 놓았다. 노예의 멍에는 세상의 불의에 대한 증거이며, 하느님의 의에 대한 갈망의 증거이다.[17] 그러므로 종됨은 결코 단순한 항복이나 존중이 아니다. 그것은 악에 대한 증언이며, 권력과 세상의 지배자들, 특히 여성에 대한 남성 지배에 도전하는 것이다. 이처럼 무력한 아시아 여성들과 함께 수동적으로 고난당하고, 해방을 향한 그들의 투쟁에 해방 행위로 함께하는 고난의 종은 억압받는 아시아 여성들을 위해 새 인간을 창조하는 예언자적 메시아이다. 예수 그리스도를 통해 아시아 여성들은 그들의 고난과 봉사의

---

15. **Choi**, 6.   16. 앞글.
17. 박순경, 『한국 민족과 여성신학의 과제』 50.

새로운 측면을 발견한다. 그들은 자신들의 고난과 봉사에 생명을 주는 측면이 있다는 것을, 즉 그들이 봉사하는 사람들에게 새로운 인간성을 창조한다는 것을 깨닫는다.

주님 예수

고난받는 종의 이미지의 해방적인 차원이 아시아 여성들을 강요된 고난으로부터 해방시켜 해방을 위한 그들 자신의 선택의 결과로 고난을 받아들일 수 있게 한다면 주님 예수 이미지의 해방적 차원은 아시아 여성들을 세상의 거짓된 권위로부터 해방시켜 생명을 주는 경험으로부터 생겨나는 참된 권위를 주장할 수 있게 한다.

그러나 고난받는 종의 이미지와 마찬가지로 주님 이미지도 아시아의 사회와 교회에서 여성들의 굴종적이고 피억압적인 지위를 지속시키기 위해서 사용되어 온 측면이 있다. 전통적으로 가부장적 문화 속에서 아시아 여성들은 그들 자신의 주인이 아니었다. 유교가 지배적인 사회, 종교 이념이었던 동아시아 상황에서 여성들은 그들의 삶에서 남성들에게 복종해야만 했다: 결혼하기 전에는 아버지에게, 결혼한 동안에는 남편에게, 남편이 죽은 뒤에는 아들에게 복종해야 했다. 아시아 여성들에게 남자는 그들의 주인이었다. 유교뿐만 아니라 봉건주의, 황제 체제도 여성들의 자주성을 위해 많은 여지를 남겨 주지 않았다. 여성들은 공적 · 정치적 일들에 적극적으로 참여할 수는 없었지만 그들도 역시 위계질서적인 사회 체제의 결과들로 인해 고통당했다 (과다한 세금으로 인해 먹을 것이 부족하다든가 하는 식으로 고통당했다).

서구의 식민주의는 여러 아시아 나라들에 대한 정치 · 경제적 지배를 정당화하기 위해 주님 예수상을 사용했다. 서구 선교사들은 식민주의자들의 주 예수가 온 우주를 다스리는 주라고 주장하면서 서구 식민주의자들의 주 예수와 아시아인들의 주를 동일시함으로써 아시아인들을 세뇌했다. 그러므로 그리스도인이 된다는 것은 주 예수와 그를 아시아에 전해 준 식민지 권력에 복종하는 것을 의미했다.

이러한 통치자 주 예수의 이미지는 스페인의 식민지였던 필리핀 같은 나라에서 특별히 강력하게 되었다. 스페인 정복자들은 필리핀의 모든 토착적인 영들에 비해 주 예수를 위에 올려 놓았으며, 필리핀의 부족 지도자들에 비해 그들의 왕을 우위에 올려 놓았다. 여러 필리핀 여성 신학자들은 최근의 연구에서 식민지 그리스도교의 이 주님 이념에 이름을 짓기 시작했으며, 필리핀 여성들의 삶에 대한 그것의 영향을 밝히기 시작했다.[18] 그들은 식민지 그리스도교의 주님 이념이 식민지 이전 활발했던 필리핀 여성들의 자기 이해와 공동체 내에서의 그들의 힘을 온순하게 길들이는 역할을 했다는 사실을 입증했다.[19] 스페인의 식민 지배 이전에 필리핀 여성들은 집안에서나, 공적인 삶에서 남성들과 동등한, 혹은 그보다 나은 힘을 가지고 있었다. 필리핀 여성들은 지역 정치나 경제의 적극적인 성원이었다. 메리 존 마난잔에 따르면 몇몇 남성 학자들까지도 식민 지배 이전에 필리핀 사회가 가모장 문화에 기초하고 있다고 본다.[20] 식민 지배 권력의 봉건적 이념과 함께 그리스도교가 퍼져나가기 시작하자 능력있는 필리핀 여성들의 적극적인 이미지는 왜소화되었다. 이상적인 필리핀 여성상은 수동적이고 굴종적이며, 순종적이고 정숙한 것이 되었다.

이러한 역사적 현실 속에서 여성 해방과 자립을 추구하는 많은 아시아 여성들은 주님 예수 이미지에 대해 의문을 가지게 되었다. 그러나 역시 그들은 가난하고 억눌린 아시아 여성들의 주님으로서 예수 이미지가 해방적인 힘을 가지고 있다는 점도 알고 있었다. 한국의 박순경은 이 점을 가장 분명하게 밝히는 학자라고 할 수 있다. 그는 주님 예수상이 지니는 지배 이데올로기로서의 성격을 충분히 알지만 예수의 주됨은 가부장적인 주인됨의 "정반대"라고 주장한다.[21] 그에게 예수의 주됨은 "이 세상 지배자들의 악한 권

---

18. Honclada, 13-9 참조.

19. Mary John Mananzan, "The Philipino Woman: Before and After the Spanish Conquest of the Philippines", *Essays on Women*, 7-36 참조.

20. 앞글.   21. 박순경, 『한국 민족과 여성신학의 과제』 47.

력을 심판하는"[22] 정의의 주됨을 의미한다. 이 세상의 가부장적인 주됨이 민중들을 억압하는 지배 권력을 의미한다면 예수의 주됨은 민중들을 해방시키는 힘을 의미한다. 예수의 주됨에서 힘과 권위라는 개념은 가부장적 주인됨의 힘과 권위 개념과는 전혀 다르다. 예수의 주됨은 "인간과 자연의 창조자, 구원자"[23]로서의 주됨이다. *Kyrios*(주) 칭호는 헬레니즘 문화에서 지배자를 나타내는 말이었는데 예수의 힘에 적용될 때는 그 의미가 완전히 달라졌다. 박순경에 의하면 하느님으로부터 오는 예수의 주됨은 예수의 행동과 종말론적인 비전을 통해 주됨의 진정한 의미를 보여 줌으로써 이 세상 통치자들의 주권을 한정짓는다. 이 세상 주권은 모두 "그 근원인 하느님에게로 돌려져야 한다."[24] 그럼으로써 이 세상의 모든 주권은 예수의 종말론적 비전 아래서 "상대화"되어야 한다. 이 세상의 주권은 "인류의 구원에 봉사하는 수단"이 되어야 하며, "하느님의 의와 섭리"에 봉사하는 수단이 되어야 한다.[25] 그는 이렇게 말한다:

> 그리스도의 주권이 가부장적 지배자상과는 정반대라는 것, 악한 세계의 패권을 종말적으로 하느님의 심판 아래 세운다는 것이 주목되어야 한다. 그 자신이 한 남자로서 하느님의 의에 죽기까지 복종함으로써 가부장적 지배권에 종지부를 찍었다. 그의 주성은 이 고난과 죽음의 시련을 통과하여 세워진 하느님의 주권이다. 이 주권은 세상의 권력을 멸하고, 모든 권세를 하느님에게로 환원시킬 때까지 다스리는 주권이다.[26]

그렇다면 예수의 주성은 가부장적 지배에 "아니"라고 말하는 것이며, 거짓 권력으로부터 아시아 여성들을 자유롭게 하는 것이고, 그들로 하여금 인간이 아니라 오직 하느님에게만 순종할 수 있게 하는 것이다.

---

22. 앞글.   23. 앞글, 48.   24. 앞글.
25. 앞글, 49.   26. 앞글, 47.

임마누엘(하느님이 우리와 함께 계심)로서의 예수

인류를 위한 그의 고난과 봉사를 통해 온 우주의 주님이 된 예수는 아시아 여성들에게 그들 가운데서의 하느님의 임재를 보여 준다. 많은 아시아 여성들은 예수의 인격과 활동을 통한 성육의 신비를 소중하게 생각한다. 아시아 여성들의 정체성과 선교를 위해서는 "예수의 인성과 신성 모두가 중요하다."[27] 그러나 예수의 신성과 인성에 대한 그들의 이해는 아버지에 대한 아들의 관계와 그의 인격의 두 가지 본성을 강조하는 니케아·칼케돈의 신학적 정의와는 전혀 다르다. 예수의 인성과 신성에 대한 아시아 여성들의 관심은 그들의 교회와 문화 속에서 식민 지배, 남성 지배에 대한 그들 자신의 저항으로부터 생겨난다. 성육(말씀이 예수 안에서 육신이 되었다)의 의미를 밝히는 두 가지 두드러진 견해는 각기 인도와 한국에서 나왔다. 인도의 신학자 모니카 멜란히톤과 한국의 신학자 이우정은 그들의 특수한 사회-정치적·종교-문화적 상황으로부터 성육과 임마누엘의 의미를 표현했다.

모니카 멜란히톤은 예수의 신성이 그의 무죄함, 동정녀 탄생, 부활 그리고 "예수가 주장하고 행사했던 놀라운 권위"[28]에 있다고 보았다. 그는 예수의 신적인 능력에 대해 계속해서 이렇게 설명한다:

> 예수의 가르침이 지닌 권위는 서기관들의 가르침과 전혀 달랐기 때문에 사람들은 무척 놀랐다. 그는 자신에게 부여된 이 능력을 통하여 귀신 축출을 했고, 병자를 고쳤으며, 권위있는 설교를 했다. 어떠한 인간이라도 그러한 권위를 주장하고 자신의 행동으로 그것을 입증한다는 것은 불가능하다. 이때문에 신약성서는 직접적인 언급을 통해서건, 추측을 통해서건 예수에게 신성을 돌린다.[29]

---

27. *Consultation on Asian Women's Theology–1987*, 2.
28. Monica Melanchton, "Christology and Women", *Consultation on Asian Women's Theology–1987*.
29. 앞글, 1.

그러나 이 예수는 우리와 같이 인간적인 유한성을 나누어 가졌다. 그는 "요 람에 누워 어린 시절을 보냈고, 성장하고 학습을 했으며, 굶주림과 갈증의 고통을 느끼기도 했고, 의심과 슬픔을 느꼈고, 결국 죽어서 묻히기까지 했 다."[30] 멜란히톤에 의하면 예수는 "하느님이 우리와 함께 계시는"(임마누엘) 현실을 "대표한다."[31] 그러나 그에 따르면 제도 교회는 예수의 인간성이 아 니라 남성성을 강조함으로써 그 이미지를 왜곡시켰다. 예수의 남성성이 "여 성의 위치와 역할을 결정하는 데 중요한 요인이 되었다."[32] 예수의 남성성은 여성이 교회에 활발하게 참여하지 못하게 만들었다. 멜란히톤에 의하면 예 수는 성육을 통해 인류의 절반일 뿐인 남자만을 위해서가 아니라 여성까지 포함하는 새로운 인간성의 대표자가 되었다. 그는 예수의 남성성을 강조하 는 것이 이교적인 행위라고 경고한다.

> 만일 우리가 예수 그리스도에게서 남성성이 나왔다고 본다면 이교/힌두교적 인 성 개념을 하느님에게 적용시키는 실수를 범하는 것이다. 하느님은 그런 개념을 초월한다. 인도 교회는 예수 그리스도의 인격을 이해해야 하며, 그리 스도가 인도 여성들까지 포함하여 모든 사람들을 위한 대표적인 인간 존재임 을 깨달아야 한다.[33]

멜란히톤에 의하면 예수의 인간성은 모든 인간을 포괄한다. 그리스도교의 하느님은 성을 초월하며, 따라서 인도 문화 속에 틀에 박힌 성 역할들로부 터 인도 여성들을 해방시킨다. 임마누엘(하느님이 우리와 함께 계심)로서 예수는 힌두교 문화를 변형시킨다.

멜란히톤과는 대조적으로 이우정은 어떻게 한국 문화가 임마누엘과 성육, 그리고 예수의 신성과 인성의 의미를 변형시켰는지 보여 준다. 이우정은 한

---

30. 앞글.　　　　　31. 앞글, 2.　　　　　32. 앞글, 4.
33. 앞글, 6. 그리스도교 신학에 힌두교의 신 개념을 받아들이는 데 대한 상반된 신학적 입 장에 주목하시오(Gallup 참조).

국적 상황 속에서 밑으로부터의 그리스도론을 옹호한다. 그는 한국의 전통적인 신 개념에 따르면 일반적으로 "살아 있는 동안 뛰어난 일들을 한 특별한 사람들이 죽은 뒤에 신이 된다"[34]고 말했다. 이러한 특별한 사람들이 신이 되는 데는 다음과 같은 대중적인 형태가 있다:

1) 좋은 가문 출신.
2) 특이한 출생.
3) 특이한 유년시절.
4) 일찍이 고아가 되거나 다른 형태로라도 고난을 겪음.
5) 고난의 상황으로부터 구출받거나 아니면 양부모를 만남으로써 살아남음.
6) 다시 위기를 겪게 됨.
7) 싸우고, 영광을 받음으로써 승리를 얻게 됨.[35]

위와 같은 형식은 신이 된 영웅들의 이야기에서 흔히 찾아볼 수 있다. 그런데 흥미롭게도 여성 영웅들의 이야기에 한해서는 여섯번째 단계까지는 비슷하다가도 "마지막에 가서 투쟁 대신 고난과 사랑, 인내, 희생을 통해 신이 되는 승리를 차지한다."[36] 한국에는 사랑과 고난, 희생을 통해 인간에서 신의 위치로 승격된 신들이 많다. 물론 그 가운데 대다수는 여성이다.[37]

이러한 문화적 틀 안에서 볼 때 위로부터의 그리스도론(하느님이 인간이 되었다)은 일반 대중들(민중), 특히 노동자들이 이해하기가 어렵다. 그리스도교 신학에 나타나는 관념적이고 추상적인 이미지들, 가령 "전적인 타자", "움직이지 않는 원동자", "고정된, 불과(不過)성의, 불변의 하느님" 같은 개념들은 한국 민중들에게는 별 의미가 없다. 이우정은 한국 민중의 예수 이해를 다음과 같이 본다:

---

34. Lee Oo Chung, "Korean Cultural and Feminist Theology", *IGI* (September 1987) 36.
35. 앞글.   36. 앞글, 37.   37. 앞글.

하느님이 인간이 되었다는 교리는 그들(한국 민중)에게는 받아들이기 어려운 주장이다. 그러나 "인간이 하느님이 된다"는 것은 그들이 이해하기 쉽다. 메시아로서의 예수 그리스도는 이웃을 자신보다 더 사랑하고, 이 위대한 사랑 때문에 끔찍한 고통과 희생을 겪고 메시아, 인류의 구세주가 된 역사적 예수상을 통해 훨씬 더 잘 이해될 수 있다. 반면 예수는 본래 하느님이기 때문에 메시아라는 이론은 그다지 큰 호소력을 지니지 못한다.[38]

이우정은 한국의 그리스도교 여성들에게는 해방을 위한 근본적인 과제가 있다고 주장한다: "성육 교리의 신비를 자발적으로 제대로 경험하기" 위해서 한국 여성들은 교회와 사회 속에서 그들에게 강요된 봉사의 역할로부터 벗어나야 한다는 것이다. 이것은 한국 여성들이 "신적인 영역에서와 같은 정도로 자기 의식을 고도로 개발시키면"[39] 가능하다고 한다. 이러한 여성의 자기 의식의 개발은 "몸과 정신, 영혼을 가진 총체적인 존재로서의 여성, 개인적이며 동시에 사회적인 존재로서의 여성에 대한 하느님의 진정한 사랑을 경험하는"[40] 데서부터 생겨난다.

한국 여성들은 예수처럼 됨으로써 성육과 "하느님이 우리와 함께 계심"의 신비를 경험한다. 진보적인 운동을 하는 많은 한국의 그리스도인들은 참된 그리스도인이 되기 위해서는 "작은 예수들"이 되어야 한다고 주장한다. 많은 한국 여성들에게 예수는 결코 사람들이 예배해야만 하는 신적인 존재로 객관화되지 않는다. 오히려 예수는 우리가 우리들 자신의 삶을 통해 되살려 내야 하는 존재이다. 그러므로 한국의 신화적 상징들과 언어들을 통해 임마누엘의 의미가 하느님이 우리와 **함께** 계심으로부터 하느님이 우리 **가운데** 계심으로 그리고 결국에는 완전한 인간성을 위한 우리의 투쟁 속에서 하느님이 곧 우리라는 의미로 바뀌었다.

---

38. 앞글.   39. 앞글, 38.   40. 앞글.

새롭게 생겨나는 상들

예수에 대한 새로운 상들은 자주성과 해방을 향한 아시아 여성들의 운동으로부터 생겨났다. 아시아 여성들이 가정과 교회, 사회 속에서 가부장적인 권위로부터 자유로워질수록 예수 그리스도에 대한 그들의 경험의 이름을 짓는 데 더 창조적이 된다. 때로 이 예수 이미지들은 유대·그리스도교 전통에서의 이미지들과 아시아 여성운동에서 생겨난 이미지들 사이에 전혀 연속성이 없다고 느껴질 정도로 심하게 변화되기도 했다. 어떤 아시아 여성들은 그들 자신의 문화와 토착 종교, 일반적인 정치운동 속에 예수 그리스도가 현재한다고 말할 정도로 확신에 차 있다. 그들은 전통적인 의미에서는 그리스도교와 직접 연결되지 않는 그리스도론적 정체성을 주장한다. 그들은 오늘날 아시아에서 자신들에게 예수가 무엇을 의미하는지 서술하기 위해 그들 자신의 운동으로부터 종교·정치적 상징들과 동기들을 이끌어내어 사용한다. 이것은 아시아 여성들이 완전한 인간성을 향한 투쟁의 경험으로부터 이룩해 낸 **그리스도론적인 변화**이다. 낡은 그리스도론적 범주들은 변형되었으며, 새로운 의미들이 창출되었고, 다양한 예수 그리스도상들이 생겨났다. 새로운 의미의 창출자로서 아시아 여성들은 그들 자신의 경험으로부터 역사상 결코 존재하지 않았던 새로운 그리스도교를 만들어 가는 미지의 열려진 미래에로 뛰어들었다. 다음은 새롭게 떠오르는 예수 그리스도 이미지들의 예로서 그것들은 강요된 권위가 아니라 자신들의 역사적인 산 경험을 신뢰하는 아시아 여성들로부터 나온 것이다.

해방자, 혁명가, 정치적 순교자 예수

인도, 인도네시아, 한국, 필리핀, 스리랑카 등 아시아 여러 나라 여성들의 글들에서 예수 그리스도는 자주 해방자로 그려진다. 해방자 예수가 아시아 여성들 사이에서 가장 두드러진 새로운 이미지가 된 이유는 사실상 그들의 역사적 상황 때문이다. 그들을 둘러싸고 있는 가부장제는 물론이고 식민주의와 신식민주의, 가난, 군사 독재로부터의 해방은 20세기 아시아 여성들의 주된 갈망이다.

「여성과 그리스도 사건」이라는 제목의 **EATWOT** 아시아 여성 대회의 공동 문서에서는 예수를 "진정한 해방의 원형"[41]이라고 정의했다. 그들은 또한 해방자 예수가 "그리스도교가 아닌 타종교와 운동들의 해방자 아미지들에서도"[42] 분명하게 나타난다고 주장했다. 이 대회에 참석했던 스리랑카의 여성 신학자 폴린 헨스만은 예수 그리스도는 "기쁜 소식을 가지고 가난하고 억눌리며 짓밟힌 사람들에게 왔으며", 그를 통해서 "인류는 자신들을 지배하고 억누르던 사람들의 노예였던 상태에서, 그들에 의해 소외당했던 상태에서 풀려났다"고[43] 기술했다. 이러한 해방자 예수 그리스도 이미지는 이 대회에서 필리핀 여성들에 의해 발표되었던 그리스도 사건에 대한 반성에서 혁명가로, 정치적인 순교자로 구체적으로 묘사되었다. 필리핀의 리디아 라스카노에 따르면 민중들의 해방 투쟁에 동참하는 필리핀 여성들은 "그들의 삶 속에서 그리스도 사건 — 예수의 삶과 고난, 죽음, 부활 — 을 살아내며, 필리핀의 해방 사업에, 하느님의 사업에 여성의 흔적을 남겨 놓는다."[44]

필리핀 여성들은 (300년 이상의 스페인과 미국의 식민 지배 그리고 군사 독재 아래서) 고난당해 왔고, 민중으로서 생존하고 인간적 존엄성을 주장하기 위해 저항해 왔다. 필리핀 여성들은 그들 자신의 고난과 죽음, 부활 **속에서** 그리스도의 고난과 죽음, 부활을 발견한다. 그들은 "자신들과 그밖의 필리핀 국민들을 위해 투쟁을 하기로 결심하고 격렬하게 저항하는 필리핀 여성들"[45] 가운데서 그리스도의 혁명적인 활동을 본다. 조직화된 해방 투쟁

---

41. "Women and the Christ Event", *Proceedings: Asian Women's Consultation* (Manila: EATWOT, 1985) 131.
42. 앞글.
43. Pauline Hensman, "Women and the Christ Event", *Proceedings: Asian Women's Consultation* (Manila: EATWOT, 1985) 116.
44. Lydia Lascano, 121.   45. 앞글, 125.

을 하는 과정에서 필리핀 여성들은 체포되고 강간당하고 고문받으며, 감옥에 갇히고 가족에게서 멀어진다. 그들 민족의 자주성을 위한 투쟁 가운데 많은 사람들이 죽임을 당했다. 오늘날 그들의 이름은 저항운동 속에서 여성들에 의해 기억되고 있다. 그들 중에는 다음과 같은 이름들이 있다:

자유를 위해 싸운 로레나 바로스(Lorena Barros); 농부들을 의식화하기 위해 온 생애를 바친 여집사 필로메나 어썬시온(Filomena Asuncion); 정당한 보수를 요구하는 피켓 시위중 사살당한 공장 노동자 레피치아 셀레스티노(Leficia Celestino); 자유를 위해 싸우다 군부대에 구금되어 죽은 안젤리나 사야트(Angelina Sayat); 농부들의 전도사로서 병원에서 치료받는 중에 고문당하고 살해당한 푸리 페드로.[46]

자유를 위해 싸우다 죽은 이들 정치적 순교자들의 죽음 속에 예수의 죽음이 있다. 예수 시대의 예루살렘 여성들과 달리 여성들은 십자가를 향한 예수의 길에서 그냥 그를 위해 눈물만 흘리고 있는 것이 아니다. 필리핀 여성들은 그들 민족을 위해 피를 뿌렸다. 라스카노 수녀는 필리핀 여성들의 정치적 순교에 대해 이렇게 설명한다:

오늘날 필리핀 민중들 속에서 그리스도의 고난은 여성 제자들을 만들어내고 있다. 그들은 민중 속에서 당하는 그리스도의 고난에 살아서 동참하며, 그냥 위로나 지원만 하는 것이 아니라 그들과 함께 죽기까지 한다. 사회 변화에 대한 갈망으로 인해 죽음은 새로운 의미의 차원을 얻게 된다. … 오늘날 많은 필리핀 여성들은 단순히 구경꾼으로 갈보리까지 그리스도와 동행하는 것이 아니다. 그들은 그와 함께 십자가를 지며, 그의 고난과 자신들의 고난을 동일시함으로써 그의 고난을 겪는다.[47]

---

46. 앞글, 127.　　　　　47. 앞글.

이러한 순교자들의 부활을 통해 예수의 부활도 되살아난다. 필리핀 여성들의 저항운동은 지속적인 "조직 활동"과 미래의 투쟁의 승리를 위한 "적극적인 기다림과 감시"를 통해 이러한 순교자들의 정신과 비전을 되살린다.[48] 가난한 필리핀 여성들이 깨어나서 구조적인 악 속에서 그들의 고난의 근본적인 원인을 발견하게 될 때 그들은 스스로를 위해 땅과 인간으로서의 권리를 요구하기 시작한다. 그들은 깨달음 속에서 "우리도 역시 출애굽할 것이다!"[49]라고 말한다. 그리고 그들은 정치적인 행동을 취한다. 이러한 깨달음은 그들의 마음 속에 희망을 불러일으키며, "해방시키는 출애굽의 하느님이 부활한 그리스도 속에 살아 계셨으며, 이제는 그들 가운데 **바공 크리스토**(새로운 그리스도)로 살아 계시다"고[50] 믿게 한다.

어머니, 여성, 무당 예수

많은 아시아 여성들은 예수를 어머니의 이미지로 그렸다. 그들은 인간의 고통을 깊이 함께 느끼고, 그들과 함께 고통받고 우는 자비로운 존재로 예수를 그렸다. 이러한 예수의 자비심은 매우 깊어서 아시아 여성들은 예수의 자비심에 대한 자신들의 경험을 표현하는 데 어머니상이 가장 적절하다고 생각하게 되었다. 홍콩의 신학자 곽퓨란은 이 점을 자신의 글 「하느님은 우리의 고통에 함께 우신다」에서 다음과 같이 설명하고 있다:

> 예수는 예루살렘을 위해 한탄했다. 그의 슬픔이 너무 깊어서 마태오는 그가 실제로 어떻게 느꼈는지를 서술하기 위해 "여성적인 은유"를 사용해야만 했다: 암탉이 병아리를 날개 아래 모으듯이 내가 몇 번이나 네 자녀를 모으려 했던가!(마태 23,37).[51]

인도차이나 전쟁에서 죽은 아들을 위해 우는 어머니처럼, 정보부에 끌려간

---

48. 앞글, 128.   49. 앞글.   50. 앞글.
51. Kwok, "God Weeps with Our Pain", Pobee & von Wartenberg-Potter, 92.

아들딸 때문에 우는 한국의 어머니들처럼 예수는 인간의 고통 때문에 운다. 한국의 신학자 이우정은 왜 예수가 죽기 전에 그렇게 심하게 고통스러워했는지 물었다.[52] 예수도 제자들에게 이렇게 말했다: "내 마음이 괴로워 죽을 지경이다. 너희는 여기 머물러 나와 함께 깨어 있도록 하라." 예수는 침착하고 평온하게 죽음을 맞이했던 성자들이나 영웅들과는 달랐다. 이우정에 의하면 성자들이나 영웅들은 "그들 자신의 고통만을 감당하면 되었지만 예수는 그의 모든 이웃들, 아니 온 인류의 고통까지도 그가 감당해야 했다"[53]는 점에서 다르다.

예수의 몇몇 제자들처럼 자신들의 개인적인 영광과 명예, 권력을 확장시키는 데 급급한 사람들은("선생님이 영광스럽게 되실 때 저희를 하나는 선생님 오른편에, 또 하나는 왼편에 앉게 해 주십시오" — 마르 10,37) 고난받는 가난한 사람들의 고통을 느낄 수도 없고 억압자들의 폭력과 악을 보지도 못한다.[54] 예수는 자식과 똑같이 느끼는 어머니처럼 온 인류의 고통을 느꼈다는 점에서 그들과 다르다. 이우정은 한국의 민담 속에서 자식의 상처와 고통을 그대로 함께 느끼는 어머니의 모습으로 예수를 발견했다:

> 옛 신라 왕국의 수도였던 경주의 국립 박물관에는 아름다운 종이 하나 있다. 그때 신라 왕국은 평화를 누리고 있었지만 열렬한 불교 신자였던 왕은 외국의 침략으로부터 백성을 보호하고 싶어했다. 신하들은 절에 아주 커다란 종을 만들어 부처에 대한 백성들의 신심을 보여 주는 것이 좋겠다고 제안했다.
>
> 그래서 종 만드는 한 기술자가 정해졌다. 그런데 그가 온갖 기술과 열심을 다해 만들었는데도 아름다운 소리를 내는 종을 만들지 못했다. 하는 수 없이 그는 종교 지도자들을 찾아가서 의논했다. 오랜 논의 끝에 그들은 아름다운 소리를 내는 종을 만들려면 가장 좋은 방법은 순결한 어린 소녀를 데려다가 제사를 드리는 것이라고 결론내렸다.

52. Lee Oo Chung, "One Woman's Confession of Faith", Pobee & von Wartenberg-Potter, 19.
53. 앞글.   54. 앞글.

그런 어린 소녀를 찾아 데려오기 위해서 군인들이 파견되었다. 한 농촌에 어린 딸을 데리고 사는 가난한 어머니가 있었는데 그 아이를 데리고 갔다. 아이는 처절하게 소리쳐 불렀다: "에밀레, 에밀레!" — "어머니, 어머니"라고. 납과 철을 녹여서 준비해 놓고 이 어린 소녀를 그 속에 던져 넣었다. 드디어 종 만드는 사람은 성공했다. 에밀레 종이라 불린 이 종은 세상에 어느 종보다도 아름다운 소리를 냈다. 종이 울리면 사람들은 그렇게 아름다운 소리를 만들어낸 솜씨를 찬양했다. 하지만 아이를 빼앗긴 어머니가 그 소리를 들을 때면 또다시 마음이 찢어지는 고통을 느꼈다.[55]

이우정에게 예수는 이 어린 소녀의 어머니와도 같았다. 인간의 절규를 들을 때마다 예수의 마음은 또다시 찢어진다. 희생의 의미를 모르는 사람들은 다른 사람들의 희생의 대가로 이루어진 성과를 즐기기만 한다. 그러나 "희생을 이해하는 사람들은 고통을 느낄 줄 안다."[56] 이러한 예수의 이미지는 아시아 여성들에게 인류의 구원은 "안락하고 무관심한 사람들이 아니라 온 인류의 고난을 함께 나눈 분을 통해서만 이루어진다"[57]는 사실을 보여 준다.

인도네시아의 신학자 마리안느 카토포도 이처럼 함께 느끼는 섬세한 어머니로서의 예수에 대해 이야기했다. 그는 안셀무스의 한 기도문과 인도의 시인 나라얀 바만 틸락(Narayan Vaman Tilak)의 시를 인용하면서 그 점을 설명했다:

사랑하는 주님, 예수님, 당신은 어머니가 아닙니까
참으로 당신은 어머니이십니다. 모든 어머니들의 어머니이십니다
당신의 자녀들에게 생명을 주려는 갈망 때문에 죽음을 맞본 분이십니다

— 안셀무스[58]

55. 앞글, 19-20.　　　56. 앞글, 20.　　　57. 앞글.
58. Marianne Katoppo, "Mother Jesus", O'Grady, 12.

부드러운 나의 어머니 — 구루(힌두교의 교도사, 스승)여
구세주여, 당신의 사랑과 같은 사랑이 세상에 어디 있겠습니까
— 나라얀 바만 틸락[59]

이러한 예수의 어머니 이미지는 우리 삶에서 "가부장적이고 권위주의적이며 위계질서적인 형태들"을 무너뜨리며, "모성적이고 자비로우며(compassionate) 섬세하고 잘 참으며 인내하는" 관계를 사람들 사이에 세워 준다.[60]

어떤 아시아 여성들은 그들의 특수한 역사적 상황에서 예수 그리스도를 여성의 모습으로 본다. 이와 관련하여 분명하게 밝힌 두 가지 목소리가 모두 한국에서 나왔다. 박순경은 한국 여신학자협의회의 한 모임에서 자신의 그리스도론을 이렇게 결론지었다: 예수는 신체적으로는 남성의 모습으로 왔지만 가장 많이 상처받은 사람들과 스스로를 동일시했기 때문에 "여성들과 억압받는 자들의 상징"이라는 것이다. 그러므로 상징적인 차원에서 우리는 예수를 억눌린 자들의 해방자, **"여성 메시아"**로 부를 수 있다고 한다.[61] 그는 현재의 역사적 상황에서 예수의 인간성을 여성적인 것으로 규정하는 정당한 이유는 그리스도교가 가부장적인 교회 구조에서 자유롭게 되어야 하기 때문이라고 본다.

최만자는 한걸음 더 나아가 해방을 위한 한국 여성들의 역사적 투쟁과 "메시아적 실천"을 동일시한다.[62] 그는 "비록 여성들이 안수받은 목회활동에서는 제외되었지만 사실은 한국에서 여성들이야말로 메시아 — 예수의 참된 실천을 하고 있는 사람들"이라고[63] 말했다. 예수의 메시아성은 그가 고난받

---

59. Katoppo, *Compassionate and Free,* 79.

60. Katoppo, "Mother Jesus", O'Grady, 12.

61. 박순경, 『한국 민족과 여성신학의 과제』 51. James Cone, *God of the Oppressed* (New York: Harper & Row, 1975)도 참조. 콘도 비슷한 주장을 한다. 그에 따르면 예수는 억눌린 인간을 대표하기 때문에 흑인이다. 흑인들이 끊임없이 십자가에 못박히는 역사적 상황 속에서 예수는 흑인일 수밖에 없다고 한다.

62. Choi, 8.   63. 앞글, 7.

는 종이라는 사실에서부터 나온다. 그러므로 최만자에 의하면 아시아 여성들의 고난과 투쟁 속에 함께하는 여성 메시아를 통해 새로운 인간의 실천을 가장 분명하게 인식할 수 있다. 이 여성 그리스도는 "억눌린 자들 그리고 고난으로부터의 해방을 추구하는 여성들 편에 선 새로운 인간이다."[64]

또 다른 예수의 여성 이미지는 샤만(무당)의 이미지로부터 나왔다. 버지니아 파벨라는 그의 논문 「아시아 여성과 그리스도론」[65]에서 자신이 한국 여성들로부터 배운 내용에 대해 썼다. 정치 · 경제적 억압 속에서 그리고 여기에 더해서 남성의 지배를 강요하는 유교적 윤리 체계 아래서 한국 여성들의 경험은 **한**(恨) 그 자체였다. **한**에 내재하는 분노, 복수심, 패배감, 자포자기, 허무감 등은 많은 한국 여성들의 마음을 갈가리 찢어 놓았고, 신체적으로 병을 앓게 만들었다. 이런 상황에서 그들에게 예수 그리스도는 어떤 의미를 지니는가? 파벨라는 한 한국 여성의 답을 인용한다: "예수 그리스도가 우리에게 의미있으려면, 그는 반드시 민중 여성들을 위한 **한**의 사제가 되어야 한다."[66] 민중 여성들에게 구원과 구속은 그들의 억눌린 **한**으로부터 액풀이하는 것이며, 층층이 쌓인 그들의 **한**을 푸는 것이다. 한국의 토착 종교는 샤머니즘이기 때문에 한국 여성들은 한국의 무당들처럼 귀신들린 자에게서 귀신을 쫓고 병든 자를 고치는 공관 복음서의 예수를 쉽게 받아들일 수 있었다. 한국의 무당이 한국 여성들에게 치유자이자 위로자, 상담자였던 것처럼 예수 그리스도도 그의 활동을 통해 여성들을 치유하고 위로했다.

한국에서 무당들의 대다수는 여성이다. 한국의 다양한 종교 전통 속에서 여성들이 그 전 발전 과정을 통해 중심적인 자리를 차지한 유일한 종교가 샤머니즘이다. 여성 무당들은 빼앗긴 많은 민중 여성들에게 그들의 **한**을 풀어 주고, 삶의 어려운 문제들을 처리해 나가도록 도와 주는 "큰 언니들"이었다.[67] 그러므로 한국 여성들이 예수 그리스도를 한의 사제라고 볼 때 그들은 남성 예수상보다는 여성 예수상과 연결시키고 있는 것이다. 그들은 자기

---

64. 앞글, 6. 65. Virginia Fabella, "Asian Women and Christology" 참조.
66. 앞글. 67. 앞글.

들 공동체에서 무당을 큰 언니로 생각하듯이 예수도 큰 언니로 여긴다.

예수 그리스도의 여성 이미지는 인도의 신학자 가브리엘 디트리히[68]에 의해서 아주 생생하게 표현되었는데 그는 여성의 월경과 십자가에서의 예수의 피흘림을 연결시킨다. 그는 매달 주기적인 여성들의 피흘림에서 성만찬의 의미를 발견한다. 그는 시로 자신의 논지를 힘있게 표현하고 있다:

> 나는 여자다
> 내 피가 소리쳐
> 외치고 있다
> 생명을 주는 자들에게
> 생명을 거부하는
> 너는 누구인가
> 너희들 모두가
> 자궁에서부터 나왔다
> 그런데도 너희 중 어느 누구도
> 강하고, 기뻐하며, 능력 있는 여성을
> 참아내지 못한다
> 너희는 우리의 눈물을 원하며
> 보호해 준다고 떠들어대기 좋아한다
> 너희들 자신으로부터
> 우리를 보호해 주겠다니
> 너희는 누구인가

---

68. **Gabriele Dietrich**는 독일 출신으로 1972년부터 인도 남부 지역에서 활동했는데 처음에는 뱅갈로어에서 일했고, 나머지 10년간은 마두라이의 **Tamil-Medium** 대학에서 가르쳤다. 그는 여성운동에 헌신하고 있으며, 그러한 헌신과 인도 여성들과 자신을 동일시하고 있는 점, 또 그 운동을 하는 다른 인도 여성들이 그를 받아들이고 있는 점에 근거해서 나는 그를 인도의 신학자에 포함시키기로 했다.

나는 여자다
달마다 흘러나오는 내 피로 인해
나는 안다
피는
생명을 위한 것이다
사람을 죽이는 기계들을
만들고
죽음을 퍼뜨리는 자는
바로 너다
3,000 톤의 폭탄이면
이 땅 위의
온 인간을 없애 버린다

나는 여자다
낙태당한
내 피가
소리쳐 외치고 있다
나는
너 때문에
내 아이를
죽여야만 했다
네가 내게 일하지 못하게 했고
그래서 나는 그 아이를 먹일 수 없었기 때문이다
나는 내 아이를 죽일 수밖에 없었다
나는 결혼도 하지 않았고
네가 정해 놓은 규칙에 도전하면
너는 나를 들볶아

죽여 버렸을 것이기 때문이다

나는 여자다
강간당한
내 피가
외치고 있다
너는 그렇게 해서
네 힘을 유지하고 있다
내가 밤에 나가면
너는 그렇게 해서 나를 떨게 만든다
너는 내 집에서도
그렇게 해서
나를 길들이려고 한다
너는 내 집에서도
또다시 나를 강간한다
이제는 더 못 참겠다

나는 여자다
수술받은
내 피가
외치고 있다
내가 간호사인데도
너는 여전히 내 몸을 이용해 먹는다
내게 자궁절제 수술을 해서
내게는 필요도 없는
돈을 번다
내 몸은

남편들의, 경찰들의
의사들의, 포주들의
손아귀 안에 있다
내가 당하는 소외에는
끝이 없다

나는 여자다
나의 투쟁의
피가
외치고 있다
그렇다, 나의 동지들이여
너희들은 전선에서
우리를 원하고 있다
너희는
우리 없이는 아무 일도 못한다는 것을
깨달았다
너희는
계급 투쟁에서
우리를 필요로 한다
너희가
침대에서 우리를 필요로 했고
요리를 하고
아이를 낳아 주고
너희 상처를 싸매 주는 사람으로
우리를 필요로 했듯이 말이다
너희는
어머니의 날을 축하했듯이

여성의 날을 축하할 것이다
우리의 위대한 지원자들에게
화환을 걸어 줄 것이다
여자들 없이
우리가 무엇을 하겠는가

나는 여자다
너희가 천상이라 부르는
하늘을 향해
나의 희생의
피가
외치고 있다
너희 사제들에게는 이제 신물이 난다
너희는 한번도 피흘린 적이 없으면서
이렇게 말한다
이것은
너희를 위해 주는
내 몸이요
이것은
너희를 위해 흘린
내 피니
마셔라
영원 전부터
생명을 위해
누구의 피가
흘려졌는가?
너희 사제들에게는 이제 신물이 난다

너희는 **가바그리하**(Garbagriha)를 다스리고
자궁을
생명의 원천이라고
찬양하면서
나를 가두어 놓았다
내 피가 더럽다고 하면서

나는 여자다
나의 자궁에서
계속 피가 흐른다
하지만 내 마음에서도
피가 흐른다
미워하는 것은
힘든 일이고
내가 너를 미워한다 해도
아무 도움이 되지 않기 때문이다

나는
누이를 괴롭히는
내 어린 아들을
아직도 사랑한다
그 아이는 밖에서 그 짓을 배워 왔다
어떻게 그 아이를 말리나
나는 아직도
내 아이들의 아버지를
사랑한다
내가 아이를 낳을 때

그가 거기 있었기 때문이다
나는 아직도
연인의 애무를
그리워한다
남자와 여자 사이에
가로놓인 벽처럼
커져 버린
악의 주문을
무너뜨리기 위해서
나는 아직도
손에 손 맞잡은 나의 동지들을
사랑한다
그들은 고통받는 사람들을
염려하기 때문이다
그리고 그들이
권력이 아니라
생명을 위한 싸움에
몸을 던지기 때문에
희망이 있다
하지만 나는 이제
내 자매들을 사랑할 수 있다
우리는 서로를 사랑하는 법을 배웠다
우리는 서로를 존경하는 법도 배웠다

나는 여자다
내 피가
외치고 있다

우리는 수백만에 이르며
함께 있으면 강하다
너희는 우리의 말을 듣는 것이 좋다
그렇지 않으면 망하고 말 것이다

디트리히는 "생명을 주는 자들에게 생명을 거부하는" 가부장적인 교회와 사회에 대해 의문을 제기한다. 그들은 "자궁을 생명의 원천으로 찬양하면서도" 여성들이 삶에 적극적으로 참여하지 못하도록 막는다. 자궁은 찬양받지만 자궁을 가진 사람들은 그렇지 못하다. 소위 세계의 고등종교들은 대체로 여성의 월경을 더럽고 부정한 것으로 취급한다. 여성들의 주기적인 피흘림이 거룩한 제단을 "더럽히기" 때문에 많은 종교들에서 여성들은 제의를 주재할 수 없다. 디트리히는 예수의 거룩한 피흘림을 예배하는 그리스도교 사제들에게 묻는다: "영원 전부터 생명을 위해 누구의 피가 흘려졌는가?" 그에 따르면 사제들은 "한 번도 피흘린 적이 없으면서 이것은 너희를 위해 주는 내 몸이요, 이것은 너희를 위해 흘린 내 피니 마셔라!"라고 말한다. 예수는 가난하고 억눌린 자들, 소외된 자들과 연대했기 때문에 십자가 위에서 피를 흘렸다. 그는 다른 사람들에게 영원한 생명을 주기 위해서 피를 흘렸다. 예수처럼 영원 전부터 여성들도 피를 흘렸다. 여성의 월경은 그것을 통해서 새로운 삶이 가능해지는 거룩한 성만찬이다. 예수는 생명을 주는 그의 피흘림을 통해 여성들과 합세한다.[69]

노동자, 곡식으로서의 예수

예수 그리스도의 여성 이미지들은 지상 예수의 모습을 그릴 수 있게 해준다. 교회에서 아시아 여성들이 들은 하느님의 계시는 대개 위로부터의 계시였다. 위로부터의 계시에 근거를 둔 신학은 구체적인 몸의 경험이 아니라

---

69. Gabriele Dietrich, *One day I shall be like a banyan tree* (Belgium: Dileep S. Kamat, 1985).

머리로만 하는 추상적인 사고에 바탕을 두었기 때문에 쉽게 지배의 신학으로 왜곡될 수 있다. 그것은 아시아 여성들이 매일 겪는 경험의 구체적인 현실이 아니라 (주로 남성들의) 냉정한 지성주의에 바탕을 두고 있다. 어떤 아시아 여성들은 그날그날의 일상적인 경험 속에서 예수를 발견한다. 그들은 밑으로부터, 밑바닥, 지상으로부터 하느님의 계시를 본다. 그들은 어떠한 종류의 영웅주의도 거부한다. 예배할 굉장한 남자나 여자를 찾고 있는 것이 아니다. 그보다 일상적인 삶 속에 구원의 힘으로 현재하는 하느님을 찾고 싶어한다.

한국의 한 노동자가 한 다음의 신앙 간증은 가난한 보통 사람들에게 예수 그리스도가 무엇을 의미하는지 보여 준다:

나는 어떻게 해야 그리스도처럼 사는 건지 잘 모릅니다. 그렇지만 나의 일상 생활 속에서 조금씩 발견하고 깨달아 가는 것 같기도 합니다. 아주 조심스럽고 신비하게 말이죠. 〔이 점을 설명하기 위해서〕 우리 어머니의 이야기를 하겠습니다. 그는 한이 많은 사람입니다. 당신 자신의 입으로도 늘 그렇게 이야기합니다. 17세에 혼인하여 세 아이를 낳고 살다가 서른도 못 되어 남편과 사별하였습니다. 요즘 우리 엄마는 새벽 네시 반에 잠자리에서 일어나 장사하러 나갑니다. 시장 바닥에 나가면 제대로 걸을 수 없을 만큼 사람이 많습니다. 이것이야말로 삶의 현장이란 생각이 듭니다.

아침 일찍부터 어깨에 무거운 짐보따리를 메고 그 넓은 시장바닥을 돌아다닙니다. 가게나 노점 상인들에게 물건을 담아서 팔 비닐 봉지를 나누어주고, 일일이 수금을 하러 다니는 일입니다. 엄마의 나이나 체력에 너무나 딸리는 일을 하고 있기 때문에 어쩌다 쉬는 날(추석날 같은 날)은 병으로 앓아눕는 날이 되어 버립니다. 지금은 어깨가 한쪽으로 기울어졌고 등도 휘어졌습니다. 겨울에도 한데를 돌아다니므로 두 볼엔 얼음이 박혀 발갛게 되어 있습니다. 정말 너무 고달프고 힘들게 그리고 별볼일 없이 살아 가는 인생으로 보입니다.

이런 엄마를 보면 나는 내 공장 친구들이 18시간, 혹은 24시간 일할 때의 그 표정마저 없어지는 피곤한 얼굴들이 생각납니다. 일하는 사람들은 절망과 혐오에 사로잡힐지라도 결코 쉬는 일이 없습니다. 그리고 일하는 사람들이야말로 진짜로 사람을 사랑할 줄 압니다. 자신이 절망해 보았고, 늘 가진 사람들에게 멸시당해 왔고 그리고 자신이 비참한 지경을 겪어 왔기 때문에, 절망한 사람을 진실로 사랑할 줄 압니다 — 하기사 우리는 늘 절망하는 심정으로 살아 갑니다. 이런 절박한 심정으로 세계는 이루어져 갑니다.

나는 일하는 사람들을 보며 그들 속에서 역사의 숨결을 느끼고 그 박동을 느끼며 그리고 인간의 의미를 느끼고, 그들 속에서 그리스도를 느낍니다. 일하는 사람들이 아니면 우리가 구원될 수 없으리란 생각이 듭니다. 그들에게는 진실로 사랑하는 힘이 있고, 지치지 않는 끈기가 있기 때문입니다. 만약 그리스도이신 예수가 지금 내려오신다면 어떤 모습으로 오실까를 생각해 봅니다. 어릴 적에는 구름을 타고 옆에는 수많은 천사들을 거느린 채로 찬란한 빛과 웅장한 음악이 울리는 가운데 은빛 나는 하얀 옷을 입고 오시리라 꿈꾸었습니다. 그러나 이제 다시 오신다면 글쎄요, 허름한 옷을 하고서는 서서도 꾸벅꾸벅 졸고 있는 피로한 우리 엄마에게 박카스를 쥐어 주실지도 모르겠고, 아니면 시끄러운 우리 공장에서 멍청히 일하는 내 옆에 기름 묻은 작업복 차림으로 와서 살짝이 내 일을 도와 주실지도 모르겠습니다. **삶의 터전인 우리 그리스도 그리고 내 신앙은 바로 이 일하는 삶, 일하는 사람들 속에 있다고 생각됩니다.**[70]

이 공장 노동자는 일하는 사람들 속에서 그리고 생존을 위한 그들의 힘겨운 투쟁 속에서 그리스도를 발견한다. 그는 더 이상 어렸을 때처럼 가진 자들이나 유명한 사람들의 모습을 한 화려한 예수상을 믿지 않는다. 그는 절망과 멸시, 허리가 부서질 만큼 힘든 노동을 견디면서도 자기들이 가진 것과

---

70. 서남동, 『민중신학의 탐구』 (서울: 한길사, 1983) 355-6. 강조 표시는 내가 한 것이다.

사랑을 함께 나누는 동료 노동자들 속에서 예수를 발견한다. 예수 그리스도는 영광스러워 보이는 하늘로부터 내려오지 않는다. 그리스도는 자신들의 몸이 부서지는데도 삶을 긍정하고 다른 사람들을 사랑하려 하는 일하는 사람들의 부서진 몸의 경험으로부터 나온다. 일하는 사람들은 서로의 상처를 만져 주고 먹을 것과 일과 희망을 함께 나눔으로써 서로를 치유하며, 서로에게 그리스도가 된다.

이 땅에서부터 나오는 또 다른 예수 그리스도상은 한 인도 여성의 시에 나타난다. 그는 기근이 휩쓸고 간 지역에서 200그램의 죽을 타 먹으면서 예수 그리스도를 만난다. 그에게 하느님의 사랑하는 아들, 그리스도는 배고픈 사람들을 위한 음식이었다.

> 매일 낮 열두시
> 작열하는 더위 속에서
> 하느님은
> 200그램의 죽의 모습을 하고
> 내게 오신다
>
> 곡식 낟알 하나하나에서 나는 그를 알고
> 그를 샅샅이 핥아 먹으며
> 한 입에 꿀꺽 삼켜서 그와 하나가 된다
> 200그램의 죽으로
> 그는 나를 살아 있게 해주기 때문이다
>
> 나는 다음 열두시까지 또 기다린다
> 그리고 그가 또 오리라는 것을 안다
> 나는 또 하루 더 살리라는 희망을 가질 수 있다
> 당신은 하느님이

200그램의 죽으로
내게 오시게 했기 때문이다

나는 이제 하느님이 날 사랑한다는 것을 안다. ―
하지만 당신이 그렇게 해주기 전까지는 몰랐다
나는 이제 당신이 무슨 말을 하는지 안다
하느님이 이 세상을 사랑하셔서
사랑하는 그의 아들을
매일 낮 열두시
당신을 통해 주셨다[71]

먹을 것 없이는 생명도 없다. 굶주린 사람들이 음식을 먹을 때 그들은 "곡식 낟알 하나하나에서" 하느님을 경험한다. 그들은 낟알을 씹으면서 하느님을 "알고", "맛본다". 음식은 그들을 살아 있게 한다. 굶주린 사람들을 위한 하느님의 가장 큰 사랑은 음식이다. 땅에서 나온 곡식이 그들의 생명을 유지시켜 줄 때 그들은 "하느님이 이 세상을 사랑하셔서 그의 사랑하는 아들을 내어주셨다"는 말의 의미를 깨닫는다. 하느님이 다른 사람들을 통해 그들에게 먹을 것을 줄 때 하느님은 그들에게 그의 "사랑하는 아들"을, 예수 그리스도를 주고 있는 것이다.

결론적으로 말하자면 우리는 지금까지 아시아 여성들이 억압의 한가운데서 겪은 생존의 경험에 근거해서, 그리고 스스로를 해방시키려는 그들 자신의 노력에 근거해서 **전통적인** 예수상들을 새롭고 창조적인 방식으로 해석해 왔다는 사실을 살펴보았다. 또한 우리는 전통적인 그리스도론에 직접적으로 도전하는 **새로운** 예수상들도 살펴보았다. 이러한 새로운 예수상들은

---

71. 저자 불명, "From Jaini Bi–With Love", O'Grady, 11. 편집자의 설명에 의하면 Jaini Bi는 이 무심한 세상 속에서 끔찍한 고통을 당하지만 인간다운 관심과 행동으로 인해 희망의 빛을 가지고 있는 사람들을 상징한다.

아시아 여성들의 생존과 해방의 경험에 바탕을 두고 있다. 그러나 어떤 아시아 여성들은 예수는 남성이기 때문에 그가 아시아 여성들의 요구에 맞도록 변형되는 데에는 한계가 있다고 생각한다. 이것이 바로 최근 아시아 여성 신학자들의 글들에서 마리아가 강조되는 주된 이유이다. 이제는 새로운 아시아 여성신학에서 마리아가 어떻게 논의되고 있는지 검토해 보기로 한다.

오늘의 아시아 여성들에게 마리아는 누구인가?

당신은 내게 어떻게 하셨습니까?
나를 어떻게 만들어 놓으셨습니까?
당신이 되라고 하는 여자 속에서는 나를 발견할 수 없습니다. ··· 후광을 발하는 대리석, 돌 덩어리만 있을 뿐입니다: 안정되고 부드러우며 거룩한 마리아만 있을 뿐입니다.

자매들이여, 나를 보십시오! 고통스럽다고 내게서 얼굴을 돌리지 마십시오.
분노와 고통에 찬 당신들의 삶과 나의 삶은 하나입니다. ···
나는 침묵당하고 부정당하고, 거룩하게 높여졌습니다. ··· 안정되고 부드럽고 거룩한 마리아만 있을 뿐입니다.

혁명은 나의 노래입니다! **마그니피카트**(마리아의 노래: 루가 1,46-55)는 혁명을 선언합니다!
혁명이 우리들에게 해주었던 약속들을 이제 우리는 되찾아야 합니다!
약함을 통해 우리는 강합니다: 고통과 슬픔, 잘못을 통해 현명해집니다. ···
주고, 사랑하고 분노하는 여성들입니다.

당신이 나를 환호로 맞아 줄 수 있어야만 온 세대가 나를 환호로 맞아 줄 것입니다. ···
진리를 발견한 기쁨으로 세상을 사십시오. 당신은 나를 여자라고 불렀습니다:
고난당하고 자랑스러우며, 예언자적이고, 결코 굴하지 않는 ···

온전하며, 웃고 있는 딸 … 마리아
정말 살아 있는 따뜻한 여자 … 마리아
그때 나는 정말로 **완전히** 마리아가 될 것입니다!¹

유대인 남자였던 예수가 아시아 여성들에게 역사적·지리적·성적 경계들을
넘어서는 새로운 인간성의 상징이 되었다면 유대인 여자였던 마리아도 그의
말과 행동을 통해 새로운 인간성의 또 다른 상징이 되었다. 그러므로 예수
와 마리아는 아시아의 그리스도인 여성들에게 완전히 해방된 인간 존재의
두 모델이 되었으며, 아시아의 여성들은 이들로부터 힘을 얻고 영성을 얻는
다. 그러나 아시아 여성들은 마리아가 여자라는 분명한 이유 때문에 예수보
다는 마리아를 완전한 인간성의 모범으로 더 가깝게 느낀다. 대부분의 아시
아 교회들에서는 여성의 열등성을 강조하는 성차별적 이데올로기를 정당화
하기 위해서 예수의 남성성이 이용되었기 때문에 여성들은 마리아, 즉 인류
의 구원을 위한 한 고귀한 여성의 존재를 통해 위로와 자긍심을 느낀다. 그
러나 마리아의 존재가 항상 아시아의 여성들에게 힘을 주었던 것은 아니다.
아시아 여성들이 힘을 합해 완전한 인간 존재로서 자신들의 힘과 존엄성을
주장하기 시작한 최근까지 마리아는 아시아 여성들을 억압하는 데 이용되어
왔다. 어떤 경우에는 가부장주의적인 교회에 의해 여러 가지 부정적인 마리
아론이 만들어져서 남성에 대한 여성의 종속을 정당화하는 데 사용되었다.
또 어떤 경우에는 교회에서 마리아가 완전히 도외시되어서 여성들은 진정으
로 해방된 여성의 모범을 가질 수 없게 되기도 했다.

개신교 전통에서 마리아론을 반박하고, 대신 온통 남성적인 신학을 강요
한 것은 "여성들의 위치를 현실주의적인 언어로 말하는 책임을 교회가 회피
한 것"²이라고 여성들은 생각한다. 이러한 교회의 태도로 인해 아시아 여성

---

1. "Mariology: A Pakena Perspective", *Consultation on Asian Women's Theology–1987*, 2-3
   에 나오는 「마리아의 노래」라는 제목의 익명의 시.

2. 앞글, 1.

들은 "남성의 눈을 통해 예수/그리스도론을 완전한 인간성을 위한 유일한 모범으로 보도록 강요당했다."[3] 그러므로 개신교회에서 올바른 여성의 위치는 부정된 셈이다.

　개신교가 마리아를 없애 버림으로써 여성을 억압하는 데 성공했다면 가톨릭 교회는 마리아를 편리하게 길들임으로써 여성들에게 지배권을 행사했다. 한편으로 처녀 어머니라는 것이 "생물학적으로 불가능"[4]함에도 불구하고 마리아는 "사랑받는 처녀"로, "하느님의 어머니"로 높여졌다. 가부장주의적인 교회는 마리아를 "처녀 어머니"로 만듦으로써 보통 여자들은 결코 자신과 동일시할 수 없는 예외적인 여성으로 바꾸어 놓았다. "처녀 어머니"상은 남성들이 지배하는 교회가 출생과 여성의 성에 대해 가지고 있는 공포, 모멸감"[5]을 보여 준다.

　다른 한편으로 마리아는 수동적이고, 순종적이며, 늘 예, 예만 하는 여성, 또 남자들이 원하는 대로 무엇이든 하는 비천한 하녀이기도 하다. 마리아는 "사탕처럼 달콤하고 깨지기 쉬운 유리그릇 같은 여자, 늘 얌전하게 눈을 아래로 내리깔거나 아니면 — 지금, 여기가 아니라 — 하늘을 향해 눈을 올려뜬 여자이다."[6] 마리아는 이렇게 말한다: "나는 주님의 종입니다. 당신이 말한 대로 내게 이루어질 것입니다." 이것은 가톨릭 교회 남성들이 "여성성", 혹은 "바람직한 이상적인 여성상"에 대해 가지고 있는 환상의 궁극적인 모습이다. 이 마리아는 남성들에 의해 길들여진 여성의 상징이다. 이 마리아는 "당당히 자기 주장을 하는 인간"[7]이 아니라 남성들의 욕구에 따라 만들어진 인간이다. 가톨릭 교회의 제의적인 마리아 숭배에서 마리아에 대해 "하느님 아버지의 딸, 예수의 어머니, 성령의 배우자"[8]라고 하는 것도 바로 이때문이다. 그는 딸로서, 어머니로서, 혹은 아내로서 남성에게 연결될 때만 가치가 있다는 것이다. 이런 마리아상은 식민주의와 자본주의 아래에

3. 앞글.　　　　　　　4. Katoppo, *Compassionate and Free*, 21.
5. "Mariology: A Pakena Perspective", 1.
6. Katoppo, *Compassionate and Free*, 17.　　　7. 앞글, 73.　　　8. 앞글.

서 남성들의 욕구에 맞게 아시아 여성들을 길들이는 데 이용되었다. 여성들은 "[남성들을] 용서하고, 우리에게 가해지는 폭력의 탓도 우리 자신에게 돌리도록, 결코 분노를 표현하거나 대항하지 못하도록 길들여졌다."[9]

남성들에 의해 정의된 마리아는 아시아 여성들에게 맨 처음 소개될 당시부터 그들에게 **친숙하면서도 낯선** 존재였다. 한 여성으로서 마리아의 삶의 이야기, 그의 고난과 아들에 대한 사랑은 아시아 여성들에게 "친숙"했다. 그러나 마리아는 아시아 여성들에게 "낯설기도" 하다. 왜냐하면 그는 너무 깨끗하고, 너무 고상하며, 거룩해서, 아니면 너무 수동적이고 용서를 잘 해서 아시아 여성들이 여성으로서 그와 어떤 관계를 맺기가 어렵기 때문이다. 이 마리아는 아시아 여성들의 신체적인 경험과는 거리가 멀다. 그는 "후광을 발하는 대리석, 돌 덩어리"[10]일 뿐이다. 이런 마리아는 가부장주의적 지배로 말미암은 아시아 여성들의 자아분열증을 더욱 심화시킬 뿐이다. 역설적으로 아시아 여성들은 자신들이 마리아처럼 깨끗해질 수(처녀성) 없다고 생각하기 때문에 수치를 느낀다. 그리고 자신들은 마리아처럼 선해질 수 없기 때문에 죄의식을 느낀다. 그러면서도 아시아 여성들은 마리아를 모방해야 한다고 생각한다. 그는 "바람직한 여성상"[11]을 대표하기 때문이다. 마리아가 아시아 여성들의 매일매일의 구체적이고 신체적인 경험을 떠나서 "이상적인 여성상"의 한 규범으로 제시될 때 사실 그는 아시아 여성들을 무력하게 하기 위한 도구가 된다. 인도의 한 젊은 그리스도인 여성은 전통적인 마리아상에 대해 자신이 느꼈던 좌절감을 이렇게 표현했다:

> 오랜 동안 마리아와 나는 서로 낯설었다. 나는 그를 예수의 어머니로 존경했지만 남자들이 만들어 놓은 수동적이고 무감각한 처녀와 나 자신을 결코 동일시할 수 없었다. 끊임없이 어려운 선택을 하면서 투쟁해 나가는 인간으로

---

9. "Mariology: A Pakena Perspective", 1-2.
10. 이 장 첫머리에 나오는 시 「마리아의 노래」 참조.
11. "Mariology: A Pakena Perspective", 1.

서 나는 하느님께 너무 쉽게 "예, 예" 하는 길들여진 마리아에게서 위안을 얻을 수 없었다. 사회 속에서 올바른 나의 역할을 감당하도록 도전받고 있는 한 젊은 여성으로서 나는 도저히 이 자신의 벽에 갇힌 마리아를 이해할 수 없다. 그는 "지고의 순결한 처녀"이며, 나는 환희에 찬 나의 성(sexuality)을 결코 그와 나눌 수 없다. 이 죄 없는 여자가 어떻게 나의 약함과 잘못을 이해할 수 있겠는가?[12]

아시아의 여성들은 이 젊은 여성의 좌절감에 공감하면서 해방자로서의 마리아를 재발견할 권리와 책임을 주장한다. 1987년 싱가포르에서 열린 아시아 여성신학 회의에서 나온 "마리아론에 대한 우리의 입장"에서 아시아 여성들은 여성 해방적인 마리아론의 이중적인 과제를 아래와 같이 징의했다:

1) 우리는 2,000년 동안 남성들에 의해 이루어진 마리아 해석의 파괴적인 결과들을 규명하고, 거기서부터 우리들 자신을 해방시켜야 한다.
2) 우리는 우리들 자신의 문화적 상황 안에 있는 여성들로서 성서로 돌아가서 해방된 자로서의 그리고 해방시키는 자로서의 마리아를 재발견해야 한다.[13]

마리아에 대한 아시아 여성들의 여성 해방적인 관점은 "침묵당하고 부정당하며, 거룩하게 높여진 마리아, 안정되고 부드러우며 거룩한 마리아를" 아시아 여성들의 분노와 혁명적인 행동을 통해 "그가 갇혔던 대리석 돌덩어리"의 감옥으로부터 구출해 준다.[14] 이제 아시아 여성들의 고난과 지혜의 자궁으로부터 태어난 해방된 그리고 해방시키는 마리아상을 살펴보기로 하자.

---

12. Astrid Lobo, "Mary and the Woman of Today", *IGI* (September 1988), 7.
13. "Summary Statement in Mariology", *Consultation on Asian Women's Theology-1987*, 1.
14. 이 장 첫머리의 시 「마리아의 노래」 참조.

완전한 여성, 완전히 해방된 인간의 모범으로서의 마리아

처녀 마리아: 자기를 정의할 줄 아는 여성

아시아 여성들은 이제 마리아의 처녀성을 **생물학적인** 현실성으로가 아니라 관계의 현실성으로 보기 시작했다. 인도네시아의 여성 신학자 마리안느 카토포는 이 점을 분명히 표현했다. 그에게 마리아의 처녀성은 자신이 "해방된 인간 존재임을, 즉 — 다른 어떤 인간에게도 예속되지 않고 — 자유롭게 하느님께 봉사할 수 있는 인간임을"[15] 의미한다. 자기 자신과 하느님에 대한 참된 관계 속에 처녀성은 존재한다. 그것은 "심리적, 혹은 외적인 사실이 아니라 내적인 태도이다."[16] 한 여성이 (가부장주의적 규정이나 규범들에 따라서가 아니라) 참으로 자신이 누구이고, 이 우주 속에서 자신의 존재가 무엇을 의미하는지에 대한 자기 스스로의 이해에 따라 자신을 정의할 때 그는 처녀이다. 즉, "성 경험과 출산, 나이를 먹음에도 불구하고"[17] 그의 처녀성은 유지되는 것이다. 실제로 그의 처녀성, 즉 스스로를 정의하는 능력은 삶의 경험이 넓고 풍부해짐에 따라 성장한다.

처녀는 "여성의 자율성의 상징이다."[18] 일차적으로 처녀는 "성 관계를 갖지 않은 여성"이 아니라 예속된 삶을 살지 않는 여성, 남성의 "딸/아내/어머니"로 규정된 삶을 살지 않는 여성을 의미한다.[19] 처녀란 "자신 안에서 완전한 인간으로 통전성을 향해 성숙해 가는 여성, 다른 사람들에게 열려져 있는 여성"[20]이다.

한국의 여성 신학자, 한국염은 처녀성의 의미를 한 단계 더 발전시킨다. 또 다른 한국의 여성 신학자인 박순경을 인용하면서 그는 예수의 동정녀 마리아 탄생은 새로운 인간의 탄생이라는 중대한 사건에 "남성이 배제됨"을 의미한다고 주장한다.

---

15. Maianne Katoppo, *Compassionate and Free*, 21.   16. 앞글, 20.

17. 앞글.   18. 앞글.   19. 앞글.   20. 앞글.

예수의 출생에 남성의 역할이 배제된 것은 새로운 인간상, 새로운 구원의 세계는 가부장적 질서를 통해 유지될 수 없음을 의미한다. 인류를 구원하는 메시아는 가부장적 가치관이나 가부장적 질서와는 아무 상관이 없고, 전적으로 새로운 인간상의 탄생이다.[21]

그렇다면 동정녀 탄생은 가부장적 질서의 종말을 예고하는 서곡이다. 그것은 여성들에 대한 남성들의 죄를 심판하는 하느님의 심판의 상징이다. 동정녀 탄생 사건을 통해서 하느님은 남성들이 여성들을 지배하고 억누를 수 없음을 남성들에게 보여 준다. 또한 이 사건은 여성들에게 남성 없이도 구원이 충분히 가능함을 보여 준다. 그러므로 교회가 동정녀 탄생을 인간의 성에 의해 "타락되지" 않은 기적적이고 깨끗한 출생으로 강조하는 것은 "성에 대한 교회의 신경증적인 증상을"[22] 보여 줄 따름이다. 한국의 신학자 한국염은 만일 가부장적인 교회에게 기적적인 동정녀 탄생이 중요하다면 차라리 예수가 여성의 몸에서가 아니라 알에서부터 태어났다고 주장하는 것이 더 설득력이 있을 것이라고 한다.[23] 많은 아시아 여성들에게 마리아의 처녀성은 가부장적 질서에 대한 적극적인 저항의 상징이다. 처녀 마리아는 자신 안에서 완전한 인간 존재이다. 그는 자기 삶을 스스로 정의한다. 가부장적인 규범이 아니라 자신의 경험과 하느님에 대한 믿음에 의해 스스로를 정의함으로써 그는 많은 아시아 여성들에게 완전한 여성과 해방된 인간성의 모범이 되었다.

어머니 마리아: 하느님과 새로운 인간에게 생명을 주는 자

마리아는 가부장적인 질서에 의해 길들여지지 않은 처녀이기 때문에 하느님과 새로운 인간을 낳을 수 있다. 하느님의 새 질서, 구원받은 새 인간성은 지배의 원리에 바탕을 둔 옛 가부장적 질서를 통해 세상에 들어올 수 없

21. Han Kuk Yum, "Mariology as a Base for Feminist Liberation Theology", *Consultation on Asian Women's Theology–1987*, 3.
22. "Summary Statement on Mariology", 1.   23. Han Kuk Yum, 3.

다. 결혼의 굴레를 벗어나서도 아이를 낳겠다는 결심을 통해 가부장적 질서를 공격함으로써 그리고 하느님과 자기 자신을 믿음으로써 마리아는 하느님이 자신의 몸을 통해 태어날 수 있게 했다. 마리아는 알 수 없는 미래를 향해 스스로를 개방함으로써, 하느님을 믿고, 자기 자신을 믿음으로써 통전성을 향해 성숙해 갔다. "이러한 성숙의 과정을 통해 그는 **풍요로워졌으며**, 하느님에게 **생명을 주었다.**"[24]

메시아와 새로운 인간을 탄생시키는 마리아의 행위는 파괴된 인간성을 구원하기 위한 하느님의 계획에 "예"라고 말하는 것으로 시작되었다. 예수와 새로운 인간의 어머니됨을 통해 이처럼 하느님의 계획을 긍정하는 것은 단순히 남성적인 하느님에게 순종하고 복종하는 것이 아니라 마리아 자신 편에서의 의식적인 선택이다. 마리아의 선택은 "이스라엘의 역사 전통과 그의 민족의 역사적 투쟁에 깊이 개입한 한 젊은 유대 여성으로서의"[25] 역사 의식에 바탕을 두고 있다. 마리아는 구원받은 인간성에 대한 자신의 환상으로 인해 두려움과 떨림으로 하느님의 계획에 동참하는 모험을 하게 된다. 마리아는 영웅적인 슈퍼우먼으로서가 아니라 개인적인 안일함으로부터 자신을 이끌어 내는 하느님의 부름에 응답하는 한 보통 여성으로서 그런 모험을 했다. 그는 자신의 선택의 결과가 무엇인지 충분히 알고 있었다: 사회적으로 추방당하거나 아니면 유대 관습에 따라 돌에 맞아 죽을지도 모르는 일이었다. 그러나 마리아는 메시아를 낳기로 결심했고, 그럼으로써 자기 민족의 해방을 가능하게 했다. 이러한 용기있는 행동, 생명의 현실성을 위한 그의 모험은 "하느님과 아들에 대한 믿음을 통해 성숙하고 헌신적인 여성이 되어 가는"[26] 그의 여정의 시작이다.

인도의 신학자 아스트리드 로보(Astrid Lobo)는 자신의 삶 속에서 스스로

---

24. Katoppo, *Compassionate and Free,* 21.

25. "Who is Mary?", *Proceedings: Asian Women's Consultation* (Manila: EATWOT, 1985) 156.

26. Lobo, "Mary and the Woman of Today", 7.

선택하고 싶어하는 한 아시아 여성으로서 수태고지 때의 마리아의 느낌을
아래와 같이 강조했다:

나는 그의 두려움을 느낄 수 있다. 갑자기 그의 세계가 뒤집혀 버린 것이다.
하느님은 그에게 아들을 낳아 달라고 부탁했다. … 그리고 마리아는 "예"라고
말했다. 이것은 그의 전생애를 통해 시험에 처할 때마다 울려퍼졌던 "예"였
다. … 마리아가 선택을 할 때 인간적 조건은 그에게 불리했다. 그는 어쩌면
요셉을 잃을지도 모른다는 사실을 알았을 것이다; 자신이 임신했다는 사실이
알려지면 돌에 맞아 죽을지도 모른다는 것도 알았을 것이다. 만일 우리가 그
의 위치에 있었다면 아마도 상식을 발휘해서 "미안하지만 다른 사람을 찾아
보십시오"라고 말했을 것이다. 우리는 마리아가 결코 잊지 않았던 한 가지 사
실을 자주 잊어버리곤 한다: 부탁하는 쪽은 하느님이라는 것이다. 마리아는
기꺼이 대가를 지불할 준비가 되어 있다. 그러나 세상은 이해할 수 없다. 요
셉도 마찬가지다. 마리아는 혼자 걸어나갈 준비가 되어 있어야만 했다.[27]

예수는 이런 여자, 즉 "자기 자신의 정신과 의지를 가지고 스스로 결정을
내리고, 그 결정을 지켜나갈 줄 아는 해방된, 성숙한 한 여자"[28]의 몸을 통
해 태어났다.

또한 예수는 진공 상태에서 성장한 것이 아니다. 예수는 자기 민족의 해
방의 열망을 몸으로 구현했던 한 어머니의 보살핌과 가르침을 받았다. 아시
아의 여성 신학자들은 마리아가 「마그니피카트」(마리아의 찬가)를 통해 "그
의 아들이 어떤 종류의 메시아가 될지를" 선언했다고 주장한다.[29] 마리아의
환상과 삶은 예수에게 영감을 주었다. 가나의 결혼 잔치에서의 마리아의 행
동(요한 2장)은 "그가 다른 사람들의 필요성에 대해 쉽게 공감할 줄 아는

27. 앞글, 7-8.
28. Nalaan, Navaratnarajah, "Mariology", *Consultation on Asian Women's Theology–1987*, 1.
29. "Summary Statement in Mariology", 1.

민감성을 지녔음"을 보여 주는데 "흔히 남성들, 특히 권력을 잡은 남성들은 그런 능력을 결여하고 있다."[30] 아시아 여성들은 예수 성장의 결정적인 시기에 마리아가 자신의 인간성을 예수에게 비춰 줌으로써 모범적인 인간이 되었다고 생각한다. "그의 어머니와의 직접적인 경험을 통해"[31] 예수는 하느님에 대한 어머니의 믿음과 역사 의식, 자기 민족을 향한 헌신에 깊은 감동을 받았다. 아시아 여성들은 예수에 대한 마리아의 가르침을 "**자비로운 정의**"(Conpassionate Justice)라고 부른다:

> 예수가 눈먼 자를 보게 하고, 병든 자를 고쳐 주며, 죄인들과 함께 식사할 때 보여 준 것은 바로 (마리아의) 그의 개방성과 수용성이었다. 예수가 가난한 자들의 비천하고 억눌린 삶을 함께 나누었을 때 보여 준 것은 가난한 자들과 함께하는 마리아의 연대성이었다. 마리아가 스스로 살아 나갈 수 없는 사람들을 향해 도움의 손길을 뻗쳤듯이 예수도 **자비로운 정의**를 통해 인간의 선을 왜곡된 율법의 독재보다 우위에 놓았다. 예수가 그가 깨달은 아버지의 뜻에 충성을 바쳐서 십자가라는 결과를 받아들였듯이(요한 2,1-12) 마리아도 자기 생애의 가장 어두웠던 시기에 예수와 함께 그 십자가를 졌다. 그러므로 만일 성서의 그리스도상이 그를 새로운 인간성의 모형으로 보여 준다면 마리아는 바로 그 그리스도의 모형이었다고 말하는 것이 그다지 틀린 말은 아닐 것이다.[32]

그러나 마리아가 늘 그의 아들을 이해할 수 있었던 것은 아니다. 마리아는 그의 아들에게 거부당하기도 했다. 예수가 열두 살 되던 해, 그는 근심에 싸여 자기를 찾는 어머니에게 무뚝뚝하게 이렇게 말한다: "왜 나를 찾으셨습니까? 나는 내 아버지의 집에 있어야 할 줄을 모르셨습니까?" 성장한 예수는 드러내 놓고 자기 어머니와의 관계를 부인한다: "누가 내 어머니란 말

---

30. "Who is Mary?", 156.   31. 앞글, 155.

32. 앞글. 강조 표시는 내가 한 것이다.

입니까?" 아마도 마리아는 상처를 받고 창피하게 여겼을 것이다. "그러나 마리아는 예수가 자유롭게 자기 자신으로 설 수 있도록 허락한다."[33] 마리아는 메시아를 낳기로 한 자신의 결단 때문에 일생 동안 고통을 겪는다. 그는 혼외 임신으로 인해 사람들로부터 손가락질받고 쫓겨나는 것도 견뎌냈고, 나중에는 아들의 죽음까지도 견뎌냈다. 아들이 십자가에 못박히는 자리에도 마리아는 있었다. 많은 아시아 여성들은 "정의와 사랑을 위한 행동 때문에 자식들이 학살당하고, 정치범으로 끌려가는 모습을 지켜보며 고통스러워하는 오늘날의 어머니들"과[34] 마리아를 동일시한다.

그러나 마리아가 겪었던 그 큰 고난과 고통도 그의 정신과 하느님에 대한 믿음을 무너뜨리지 못했다. 그는 희생자로 남기를 거부했다. 마리아는 나이 많은 여자로서 예수의 제자들, 추종자들과 함께 머물면서 자기 아들의 죽음 이후에 무너져 나가는 그들의 꿈을 다시 일깨워 주고, 그들을 위로했다. 아시아 여성들은 마리아를 "교회의 어머니"라고, 즉 "위계질서적인 지배가 아니라 올바른 관계에 바탕을 둔"[35] 교회의 어머니라고 부른다. 그들은 늙은 마리아를 고난과 꺾일 줄 모르는 희망을 통해 새로운 인간과 새로운 공동체를 탄생시킨 지혜롭고 강한 여성으로 그린다:

> 다른 여자들과 함께 십자가 아래 서 있던 여자, 오순절 사건 때 공동체와 함께 있었던 이 여자(마리아)는 늙은 여자이며, 지혜롭고 강한 여자이다. 그는 ― 변혁을 위한 삶에 헌신한 끝에 ― 아들을 잃고 하느님과 함께 고통스러워한다. 그가 바로 성령으로 메시아를 낳은 여자이며, 성령이 교회를 탄생시킬 수 있게 한 여자이다. 그리하여 요한 마르코의 어머니 마리아의 집에서 이 마리아는 새로운 공동체의 어머니가 된다.[36]

---

33. Lobo, "Mary and the Women of Today", 11.
34. Anrora Zambrano, "Mariology", *Consultation on Asian Women's Theology–1987*, 6.
35. "Summary Statement on Mariology", 2.　　　36. 앞글, 2.

예수의 어머니가 되기로 한 마리아의 개인적인 선택은 자유와 통전성을 향한 새로운 공동체의 기초를 놓는 일과 관련된 정치적인 선택이기도 했다. 그의 "개인적인" 어머니됨은 고난과 희망, 혁명적인 행동을 통해 "사회적인" 어머니됨으로 이어졌다.

자매로서의 마리아: 다른 여성들, 피억압자들과 연대하는 여성

아시아의 여성 신학자들은 그들의 글에서 마리아와 다른 여성들과의 연대성을 강조한다. 이들은 마리아가 엘리사벳을 방문한 것은 같은 상황에 있는 다른 여성들과의 연대를 보여 주며 새로운 장을 여는 발전이라고 생각한다. 엘리사벳은 생물학적으로 임신 가능한 시기가 지난 다음에 임신했기 때문에 그 역시 스캔들에 휘말릴 소지가 있었다. 마리아와 엘리사벳은 성령의 활동에 자신들의 전존재를 개방한 용감한 이스라엘의 여성들로서 서로를 잘 이해할 수 있었다. 이들은 이스라엘의 구원에 대한 헌신 때문에 전통적인 삶의 안전성이 위협당하는 모험을 하면서 새로운 길을 가는 두 자매들이다.

마리아는 엘리사벳의 집에서 안식처를 찾는다. "그들은 서로에게 위로가 되었으며, 서로의 믿음을 일깨워 주는 원천이 되었다."[37] 새로운 장을 열어가는 믿음과 헌신에 가득 찬 여성들이 자매애를 통해 서로의 사명을 깨닫게 될 때 소외와 허무의 공포를 극복하게 된다. 서로를 지원함으로써 그들 자신의 두려움을 극복할 때 더 큰 걸음을 내디딜 수 있게 되며, 인간으로서의 존엄성과 능력을 주장하기 위해 투쟁하는 모든 사람들과 연대할 수 있도록 그들의 마음이 열리게 된다. 한국의 신학자 한국염은 그의 픽션화된 마리아론에서 이 점을 서술했다:

> 나(마리아)는 사람들의 눈에 띄기가 두려웠고, 요셉을 보는 것마저도 두려웠다. 그러나 엘리사벳을 만나자마자 그런 두려움이 온데간데없이 사라져 버렸

---

37. Ruth Ong, "A Woman of Faith and Hope", *Consultation on Asian Women's Theology–1987*, 3.

다. 엘리사벳은 나를 보자마자 "주님의 어머니께서 나를 찾아주시다니 어찌된 일입니까?" "주님께서 약속하신 말씀이 꼭 이루어지리라 믿으셨으니 정녕 복되십니다"라고 소리쳤다. 이것은 영적인 교통이라고 말할 수 있을 것이다. 엘리사벳의 이 말은 나를 깊이 감동시켰다. 나는 같은 길을 걷는 사람으로부터 얼마나 많은 이해와 용기를 얻을 수 있는지 깨닫게 되었다. 이것이야말로 자매애가 아니겠는가.

이처럼 서로를 돌보아 주고 서로를 지원해 주는 자매애는 하느님이 이루시는 사회적·제도적 변화를 일으키는 데 매우 중요하다. 어떤 과제를 이루기 위해서는 엘리사벳과 내가 연대했던 것처럼 비슷한 생각을 가진 사람들끼리 뭉쳐야 한다. 그러므로 연대성은 공동체를 이루고 풍부하게 하는 데 아주 중요한 요소이다. 그렇지만 연대성이나 자매애는 저절로 생겨나는 것이 아니다. 성령의 감동을 받은 엘리사벳이 내 처지를 알 수 있었던 것처럼 자매애는 성령의 활동을 통해 생겨난다. 하느님의 은혜로 아기를 가졌던 엘리사벳처럼 같은 처지에 있는 사람들은 동정의 끈으로 묶일 수 있고, 또 묶여야 한다. 이런 의미에서 나는 모든 사람들과 특히 새로운 가능성에 도전하는 여성들과 연대하고 싶다. 여성이 여성들의 고난과 고통을 알기 때문이다.[38]

마리아는 같은 투쟁의 대열에 있는 한 자매의 선언을 통해 두려움을 극복하게 되었을 때 진리를 말할 수 있는 용기도 다시 얻었다. 마리아는 혁명의 노래, 「마그니피카트」(루가 1,46-55)를 부른다. 그는 이스라엘의 또 다른 강한 여인인 한나의 말을 빌려 피억압자들의 해방을 향한 자신의 갈망을 표현한다. 마리아는 이스라엘의 강인한 여성들의 유산과 지혜에 깊이 의식의 뿌리를 내린 한 여성으로서 자신의 능력과 역사를 선언한다. 마리아는 행동을 취함으로써, 성령의 활동에 의해 임신을 하고, "한나의 말을 빌려 현 가부장적 체제의 완전한 변화"를[39] 예언함으로써 선조 할머니 한나의 잊혀졌던

---

38. Han Kuk Yum, 2.   39. "Summary Statement on Mariology", 2.

힘이 다시 살아나게 한다. 마리아는 그의 선조 할머니를 재발견하고, 자기 시대의 피억압자들을 위한 정의를 선언함으로써 수직적으로, 수평적으로 관계를 맺는다. 「마리아의 찬가」는 "한나처럼 오랜 불임의 세월 뒤에 임신하게 된 늙은 여인, 엘리사벳 앞에서"[40] 불려졌다. 엘리사벳은 「마리아의 찬가」의 첫번째 청중이 된 것이다. 이것은 중요한 한 가지 진리를 말해 준다: 여성들은 혁명을 꿈꾸고, 자신들의 생명력을 축하하기 위해서 동료 여성들의 존재와 확인을 필요로 한다는 것이다.

---

40. 앞글, 2.

참된 제자직의 모범으로서의 마리아

아시아 여성들은 마리아를 통해 참된 제자직의 의미를 발견한다. "너무나 오랜 동안 마리아는 우리에게 '처녀', 또는 '어머니'로만 묘사되었고, '제자'로 그려진 적은 별로 없었다"[41]고 버지니아 파벨라는 말한다. 파벨라는 마리아의 위대성이 예수의 어머니됨만으로 한정될 수 없다고 강조한다. 만일 "제자가 어떤 사람의 가르침을 받아들이고 전파하는 사람"을 뜻한다면 마리아는 하느님에 대한 그의 믿음과 행동 때문에 "최초의 모범적인 제자"라고 보아야 한다. 젊은 처녀 마리아는 "수태고지 때 성령의 도전을 받아들였고, 하느님의 말씀을 마음 속에 두고 용기와 단호한 결의로 거기에 응답했다." 그는 "이웃들에게 기꺼이 봉사할 준비가 되어 있었으며, 오순절 사건 때 다른 제자들과 함께 기도를 계속하면서 예언과 정의의 영으로 가득 차 있었다."[42] 그렇다면 마리아는 단순히 생물학적으로 예수의 어머니인 것만이 아니다. 그는 믿음으로 살아가며, 믿음의 공동체, 최초의 그리스도교 교회를 세웠던 참된 제자의 모형이기도 했다. 마리아는 새로운 신앙 공동체의 어머니로서, "하느님의 말씀을 듣고 그것을 실천에 옮긴 여성으로서"[43] 자기 위치를 얻었다. 그는 한 유명한 사람의 어머니이기 때문이 아니라 "믿음의 응답을 하는 것이 얼마나 불확실하고 외로운지" 그 의미를 아는 사람이기 때문에 공동체로부터 존경을 받았다. 그는 절망 가운데 있는 다른 신자들을 위로하고, 공동체의 영을 고양시킴으로써 공동체를 북돋우는 사제적인 능력을 가지고 있었다.

마지막 순간에 예수가 그의 제자에게 마리아를 가리켜 "네 어머니시다"라고 말한 것은 단순히 늙은 어머니를 돌보아 달라고 부탁하는 것이 아니다.

---

41. Virginia Fabella, "Mission of Women in the Church in Asia: Role and Position", *IGI* (December 1985) 82.

42. 앞글.   43. Lobo, "Mary and the Women of Today", 11.

그 말은 "바로 이 사람들이 내 어머니이며, 내 형제들이다. 하늘에 계신 아버지의 뜻을 실천하는 사람이면 누구나 다 내 형제요 자매요 어머니이다" (마태 12,49-50)라고 한 그의 가르침의 맥락에서 이해되어야 한다. 예수는 제자들의 가족의 머리로서 마리아의 힘과 능력을 확인해 준 것이다.

제자로서 마리아의 힘은 예민하고 굴할 줄 모르는 그의 정신에 있다. 이것이 마리아로 하여금 하느님과 억눌린 사람들의 요구에 민감할 수 있게 했고, 어떤 상황 속에서도 희생자로 남기를 거부할 수 있게 했다. 하느님의 영에 대한 그의 수용성은 결코 "무력함이나 수동성을 의미하지 않는다. 오히려 그것은 다른 어떤 인간이나 인간의 법에 예속되지 않고 자유롭게 하느님을 섬길 수 있는 완전히 해방된 인간의 창조적인 순종이다."[44] 이 수용성이 예언자적인 환상과 하느님의 혁명적 행동, 억눌린 사람들을 향한 공감에로 그의 온 삶을 열게 했다. 그는 "자비롭고 자유로워서 그 시대의 고통을 느끼며, 그것을 변화시키기 위해 행동한다."[45] 마리아는 참된 종됨의 의미를 드러내 준다.[46] 마리아는 하느님과 민중을 섬기는 것의 의미를 알며, 종됨에 대한 그의 이해는 그리스도교 교회의 기초가 되었다.

그런데 아시아 여성들은 마리아가 "가부장주의가 아니라 하느님께"[47] 종이 되었다는 점을 분명히한다. 이러한 종됨은 힘있는 자에 대한 수동적인 굴종이 아니라 분별하고 모험을 감수하며 해방을 위해 저항하는 철저한 제자됨이다. 이러한 마리아의 철저한 종됨은 1987년 필리핀의 마르코스 정권을 무너뜨린 "민중의 힘"에서도 나타났다. 필리핀의 한 수녀였던 마파는 필리핀 사람들이 그들의 믿음을 지켜나가고 힘을 얻기 위해서 전체 시위 기간 동안 거대한 마리아 그림과 상을 지고 다녔던 것을 목격했다.[48]

한국의 그리스도교 여성들 역시 마리아의 굴할 줄 모르는 정신에서 하느

---

44. "Who is Mary?", 155.
45. Katoppo, *Compassionate and Free*, 23.
46. Han Kuk Yum, 4.
47. 앞글, 5.
48. 1989년 2월 8일 보스톤의 Women's Theological Center에서 있었던 Loretto-Eugenia Mapa와 필자와의 면담.

님과 해방의 제자로서의 그의 힘을 발견한다. 그것이 마리아로 하여금 개인적인 고통을 딛고서 새로운 신자들의 공동체를 세울 수 있게 했던 것이다. 한국염은 민주화를 위한 한국의 어머니들의 투쟁과 새로운 교회 공동체를 세운 마리아의 역할에서 비슷한 점을 발견했다.[49] 많은 한국의 어머니들은 체포되고 구금당하며, 고문당하는 자식들을 보호하기 위해서 투쟁의 대열 선두에 섰다. 그러나 투쟁의 과정을 통해서 그들은 만연된 불의와 군사 독재, 미국의 대외 정책의 악함을 스스로 깨닫게 되었다. 그들은 한국의 민주화와 통일이 정의롭고 안전한 사회를 건설하기 위한 토대라는 사실을 깨달았다. 그래서 이제 이 어머니들은 자식들의 안전을 위해서만이 아니라 나라의 운명을 걱정하는 책임있는 한국인으로서 올바른 의식을 가지고 통일과 민주화를 위한 투쟁의 대열에 함께하고 있다.

이 한국의 어머니들처럼 마리아는 그 자신의 고통과 고난을 통해서 다른 사람들에게 용기를 북돋아 주었으며, 정의와 평등, 평화가 지배하는 새로운 인류 공동체를 건설하기 위해 그러한 고통과 고난을 활용했다. 마리아의 제자됨은 역사 속에서 고통과 고난을 겪으면서도 희망을 잃지 않고 능력의 공동체를 건설하려고 노력하는 모든 그리스도인들에게 모범이 되었다.

---

49. **Han Kuk Yum**, 7 참조.

인류의 구원을 위한 공동의 구원자로서의 마리아

몇몇 아시아 여성들은 그리스도교 전통 속에서 마리아는 예수 그리스도와 함께한 공동의 구원자로 인류의 구원을 위한 그 역할이 정확하게 인식되어야 한다고 생각한다. 이런 주장에는 대체로 두 가지 부류가 있다. 하나는 마리아가 인류의 해방과 구원을 위한 모범의 역할을 한 구원의 협력자였다고 보는 것이고, 다른 하나는 마리아를 인류의 구원을 위한 조력자, 중재자로 보는 것이다.

첫째 입장은 메이 링 쳉이 분명하게 표현했다. 쳉에 따르면 마리아는 자유로운 자기 선택에 의해 구원의 협력자가 되었다. 맨 먼저 마리아는 구원의 역사 속에 "협력자"로 자신을 부르는 하느님의 부름을 받아들임으로써 스스로 구원받았다. 다음에 그는 우리들 자신의 구원에 우리가 협력해야 할 책임을 보여 줌으로써 구원을 위한 "우리의 모형과 모범"이 되었다.[50] 구원을 이루기 위해서는 마리아처럼 자유롭게 우리들 자신의 구원을 받아들여야 한다. 마리아는 우리의 협력 없이는 인류의 구원이 불가능함을 보여 준다.

두번째 입장은 필리핀의 마파에 의해 표현되었다. 마파는 "필리핀 여성들의 영성은 마리아를 중요한 구심점으로 삼기 때문에 때로는 예수 그리스도의 중심성이 흐려질 정도이다"[51]라고 말했다. 필리핀 여성들은 마리아 없이 혼자서는 예수가 세상을 구원할 수 없었을 것이라고 생각한다. "왜냐하면 그는 어머니를 필요로 했기 때문"[52]이다. 마파는 이러한 태도의 기원을 그리스도교 이전 필리핀의 토착 모계 사회 문화에까지 소급시킨다. 그에 따르면 식민지 시대 이전 문화에서는 어머니들과 할머니들이 필리핀 남성, 여성들

---

50. Emily Mei Ling Cheng, "Mariology", *Consultation on Asian Women's Theology–1987*, 5.

51. 1989년 2월 8일 보스톤의 Women's Theological Center에서 있었던 Loretto-Eugenia Mapa와 필자와의 면담.

52. 앞글.

로부터 많은 존경을 받았다고 한다. 이것은 오늘날 필리핀 사람들도 마찬가지라고 한다. 성인 남자들도 그들 생애에서 중요한 결정을 내려야 할 때에는 보통 자기 어머니들의 의견과 도움을 요청한다. 그래서 필리핀 사람들에게 마리아는 구원을 향한 그들의 여정 속에서 진실로 그들을 도와 줄 수 있는 어머니로 여겨졌다. 필리핀 사람들은 특히 "검은 마돈나"를 예배한다. 마파는 많은 사람들이 검은 피부의 마돈나를 숭배하는데 이것은 식민자들의 백인 마리아를 민중들이 그들 자신의 상황에 따라 변형시킨 것이라고 본다. 검은 마돈나는 식민주의에 대한 필리핀인들의 무의식적인 저항이며, 자기 존엄성에 대한 긍정이라고 보아야 한다. 마파에 의하면 이 마리아는 가난한 자들의 어머니가 되었고, 겸손하게 민중들과 함께 일하며, 해방을 위한 투쟁에로 민중들을 이끈다. 그는 곧 성서의 **아나빔**(*anawim*)의 형상이다. 성상 위의 거룩한 숙녀가 내려와서 남루한 옷을 입고 가난한 자들 가운데 한 사람이 되어 그들에게 힘을 준다. 마파는 "필리핀 사람들의 영성은 예수의 마음과 마리아의 마음이 하나됨으로 특징지을 수 있다"고 주장한다. 마리아와 예수는 공동의 구원자들로서 필리핀의 해방을 위해 함께 일한다.

요약해서 말하자면 아시아 여성들에게 마리아는 그들 공동체 안에서 새로운 인간성의 탄생을 상징하며, 교회와 사회 속의 가부장주의에 대항하여 싸워 나가는 그들의 삶 속에서 하느님의 현존을 상징한다. 다음 장에서는 아시아 여성들의 영적인 삶에서 이것이 무엇을 의미하는지 살펴볼 것이다.

떠오르는 아시아 여성들의 영성

이 세상에 "세계를 얻을" 능력과 권리가 없는 사람은 없다. 그러므로 만일 여성들이 평등을 얻으려고 한다면 먼저 개인들로서 스스로의 힘을 길러야 한다. …

첫째로 아파서는 안된다. 건강이 가장 중요하다. 건강을 돌보고 너 자신을 잘 보살펴라.

둘째로 늘 즐거워해야 한다. … 매일매일 의미있는 일을 하고, 공부하며 다른 사람들을 위해 우리의 일부를 헌신해야 한다. 빈둥거리는 것은 우리 삶을 공허하고 지루하며 힘들게 할 뿐이다.

셋째로 머리를 쓰는 습관을 길러야 한다. 깊이 생각하기를 싫어하고 늘 무리를 따르고 싶어하는 습관을 버려라. 무엇을 말하고, 무슨 행동을 할지 곰곰히 생각해 보라.

넷째로 끝까지 밀어붙이는 결의를 지녀야 한다. … 강한 열망 없이는 탐욕에 저항할 수도 없고, 안락함의 노예가 되는 것을 피할 길도 없다. 자기만이 아니라 온 인류를 위해 일하는 사람들만이 그런 강한 열망을 가질 수 있다.[1]

---

1. Ting Ling의 제목이 없는 시, O'Grady, 46쪽. Ting Ling은 중국 사람이다. 처음에는 외견상 개인주의적으로 보이는 이 시의 관점 때문에 인용하기를 주저했으나 중국이 구조적인 변화를 겪고 있던 구체적이고 역사적인 상황을 배경으로 이 시가 씌어졌기 때문에 나중에 마음을 바꾸어 인용하기로 했다.

떠오르는 아시아 여성들의 영성은 무엇인가? 아시아 여성들은 완전한 인간성을 향한 그들의 투쟁 속에서 "특별히 여성적이며, 특수하게 아시아적인 영성을"[2] 탄생시키고 있다. 새로운 아시아 여성들의 신학을 표현하기 위해 1987년 싱가포르에서 아시아 여성들이 모였을 때 그들은 아시아 여성들의 영성에 대해 이렇게 기술했다:

> 신앙의 경험은 하느님과 이웃에 대한 우리의 관계 속에서 우리의 사고 과정과 행동 유형을 결정짓는 신념들과 확신들에 바탕을 둔다. 영성이란 매일매일의 삶의 경험을 통해서 자신의 신앙을 구체화하는 한 인간의 통전적인 전체이다. 아시아 여성들의 영성은 구체적인 역사적 현실, 즉 가난과 억압, 고난의 현실에로 그들의 영혼을 일깨우는 것이다. 그것은 성령의 움직임에 의해 인간의 존엄성과 자유, 새로운 사랑의 삶을 향한 도전에 영혼이 응답하고 헌신하는 것이다.[3]

이 아시아 여성들은 영성에 대한 그들 자신의 이해를 가짐으로써 그들이 제도 교회나 전통 종교들로부터 물려받은 옛 영성 개념들에 도전한다. 이들은 전통적인 영성이 "개인주의적이며 세상으로부터 동떨어져 있다"[4]고 주장한다. 그것은 "구원을 얻기 위한 개인의 내적인 삶의 완성"에[5] 지나치게 집착한다. 이러한 종류의 영성은 "개인의 기도생활이나 금욕주의적인 태도"[6]에 한정되고 만다.

이처럼 "세상으로부터 동떨어진" 영성은 주로 "세상이나 세상사로부터 멀

---

2. Mary John Mananzan & Lee Sun Ai, "Emerging Spirituality of Asian Women", Fabella & Oduyoye, 79.
3. "Women's Spirituality–Workshop Report", *Consultation on Asian Women's Theology–1987*, 1.
4. 앞글.   5. 앞글.
6. Mary John Mananzan, "Emerging Spirituality of Women: The Asian Experience", *Essays on Women*, 149.

리 '떨어져' 있다고 여겨지는 신비주의자들, 수도사들, 사제들, 종교가들에 의해"[7] 실천될 수밖에 없었다. 아시아 여성들은 영성에 대한 이러한 엘리트주의적인 접근(대체로 이것은 기도와 명상의 생활을 할 수 있도록 하느님의 선택을 받은 사람들만이 영성을 얻을 수 있다는 가정에 기초하고 있다) 때문에 보통 사람들은 영성을 추구하는 데 수동적이 되어 버렸다고 생각한다.

아시아 여성들은 이 낡은 영성 개념을 거부하고, 그들에게 힘을 주는 새로운 영성 이해를 발전시켰다. 이들은 자신들의 새로운 영성은 "통전적이며, 활달하고, 공동체 지향적이며, 적극적이고 모든 것을 포괄한다"[8]고 주장한다. 이러한 새로운 영성은 아시아 여성들의 구체적인 삶의 경험들로부터 생겨난다. 필리핀의 마난잔은 이 영성을 "창자에서부터 우러나는 경험"[9]이라고 부른다. 그는 여성들의 "내면의 중심", "가운데", "마음"으로부터[10] 우러나는 영성을 말하려고 하는 것이다. 마난잔은 "여성들은 많은 것들을 경험하지만 개인적인 차원에서나 사회적인 차원에서나 그들을 가장 깊이 감동시키는 것은 여성으로서의 그들의 경험"[11]이라고 주장한다. 창자에서부터 우러나는 아시아 여성들의 경험으로부터 아시아 여성들의 특수한 영성이 형성된다. 아시아 여성들의 영성이 형성되는 과정에서 우리는 세 가지 계기들을 볼 수 있다. 그러나 이 세 가지 계기들은 순서대로 하나씩 이루어지는 발전 단계들이 아니다. 그것들은 아시아 여성들이 영성을 이루어 가며 덩실덩실 추는 춤의 세 가지 다른 박자라고 할 수 있다. 살아 있는 영성의 형성은 태어나고, 죽고, 다시 태어나고 하는 지속적인 과정이다. 이제 아시아 여성들의 영적인 성장의 이 세 박자를 자세히 살펴볼 것이다.

---

7. Stella Faria, "Feminist Spirituality: Emerging Trends", *Consultation on Asian Women's Theology–1987,* 1.

8. "Women's Spirituality–Workshop Report", 1.

9. Mary John Mananzan, *Essays on Women,* 150.

10. 앞글, 149-50.   11. 앞글, 150.

아시아 여성들의 영성 형성

막다른 골목: 살아 있는 죽음

아시아 여성들의 영성은 막다른 골목과도 같은 현실에서부터 시작된다. 이러한 곤경은 경제·정치·문화·심리적 억압의 경험에 의해 생겨난다. 인도의 스텔라 파리아(Stella Faria)는 아시아의 여성 해방적 영성은 "고통과 빈곤, 억압과 주변화라는 막다른 상황을 통해 어느새인지 모르게 생겨난다"[12]고 주장했다. 마난잔은 이러한 막다른 상황을 아래와 같이 서술했다:

> 여성으로서 우리는 매일매일 일상적으로 차별을 경험한다: 사회가 요구하는 대로 가정에 갇혀서 지내는 주부들의 제한된 경험; 남편에게 맞으면서도 "자식 때문에", 사회적인 질서 때문에, 혹은 남편에 대한 감정적·심리적 의존심 때문에 남편에게서 떠나지 못하는 아내들의 절망감 등. 농업 생산에 눈에 보이지 않게 기여하는 농촌 여성이거나 공장 노동자로서 일하는 도시 여성이거나간에 우리 자매들은 착취당하고, 차별당하며 성적으로 괴롭힘을 당한다. 대중매체와 광고에서 끊임없이 여성에게 가해지는 모욕, 그리고 매춘이나 우편 신부 알선에 의해 우리 자매들이 끔찍하게 유린당하고 있다는 사실도 우리는 알고 있다.[13]

아시아 여성들은 이런 상황에 스스로 "눌려 있다"고 느낀다. 그들의 삶은 그들이 추구하는 완전한 인간성에로 성장해 갈 수 없다. 이러한 막다른 감정은 아시아 여성들로 하여금 자기 자신을 미워하고 부끄러워하게 만든다. 그들 각자가 처한 문화와 사회의 규범들과 권력 구조는 그들로 하여금 스스로를 마치 울에 갇힌 짐승처럼 느끼게 만든다. 아시아 여성들은 도움과 안

---

12. Faria, 3-4. 13. Mananzan, *Essays on Women,* 150.

정을 찾을 곳을 모르기 때문에 깊은 절망감을 느낀다. 끝없는 가난과 정치적 억압, 전쟁, 여성 혐오는 아시아 여성들에게 깊은 절망감을 가져다 준다.

외적인 억압 구조로 인해 야기된 막다른 경험말고도 때때로 아시아 여성들은 그들의 내적인 삶에서도 혼돈을 경험한다. 마난잔은 이것을 여성의 삶의 위기에 더욱 끔찍해지는 "각자의 지옥"(private hells)이라고 부른다. 모든 여성들의 삶은 이 각자의 지옥의 "고통과 아픔"으로 인해 어려움을 겪는다. 마난잔은 "우리는 이 각자의 지옥으로부터 승리해서 내적인 해방을 얻거나 아니면 우리 존재의 깊은 곳에 치명적인 상처를 입고 분노와 복수심에 차서 살아가게 된다"[14]고 생각한다.

아시아 여성들은 이 막다른 상황과 각자의 지옥으로부터 자유와 통전성의 세계로 인도될 출구를 찾아 외치며 투쟁한다. 그들은 자신들을 막다른 상황과 각자의 지옥에 가두어 두려는 온갖 형태의 억압적 폭력에 대항해서 싸운다. 아시아 여성들은 자신에 대한 폭력과 침묵의 폭력을 거두어들이고, 참된 자아를 주장하기 시작하며, 폭력적인 체제를 유지하는 데 스스로도 일조했다는 책임을 인정하기 시작했다. 이제 그들은 침묵을 거부하기 시작했다.

생명을 위한 선택: 참된 자아의 발견

수원지로부터 망망대해까지 끊임없이 흘러가는 강물처럼 아시아 여성들은 생명을 선택하여 곤경을 벗어날 길을 찾는다. 이 과정에는 정직하게 자신의 삶에 대해 책임을 지고, 자신의 삶을 다스리는 것이 포함된다. 아시아 여성들은 아담과 마찬가지로 이브도 타락에 대해 책임이 있다고 생각한다. 그리고 "하느님 나라에 들어가려면" 아담과 마찬가지로 이브도 "회개하고 돌아설 필요가 있다."[15] 아시아 여성들은 신분이나 계급 제도에 의해 아시아에서 벌어지고 있는 "여성들에 의한 여성들의 억압"에 대해 매우 비판적이다. 가령 집안에서 다른 여성들을 하녀로 부리는 것이 한 예이다. 또한 그들은 명

---

14. 앞글, 151.　　　　　　15. Mananzan & Lee, Fabella and Oduyoye, 79.

목상으로만 이루어질 여성 해방의 유혹을 뿌리치려고 한다. 그들은 그것이 모든 여성들의 해방에 도움을 주지 못한다고 본다:

> 사회의 전체 구조와 형태를 그대로 존속시키는 대가로 특정 여성들에게만 평등과 동시에 특권적 신분이 보장된다. 그러나 "이 특권적 여성들"은 대안적 여성 해방 이념이 제시하는 인간 관계와 공동체의 새로운 비전을 지향하지 않는다. 그러므로 그들은 갱신에 도움이 되지 않는다. 오히려 그들은 낡은 개인주의적 삶의 형태를 흉내내며, 자신의 영광을 위해 끊임없이 경쟁한다.[16]

아시아 여성들은 자신들을 사회적으로 열등한 위치에 매어놓는 체제가 제공한 안정이 거짓된 것임을 깨닫기 시작하면서 동시에 자신들의 정체성과 힘도 깨닫기 시작한다. 아시아 여성들이 "자신들도 죄에 대해 책임이 있음을 솔직히 인정하고, 동시에 놀라운 일들과 기적을 일으키는 하느님의 은총에 대해 희망과 믿음을 가진다면" 그것이 아시아 여성들의 새로운 영성의 기초가 되고, 그 영성은 "그들이 행동하고 반성할 수 있는 동기를 부여한다."[17]

스스로에 대해 완전히 책임을 지고, 자신의 정체성을 발견하고 주장하는 것은 완전한 성인으로 성장하는 것을 의미한다. 버마 여성인 메리 던은 당당한 한 여성으로서 자신의 의식이 깨는 데 대해 다음과 같이 기술하고 있다:

> 전에는 우리 버마 여성들이 스스로의 존재를 깨닫지도 못했고, 억압받고 있다는 사실조차 깨닫지 못했다. 그러나 지금은 우리 아시아 자매들과 함께 우리들 하나하나가 존엄성을 지닌 개체라는 사실을 알고 있다. 이제 제일 먼저 내 마음 속에 떠오르는 것은 여성들이 영적으로 성장해야 한다는 것이며, 밑바닥에 밟혀 지내서만은 안된다는 것이다.[18]

---

16. 앞글, 79.　　　　17. 앞글.

18. Mary Dunn, "Emerging Asian Women Spirituality", *Consultation on Asian Women's Theology–1987*, 1.

또 던은 불교적인 버마 문화 전통 속에서 남편은 "아잉-우-나트"[19]라고 한다. 이것은 그 집안의 "주신"(Chief Spirit)을 뜻한다. 아내와 아이들은 그가 일하러 나갈 때와 잠자러 들어갈 때 하루에 두 번씩 그에게 절해야 한다. 버마 여성들은 남편이 자신에게 가혹하게 대하더라도 그를 존경해야만 한다. 문화적 규범이 이러함에도 불구하고 메리 던은 "20년 동안의 결혼생활은 아이를 낳고, 완벽한 가정을 꾸리는 것만으로는 만족할 수 없다는 사실을 내게 가르쳐 주었다"고 한다.

이제 그는 여성들이 "역사 창조에 뛰어들어서" 스스로를 긍정하고 억압에 저항함으로써 미숙함을 극복하고 성숙해져야 한다고 생각한다. 오늘날 완전한 성인 여성이 된다는 것은 "자신이 누구이고 무엇을 할 수 있는지를 스스로 결정하는 여성이 된다는 것을 의미한다. 왜냐하면 그는 자신의 정체성을 발견했기 때문이다."[20]

아시아 여성들은 "스스로의 정체성"을 경험할 때 "내적·외적 노예 상태로부터 내면적인 해방"을[21] 맛본다. 그들은 저항을 통해 그리고 통전된 공동체를 건설해 나감으로써 "자기 인식, 자기 수용, 자기 존중의 발전을 이루고"[22] 해방의 맛을 본다.

뻗어 나가기: 공동체 만들기

"자기 인식, 자기 수용, 자기 존중"을 이룬 여성들은 곤경에 빠져 살아가고 있는 다른 사람들에게 손을 내밀 수 있는 힘이 있다. 아시아 여성들은 새로운 아시아 여성들의 영성이 사람들의 구체적인 삶과 맞닿아 있는 "살아진 신학, 상황신학"이라고 생각한다.[23] 그것은 결코 "관념이 아니라 삶 그 자체"이다. 역사적으로 남성들은 영성의 참 의미에 대해 **추론**했지만 여성들은 정말로 그것을 **살아냈다**. 여성들의 영성은 "대학의 책상"에서나 볼 수

---

19. 앞글.　　　　20. 앞글, 3.

21. Mananzan, *Essays on Women*, 152.　　　　22. 앞글.

23. "Spirituality", *Consultation on Asian Women's Theology–1987*, 1.

있는 추상적인 개념과는 다른 살아 있는 경험이다. 그것은 "부엌에서, 빨래
터에서, 밭에서, 공장에서" 발견할 수 있는 것이다. 그것은 "풀뿌리에서 살
아 있는 신성"이다.[24]

여성들은 매일매일의 삶에서 영성을 **살아내기** 때문에 "다른 사람들을 위
해서 느낄 수 있고, 필요한 사람들을 위해서 선택할 수 있다."[25] 그들은 이
것을 "동정적인(compassionate) 영성"[26]이라고 부른다. 이러한 동정적인 영
성은 "자녀를 낳고 가정을 먹이며 돌보는 여성들의 경험"[27]에서 나온다. 여
성들은 "다른 사람들에게 생명을 주고, 모두가 살도록 하기 위해서"[28] 스스
로를 다른 사람들에게 내어준다. 아시아 여성들은 서구 사회에서 나타나는
"극단적인 개인주의"에 대해 비판적이다. 아시아 여성들의 영성에서는 "나
와 공동체가 하나이다."[29]

인도의 한 가톨릭 여자 평신도가 했던 영적인 여행은 어떻게 아시아 여성
들이 완전한 인간성을 향한 아시아의 투쟁 한가운데서 자신들의 영성을 발
전시켰는지를 생생히 보여 준다. 머시 매튜는 인도 농촌 지역의 밑바닥 사
람들과 함께 일했던 사회사업가였다. 매튜는 독실한 그리스도인으로서 어려
서부터 가난한 사람들을 위한 선교사가 되고 싶어했다. 그러나 선교활동을
위해 수녀원에 들어간 뒤로는 얼마 안 가서 꿈이 깨졌다. 선교사 생활에 대
해서 그동안 자신이 생각해 왔던 것과 실제로 겪은 것 사이에는 커다란 차
이가 있었기 때문이다. 그는 수녀원을 떠나서 자기 스스로 영적인 여행을
하기 시작했다. 매튜는 종교적인 제도의 권위와 규범에서 벗어나 혼자 여행
을 하면서 자신이 경험한 것에 대해서 다음과 같이 기술했다:

> 이 가난에 찌든 사람들에게로 가야겠다는 신기한 욕구가 생기면서 동시에 아
> 무런 선례가 없었기 때문에 의심과 혼란에 빠지기도 했다. 분명하지도 않았

---

24. 앞글.   25. 앞글, 2.

26. Mananzan & Lee, Fabella and Oduyoye, 81.   27. 앞글.

28. 앞글, 82.   29. 앞글.

고, 방향도 알 수 없었다. … 그것은 내 인생의 새 장이 시작되는 것이었다. 한 가지는 아주 분명했다 — 멋진 직업이나 출세를 위해 집으로 돌아가지는 않을 셈이었다. 아무 특권 없는 사람들과 함께해야 한다고 느꼈고, 뭔가 인간적인 일을 하고 싶었다. 그렇지만 어디로, 누구에게로 가야 하고, 무엇을 해야 하는지 알 수 없었다. 불확실했고 나는 혼자였다. 이때 나는 거부당하는 것을 느꼈고, 고립감을 느꼈다. 수많은 갈림길들이 내 앞에 다가왔고, 나는 어디로 가야 할지 몰랐다.[30]

매튜는 이것이 "열렬히 영혼을 찾는 기간"이었다고 말한다. 그는 자신의 신념대로 살아갈 수 있는 곳을 찾기 위해 여러 곳, 여러 조직들을 찾아다녔다. 마지막으로 그가 스스로에 대해 평화를 느끼며 발견했던 곳은 난민 수용소였다. 그는 수용소에서의 경험을 통해 자신의 삶의 방향에 대해 뭔가 분명해지는 것을 느꼈다:

> 인도와 방글라데시의 난민 수용소에서 보냈던 2년간 나는 내 인생에서 가장 많은 경험을 했다. 자신감이 생겼고, 내 인생의 방향에 대해서 뭔가 분명한 그림을 가지게 되었다. 전문적인 사회사업을 하기로 결심했던 것이다.[31]

매튜는 자신감을 갖게 되었을 때 인생의 방향에 대해서 분명한 그림을 그릴 수 있었다. 그 그림은 남이 그려 준 것이 아니라 자신이 그린 것이다. 비전이 더욱 확실해져 갈수록 매튜는 자기 나라의 억눌린 사람들에게 손을 내밀고, 그들과 함께 일할 수 있는 힘을 가지게 되었다. 매튜는 자신의 영적인 성장이 침잠과 행동, 확대라는 세 단계를 통해 이루어졌다고 말한다.
　매튜는 우월한 위치에 있는 사람이 자선을 베푸는 식으로는 결코 가난한 사람들과 함께 일할 수 없다고 잘라 말한다. 또 민중의 삶에 침잠해 들어가

---

30. Mercy Mathew, "The Story of a Continuous Search", *IGI* (April 1985) 10.
31. 앞글.

는 것이 단순히 그들과 함께 사는 것을 뜻하지는 않는다고 말한다. 그것은 스스로 "밑바닥에 내려오는 것"을 뜻한다. 매튜는 자기와 함께 일하고 있는 민중들을 후원해서 가르치고 싶어하는 유혹을 뿌리쳐야만 했다. 대신 그는 "그들의 도움을 구하고", 과거 자신의 지적인 훈련과 함께 묻어 들어온 "거짓 권위"를 버리려고 노력했다. 매튜가 말하는 침잠의 영성이 무엇을 뜻하는지 아래의 글을 보면 알 수 있다:

> 과거 경험과 교육을 받은 배경 때문에 무슨 일이든지 지적인 우월감을 가지고 해결하려는 경향이 내게 있었다. 뭔가 빨리 눈에 보이는 결과가 나타나는 일을 하고 싶은 유혹도 많았다. 따라서 그것은(침잠) 전혀 새로운 문화적 삶으로 들어가는 것을 의미하기도 했다.
>
> 나는 나 자신에게서부터 시작했다. 나를 자세히 들여다보고, 반성하고, 분석하며, 찾고, 듣고, 발견하려고 했다. 내가 그들에게 이래라저래라 할 수 있는 우월한 존재가 아니며, 그들의 소리를 들어야 하고, 그들을 이해해야만 한다는 사실을 끊임없이 스스로에게 상기시켰다. 그것은 그들의 투쟁에 함께 뛰어드는 것을 의미했고, 고통스럽지만 내가 물려받은 많은 유산들을 버리는 것을 의미했다.[32]

매튜는 민중 문화와 민중사가 지니는 힘을 깨닫고, 정부의 착취에 대항한 임업 노동자들을 따라 마을 사람들과 함께 그들의 권리를 위해 행동을 취하고, 조직화하기 시작했다. 당국으로부터 많은 위협이 있었고, 함께 일하던 사람들 중에 배신하는 사람들도 있었다. 그러나 민중들은 투쟁을 계속했다. 매튜는 자신이 두번째 단계인 영적 성장의 어려움을 견뎌낼 수 있었던 것은 "민중들의 힘을 굳게 믿었기" 때문이라고 고백한다. 그는 행동을 통해 민중들의 "확신과 용기가 자라나는 것을" 보았다. 정부와의 투쟁에서 마을 사람

---

32. 앞글, 7.

들이 이기자, 주변 마을 사람들이 조언이나 법적인 정보를 얻기 위해서, 혹은 기쁜 이야기를 나누기 위해서 방문했다.

매튜는 자신의 활동이 절정에 달했을 때 "운동이 너무 빨리 진행되어 왔고", 자신이 "너무나 많은 역할을" 했다는 사실을 깨달았다. 그는 뒤로 물러나기로 결심했다. 공동체의 활동적인 지도자가 되기보다는 자신을 "확대시키기로" 한 것이다: 이것이 영적 성장의 세번째 단계이다. 문맹 퇴치 단체들이나, 법적 훈련, 지도력 훈련 단체들과 민중들을 연결시킴으로써 매튜는 마을 사람들이 공동체의 힘을 기르는 데 필요한 기술과 자신감을 얻을 수 있는 환경을 만들어냈다. 그는 무엇보다도 공동체의 필요에 따라 여러 가지 다른 역할들을 해냈다. 이제 그는 여러 민중 조직과 함께 일하며, 자신의 현재 삶에 대해 기쁨에 차서 이렇게 말한다: "인생이란 정말 살 만한 것이고, 나는 한껏 인생을 살고 있다."[33]

그는 자기 인생의 여정을 계속하고, 끊임없이 묻고, 무언가를 찾아갈 수 있게 해준 것이 그리스도에 대한 믿음이었다고 말한다. 가난하고 억눌린 사람들과 함께한 예수의 삶이 자신에게 끊임없는 영감의 원천이 되었다고 한다. 억눌리고 사람 대접 못 받는 사람들과 함께할 때마다 그는 자신 안에서, 그리고 민중들 속에서 그리스도를 발견했다. 매튜는 자신의 영성에 대해서 아래와 같이 말하는데 그것은 우리가 제대로 의미있는 일을 하려면 "내적인 활동"이 얼마나 절실히 필요한지 보여 준다.

> 그때그때의 필요에 응한다는 것이 나의 기본 철학이다. 나는 **의미있고 참된** 것을 추구한다. 내가 사는 방식은 **삶**과 **존재**하는 것에 중요성을 부여하는 것이다. 이를 위해서는 **내적인 자아**의 진지한 활동이 절실히 필요하다. 다음에는 행동이 뒤따라야 한다. 이것은 개혁이며, 과정이고, 진보이다. 이 여정을 통해서 나는 값있는 일은 반드시 대가가 필요하다는 것을 배웠다.[34]

---

33. 앞글, 9.

34. 앞글, 11. 강조 표시는 내가 한 것이다.

완전한 삶을 추구한 매튜의 여행에는 늘 여성의 영성이 지니는 지혜가 뒤따랐다. 매튜는 가난한 사람들과 함께 일함으로써 자신감을 얻고, 곤경과 혼란을 극복했다. 그리고 나서 그는 모든 사람들이 자신감을 얻고, 인간으로서의 권리와 존엄성을 주장할 수 있는 공동체를 수립할 수 있도록 도왔다.

아시아 여성들의 영성의 특징

아시아 여성들은 새로운 영성의 특징을 몇 가지 지적했다. 그들이 지적한 특별히 "아시아적"이며, "여성적"인 영성의 중요한 특징은 다음과 같다.

구체적이며 전체적이다

아시아 여성들은 자신들의 새로운 영성은 구체적이고 관계적인 현실을 고려한다고 한다. 그것은 여성의 정치·경제적 상황뿐만 아니라 문화·심리적 상황까지도 진지하게 고려하며, "하느님과의 수직적인 관계일 뿐만이 아니라 통전적인 관계이기도 하다." 이 영성은 "기도를 통해서만이 아니라 개인의, 상호간의, 사회 내의 관계적인 경험과 투쟁을 통해서"[35] 형성된다. 그것은 "하느님의 역사"와 민중의 행동이 함께하므로 이루어지는 (출애굽과 같은) 전체적이고 동시에 구체적인 민중의 해방 사건에 기초를 둔다. 그것은 "사회적 상황 안에 있는 한 인간의 전체, 몸과 영혼을 포함한 인간 전체"와 관련된다는 의미에서 전체적이다. 그리고 "불의나 노예제, 착취와 같은 구체적인 악으로부터의 해방이라는 의미에서, 또 땅이나 번영 등과 같은 구체적인 축복을"[36] 문제삼는다는 점에서 구체적이다. 또한 이 영성은 여성들이 매일매일 세상 속에서 몸으로 겪는 경험으로부터 나오기 때문에 정신과 육체 사이의 이원론 같은 것은 없다.

창조적이며 유연하다

아시아 여성들은 교회와 사회의 "가부장적 구조를 깨기"[37] 위해서는 "창조적이며 유연한" 영성이 필요하다고 생각한다. 그들은 놀라운 창조성으로 삶의 끔찍한 곤경에서 벗어났다. 그들은 광야에 길을 만들고, 출구가 없을 때

---

35. Mananzan, *Essays on Women*, 152.   36. 앞글, 151.

37. "Women's Spirituality–Workshop Report", 1.

에는 벽을 뚫는다. 아시아 여성들의 삶은 외부 사회 세력들에 의해 너무나 많이 착취당했기 때문에 길이 보이지 않을 때 길을 뚫어나가기 위해서는 많은 내적인 자원을 필요로 한다.

또한 아시아 여성들의 영성은 유연하다. 억압자의 무자비한 술수 아래서 억압의 희생자들이 살아남을 수 있는 유일한 길은 유연성이다. 이처럼 유연한 영성과 관련해서 보면 "신앙이란 율법주의적으로 순종함으로써 얻는 안정감이 아니라 철저한 개방의 차원이다."[38] 아시아 여성들은 맹목적으로 교회의 가르침을 따르지 않는다. 만일 교회의 가르침이 그들의 삶에 굴레를 씌운다면 그것을 버리고 만다. 한 예가 피임 기구의 사용 문제이다. 필리핀 여성들은 "아내들이여, 남편에게 순종하라"는 바울로의 가르침의 해석에 문제를 제기한다. 특별히 여성의 신체를 잦은 임신의 도구로 이용하고, "결혼에서 남편의 권리"를 위해 매번 여성들이 굴종해야만 할 때 그러한 해석에 대해 문제를 제기한다. 마난잔과 이선애는 필리핀 여성들이 몰래 피임 기구를 사용하는 데 대해 이렇게 말하고 있다:

> 비록 가톨릭 교회는 자연적인 피임 방법을 써야 한다는 주장에서 한 걸음도 물러나 본 적이 없지만 필리핀의 가톨릭 여성 약 90% 정도가 이러한 가톨릭 입장을 따르지 않고 암암리에 다른 형태의 피임 기구를 사용한다. 적지 않은 수의 필리핀 여성들이 셋째나 혹은 넷째 아이를 낳은 다음에는 불임 시술을 한다.[39]

아시아 여성들이 "자신에 대해 더 분명한 상"을 가지게 되고, 교회의 경직된 교리나 도덕주의로 인해 생겨난 "죄책감으로부터 벗어나는 내적인 해방 과정"을 경험할 때 그들은 매일매일의 삶에서 종교적인 가르침들을 더욱 잘 이해하고, 더 창조적이며 유연하게 되어 간다.

---

38. Mananzan & Lee, Fabella and Oduyoye, 87.　　　39. 앞글, 84.

예언자적이며 역사적이다

아시아 여성들의 영성은 "모든 억눌리고 착취당하는 사람들의 정의와 평화"를 추구한다는 점에서 예언자적이다. 이 영성은 "가난한 사람들의 구체적인 삶을 통해 역사 안에 뚫고 들어오며", "세상에 변화를 일으키는"데 가담한다. 혁명의 노래를 불렀던 마리아가 아시아 여성들에게 "영성과 자유의 참된 상징"이 된다.[40]

아시아 여성들은 그들의 영성에 철저한 여성 해방적인 비전을 포함시키기 때문에 그들이 가지는 예언자적 비전은 아시아 남성들의 비전과 다르다. 여성 해방은 모든 인간의 철저한 평등을 촉구한다. 아시아 여성들을 위한 해방의 틀은 "전통적으로 남성들이 공동체를 구성했던 방식과는 질적으로 다른 비전과 인간 상호간의 관계를 수립한다."[41] 여성 해방의 해방적 틀은 지배하고 정복하고 경쟁하는 것이 아니라 돌보고, 양육하며, 협동하는 모델에 기초하고 있다.

공동체 지향적이다

아시아 여성들의 영성은 개인주의적이 아니며 언제나 굳게 공동체에 뿌리를 박고 있다. 마난잔과 이선애는 이렇게 주장한다: "제3세계에서 여성 문제를 다룬다고 할 때에는 여성들이 그 사회에서 겪는 모든 문제들로부터 동떨어져서는 불가능하다." 왜냐하면 아시아 여성들은 "가부장적 지배 구조 안에 복잡하게 뒤얽혀 있는 정치·경제·종교-문화적 억압을"[42] 극복해야 하기 때문이다.

해방을 이루기 위해 아시아 여성들은 모든 다양한 형태의 억압에 대항해서 싸워야 한다. 여기에는 식민주의와 신식민주의에 대항하는 민족 투쟁도 포함되며, 군사 독재에 대항하는 민중 투쟁도 포함된다. 이 투쟁에는 여성, 남성, 어린아이, 모든 억눌린 사람들이 함께하며, 이들에게 구원은 "공동적

---

40. "Women's Spirituality–Workshop Report", 1.

41. Mananzan & Lee, Fabella and Oduyoye, 80.　　　　　42. 앞글, 79-80.

인"것이지 결코 "사적인" 것이 아니다.[43] 모든 사람들이 조화롭고 완전한 삶을 누리는 공동체를 건설하는 것은 아시아 여성들의 영성의 궁극적인 목적이다.

생명 지향적이다[44]

아시아 여성들의 영성은 "그들의 구체적인 생명 지향적인 삶과 경험으로부터 나왔다."[45] 인종과 계급, 이념, 종교적 배경이 어떻든간에 여성들은 자신들의 "주의"(ism)를 지키기 위해 자식들의 생명을 빼앗지 않는다. 남자들은 추상적인 명분을 내걸고 전쟁을 일으켜 자신과 또 다른 사람들의 자식들을 죽인다. 남성 지배적인 사회 속에서는 생명 지향적인 여성들의 영성이 비겁하고, 근시안적이며, 역사 의식이 부족한 것으로 무시당한다. 그러나 아시아 여성들은 "생명을 지향하고 유지하려는 여성들의 영성을 헐뜯고 무시하며 경멸하는 것이야말로 가부장 문화의 파괴적인 측면을 가장 잘 드러내 준다"고[46] 생각한다.

스리랑카 여성들은 경직된 "주의"를 초월하는 생명 지향적인 여성들의 영성의 감동적인 한 예를 보여 준다. 스리랑카의 그리스도인 여성운동가인 아니타 네시아는 인종 차별과 군사주의에 대한 여성들의 비폭력 저항운동에 대해 기술했다. 지난 10년 동안 싱갈(Singhalese)족이 지배하는 정부와 타밀(Tamil) 소수 민족 사이의 유혈 충돌을 해결하기 위해 많은 노력이 있어 왔다고 한다. "정치 지도자들 사이에 협약을 해보기도 했고, 다수당 협의회, 대통령 위원회를 두기도 했으며, 법률 개정을 하기도 했고, 국제 평화 협정, 심지어 여러 가지 군사 행동을 취하기도 했으나" 스리랑카에 평화가 정착되지는 않았다.[47] 네시아는 자기 나라의 남자들은 평화를 지키는 데 실

---

43. 앞글, 87.

44. 이 말과 미국 낙태 반대론자들의 슬로건을 혼동하지 않기 바란다. 아시아 여성들이 생명 지향적이라고 말할 때는 출산과 관련된 여성들의 권리를 인정하지 않는 서구 상황의 맥락에서가 아니라 문자 그대로 살아 있는 모든 것들의 생명을 지향하는 의미이다.

45. Mananzan & Lee, Fabella and Oduyoye, 78. 46. 앞글.

패했다고 주장하면서 평화를 꽃피우기 위한 한 가지 대안을 제시한다. 그는 양편의 여성들이 "마하트마 간디가 주창한 **사티야그라하**(진리의 힘)와 **아힘사**(사랑) 같은 비폭력적인 방법을 택해서"[48] 폭력에 저항하는 연합 전선을 구축하자고 제안했다.

네시아에 의하면 "군대와 가부장적 가정은 놀랄 정도로 비슷하다." 둘 다 아래 있는 사람이 위에 있는 사람에게 복종해야 한다는 원칙에 뿌리박고 있다. 대장은 아버지와 비슷한 인물이고, "이상적인 병사의 상은 이상적인 어머니의 상과 거의 비슷하다." 둘 다 "그들이 속한 구성체를 위해서 희생을 감수해야 한다." 단지 한 가지 차이는 병사는 다른 사람의 생명을 빼앗기 위해서 자기 목숨을 희생하지만 어머니는 다른 사람들에게 생명을 주기 위해서 스스로를 희생한다는 것이다.[49]

네시아는 여성들이 가지고 있는 **사티야그라하**와 **아힘사**의 능력을 믿는다. 왜냐하면 여성들은 다른 사람들에게 생명을 주고, 또 생명을 소중히 여기는 것이 무엇을 뜻하는지 알기 때문이다. 네시아는 북쪽(타밀)과 남쪽(싱갈)의 스리랑카 여성들이 어떻게 서로 도와서 비폭력 저항운동을 했고, 스리랑카에 평화를 지켰는지 기술해 주었다. 양쪽의 어머니들은 함께 모여서 기도하고, 금식하고, 행동했다. 그는 이렇게 말한다: "비폭력은 실용적은 아니지만 예언자적이다."[50] 네시아는 여성들의 인내와 울음, 비폭력 행동이 그 나라에 평화의 돗자리를 짜는 데 기여하리라고 믿고 있다.

모든 것을 포괄하며 초교파적이다

그리스도인이 인구의 3%도 안되는 아시아에서 "여성의 영성에 대해 이야기하려면 종교간 대화를 나누는 것이 매우 중요하다."[51] 아시아 여성들은

---

47. Anita Nesiah, "Armed Conflict: Peace and Justice by Women?" 이 팜플렛은 Nesiah가 했던 1988년 3월 1일 케임브리지 래드클리프 대학 Bunting 연구소 Colloquium 강의 내용을 묶은 것이다.
48. 앞글.   49. 앞글.   50. 앞글.
51. Mananzan & Lee, "Emerging Spirituality of Asian Women", Fabella, Oduyoye 편, 90.

"식민주의와 신식민주의의 영성인"[52] 그리스도교의 승리주의를 거부한다. 그들은 "모든 생명과 신앙 체계들을 겸손하게 존중하며 온 인류의 하나됨을 추구하는"[53] 초교파적 영성을 찾고자 노력한다. 초교파적인 일치의 영성은 단순히 교리를 서로 교환하는 것이 아니라 "민중 지향적이며, 생명과 참된 인간 공동체에 관심을 갖는 전혀 새로운 가치"[54]에 바탕을 두고 있다. 아시아 여성들은 "여성들의 새로운 영성의 핵심은 삶의 통전성을 추구하는 것"[55]이라고 주장한다. 그리고 서로 다른 종교들도 이 통전성을 향한 공동의 관심사를 추구하는 과정에서 함께 만나게 된다고 한다.

아시아 여성들은 학자들이 **초교파적 영성**이라는 말을 입에 올리기도 전에 이미 그것을 몸으로 살아냈다. 힘겨운 삶의 상황 속에서 살아남기 위해 거룩한 원천들을 자신들의 삶 속에 끌어들였다. 예를 들자면 필리핀 여성들은 처녀 마리아의 형태로 **이나**(Ina, 타갈로그어로 "신적인 어머니"라는 뜻)를 예배한다. 그래서 예수의 어머니 마리아에게 기도를 드릴 때에도 그들은 **이나**라고 부른다. 본래 **이나**는 필리핀 토속 종교에서 생명의 원천으로 깊이 숭상받던 여신이었는데 스페인 식민자들이 필리핀 사람들을 가톨릭으로 개종시킬 때 필리핀 사람들은 식민자들의 마리아를 토착 종교의 **이나**로 바꾸어 버린 것이다.[56] 아시아의 다른 나라들에서와 마찬가지로 필리핀에서도 여성들은 제도 교회의 편협한 교리와 규범들의 한계를 넘어 생명을 주는 종교적 상징들을 선택했다. 아시아 여성들이 더 가난해질수록, 또 민초들의 문화에 가까워질수록 자신들의 필요에 따라 지배 집단의 종교적 상징들을 더 자유롭게 바꾸게 되는 것 같다.

진정한 초교파적 영성의 또 한 예로 자신의 영적인 지혜를 통해 권력자와 맞서 싸워 이긴 한국의 한 어머니 이야기를 하겠다. 이야기인즉슨 그의 아들이 한 정치가의 차에 치어 죽었다. 사고의 잘못은 분명 그 정치가에게 있

---

52. 앞글.   53. 앞글.   54. 앞글, 85.   55. 앞글.
56. Loretto-Eugenia Mapa, 1989년 2월 8일 보스톤에 있는 Women's Theology Center에서 필자와 가졌던 인터뷰.

었지만 그는 책임을 지지 않으려 했고, 또 시의 경찰에 막강한 힘을 가지고 있었기 때문에 그는 책임을 피할 수 있었다.

얼마 후 그 정치가가 국회의원에 출마하게 되었다. 죽은 소년의 할머니는 너무 억울해서 그의 잘못을 비난하는 유인물을 만들어 후보 지명 식장에서 뿌렸다. 정치가는 할머니를 명예훼손으로 고소했고, 무력한 할머니는 불공정한 재판에 져서 감옥에 갇히게 되었다.

소년의 어머니는 너무도 억울하고 낙담해서 나름대로 복수할 길을 찾았다. 그는 정치가와 경찰서장, 재판관 그리고 그 정치가의 변호사의 초상을 그려서 매일 아침 정한수를 한 그릇씩 떠놓고, 그 앞에서 자기가 아는 신들을 모두 부르면서 원을 풀어 달라고 기도드렸다: 그는 **하느님**과 **관운장님**과 **예수님**을 모두 불렀다.[57] 기도가 끝난 뒤 이 어머니는 활로 초상들을 하나씩 쏘았다. 결국 이 여자가 한 행동과 기도 이야기가 도시 전체에 퍼지게 되었다. 그러자 이 여자에게 잘못을 저질렀던 남자들은 두려움에 떨게 되었다. 한국의 샤머니즘 전통에 따르면 소년의 어머니가 한 주술적 행동은 그 사람들을 죽게 할 수 있는 것이었기 때문이다. 결국 그들은 자신들을 향한 이 영적인 힘을 멈추기 위해서 할머니를 감옥에서 풀어 주고 소년의 죽음에 대해 가족들에게 물질적인 보상을 해주었다.[58]

이 힘없는 어머니의 이야기에서 우리는 아시아 여성들의 초교파적 영성이 어떤 것인지 조금이나마 알 수 있다. 이 어머니는 극단적인 분노와 무력감속에서 자기 주변에서 생존을 위한 원천들을 끌어올 수 있는 만큼 끌어들였다. 그는 한국의 최고신과 샤머니즘 전통의 신 그리고 예수에게 도움을 요청했다. 교리적인 순수성이나 종교적인 경계 따위는 그에게 아무 문제도 되지 않았다. 중요한 것은 어떤 모습을 띠었건간에 생명을 주는 정의의 힘을

---

57. 하느님은 본래 한국의 토착신 이름이며, 하늘 신(sky God)이라고 번역할 수 있다. 관운장님은 한국 샤머니즘에서 나타나는 전쟁 신이다.

58. 문동환, 「한 — 새 삶의 기점」, 『한의 이야기』, 서광선 편 (보리 출판사, 1988) 348. 약간 수정해서 필자가 번역한 것이다.

지녔느냐는 것이다. 진정한 초교파주의란 모든 종교가 억눌린 사람들을 그 굴레에서 풀어 줄 때에만 가능하다.

우주적이며, 창조 중심적이다

아시아 여성들은 자신들의 영성이 우주적 차원을 강조한다고 주장한다.[59] 아시아 여성들의 영성은 인간에게만 국한되는 것이 아니라 전 우주를, 동식물과 물, 흙, 공기, 우주 전체를 포괄한다는 것이다. 그들은 자신들의 새로운 영성은 "타락과 구원에 초점을 맞추는 전통적인 영성과는 대조적으로 피조 세계로부터 생동감을 얻는다"[60]고 한다. 이것은 창조 중심적인 영성이며, 생명과 피조 세계의 좋음을 축하하는 영성이다. 또한 이것은 "엄숙하기보다는 기쁨에 차 있고, 수동적이기보다는 능동적이며, 줄어들기보다는 뻗어나가는"[61] 영성이다.

이러한 영성에 따르면 하느님은 무서운 심판자로 나타나지 않는다. 오히려 하느님은 "하나된 분"이며, "남성적이면서" 동시에 "여성적이고", "동양적이면서" 동시에 "서양적"이다. 예수 역시 "예언자이자 예술가로", 해방적으로 이해된다. 또한 인간 개개인도 "육체와 영혼 사이의 이원론적 관계를 벗어나서 인간됨의 여러 가능성에 대해 낙관적인 견해를 가지게 된다."[62]

우주적이고 창조 중심적인 영성은 아시아의 토착 종교들이나 대중적인 종교성에서도 자주 나타난다. 필리핀 사람들의 어머니 신(**이나**) 예배도 좋은 예이다.[63] 알라라스(Consolacion Alaras)에 의하면 계약의 중요한 특징은 "생명과 양육의 근원으로서의 신적인 자궁, 어머니 상징인데" 이것은 남성과 여성, 동물, 땅 그밖의 모든 생물들을 포함하여 "생명의 모든 부분들을 낳고 유지시키는 것들을 보호하고 찾는다."[64] 이 신적인 어머니는 "세상의

---

59. Mananzan & Lee, Fabella and Oduyoye 편, 87.   60. 앞글.

61. Mananzan, *Essays on Women*, 158.   62. 앞글.

63. *Pamathalaan: Ang Pagbubukas sa Tipanng Mahal na Ina*(영적인 다스림: 신의 어머니와 한 계약의 계시)에 의하면 필리핀 사람들은 신의 어머니와 매우 중요한 계약 (Tipan)을 했다.

지배자"가 아니라 "세상 자체"이며, 자연 안에 내재하는 "위대한 여신"이
다. 세상 자체가 여신이 된다면 자연히 "모든 살아 있는 것들의 거룩함을
존중하게 된다."[65] 예수의 어머니 마리아와 엇바뀐 이 신적인 어머니는 많은
필리핀 사람들 사이에서 숭배되고 있다.

---

64. Melane V. Talag, "The Power called Mother", *The Manila Chronicle* (1988.2.22.) 10.
65. 앞글.

아시아 여성들의 새로운 영성의 다양한 모습들

아시아 여성들은 자신들의 영성을 통해 나날의 삶에서 부닥치는 난국을 극복하며, 겹겹이 둘러싸인 억압 구조 속에서도 삶의 선을 긍정한다. 이 생존을 위한 나날의 투쟁이 새로운 아시아 여성들의 영성의 가장 힘있는 모습이다. 사회 변화를 위해 다함께 힘을 모으는 아시아 여성들의 노력을 제대로 평가하려면 이들의 영성의 집단적인 차원에 주목할 필요가 있다.

새로운 아시아 여성들의 영성의 집단적 형태에는 세 가지 뚜렷한 특징이 있다. 첫째는 여성들의 의식을 고취시키는 집단들이 활발히 생겨난다는 것이고, 둘째는 민중 해방운동의 맥락에서 여성운동이 성장한다는 것이며, 셋째는 아시아의 상황 속에서 여성들의 지적 성찰이 예리해진다는 것이다.

아시아의 여러 나라에서 여성들은 작은 집단들을 이루어 자신들의 삶의 이야기들을 털어놓고 함께 나눈다. 그중에는 "예술가들, 시인들, 영적인 춤꾼들의" 집단들도 있고, "여성 건강이나 가족 계획과 관련된 일을 하는" 여성들도 있다.[66] 물론 여성 노동조합원들의 모임도 있고, 여성 농민 연합, 여성 도시 빈민 조직도 있다. 이 여성들이 소집단으로 모여앉아 자신들의 삶의 진실을 이야기할 때 다른 여성들의 지원을 통해 힘을 얻게 되고, 자기혐오와 수치심, 죄의식에서 벗어나게 된다. 가부장제에 의해 가려졌던 자신들의 참된 자아를 확실하게 발견하게 되는 것이다. 이러한 아시아 여성들은 "집단적인 의식"을 형성하여 착취와 차별에 대항하여 투쟁하게 된다. 때로 이혼한 여성들이나 독신 여성들은 "정서적·심리적 의존심을 극복하고 홀로 삶에 직면하는 법을 배우며, 멀어진 자신들의 남자들과 상관없이 삶의 의미를 발견하는 법을 배운다."[67] 또 어떤 경우에는 "도시 빈민 여성들과 노조 여성들이 함께 자매의 연대를 이루어" 정의를 위한 자신들의 운동에서 힘을

---

66. Faria, 11.   67. Mananzan & Lee, Fabella and Oduyoye 편, 84.

얻게 된다.[68]

아시아 지역에서 강력한 여성운동이 시작된 것 역시 아시아 여성들의 영성이 힘있게 드러난 결과이다. 아시아 여성들은 "예수를 따른다는 것은 그냥 사사로운 일이 아니라 집단적인 행동"[69]이라고 말한다. 그들은 생존권 투쟁을 하는 민중운동의 더 큰 흐름에 연대한다. 대부분의 아시아 국가들에서 여성들은 여성으로서의 자신들의 투쟁을 제3세계 민중으로서의 민족 투쟁으로부터 떼어놓을 수 없다. 그들은 여성으로서 자신들의 권리를 주장하는 과정에서 모든 민중의 더 나은 삶을 위해 싸운다.

여성들의 지적인 성찰이 예리해지는 것 역시 아시아 여성들의 영성의 강력한 한 측면이다. 그들은 지배 문화의 종교 · 문화 · 정치 · 경제적 가르침들과 이론들에 대해 여성 나름의 지적인 비판을 가하기 시작한다. 그들은 "통전성과 전체적인 구원의 개념에서조차도 여성들은 자주 제외되어 왔으며,"[70] "가부장주의는 결코 통전적이 될 수 없다"[71]는 사실을 깨닫는다.

> 가부장제는 뿌리깊이 남성 중심적이며, 그들이 말하는 평등한 세계의 중심에 결코 여성과 아이들을 포함시킬 수 없다. 여성과 아이들에 대한 사랑조차도 실은 남성들 자신의 이기적 욕구를 위한 것일 뿐이다. 여성들과 아이들이 감정적으로나 경제적으로 남성들에게 의존해 있어서 때로 그들이 자신을 사랑한다고 믿게 된다 하더라도 늘 주변부에 머무는 것은 바로 그때문이다.[72]

아시아 여성들은 종교 집단 내에서 전통 문화나 종교를 내세워서 여성들을 차별하는 것은 그 문화나 종교의 원래 의미가 아무리 고상하다 하더라도 더 이상 용납될 수 없다고 생각한다.

한편으로 아시아 여성들은 "자신들의 역사를 재발견해야 할 과제를 눈앞에 두고 있으며, 각 나라의 전통 속에서 여성 지도자들과 영웅들, 성인들을

---

68. 앞글.   69. Faria, 9.
70. Mananzan & Lee, Fabella and Oduyoye 편, 86.   71. 앞글.   72. 앞글.

부활시켜 자신들의 투쟁을 위한 협력과 힘의 원천으로 삼고 있다."[73] 필리핀에서 "우르두야(Urduja) 공주와 가브리엘라 실랑(Gabriela Silang)"을 숭상하고, 인도에서 "미라 바이(Mira Bai)와 판디타 라마 바이(Panditta Rama Bai)"를 공경하는 것도 그 예이다. 아시아 여성들은 "자신들의 여성성을 활짝 꽃피우기 위해서 그들의 전통과 신화, 전설 속에서"[74] 힘의 원천이 될 만한 여성들을 찾아 높이 기린다.

다른 한편으로 아시아 여성들은 문화와 종교에 대한 비판 작업을 한다. 그들은 종교간 대화에 참여해서 "그 속에서 진정으로 해방적인 요소와 억압적인 요소를 구별해 낸다."[75] 그리고 이처럼 예리한 종교, 문화 분석을 통해 여성들의 삶이 존중되는 대안적인, 또는 종합적인 종교-문화 이해를 찾는다. 이러한 의미에서 아시아 여성들의 신학은 그들의 새로운 영성의 가장 중요한 한 가지 형태이다.

마난잔과 이선애가 함께 엮어낸 『아시아 여성들의 새로운 영성』은 이들의 새로운 영성을 아래와 같이 아름답게 그리고 있다.

> 그것은 고행이 아니라 축하이며, 지배가 아니라 물러섬이다. 그것은 수난 금요일의 영성이라기보다는 부활절 아침의 영성이다. 보수적이 아니라 창조적이며, … 또한 이 영성은 하나의 과정이어서 결코 단번에 다 이룰 수 없다. 그것은 결코 굳어지지 않으며, 곡절없이 계속 성장해 가는 것도 아니다. 후퇴가 있을 수도 있고, 도약이 있을 수도 있다. 절정이 있으며, 또한 심연도 있다. 고통이 있는가 하면 환희도 있다. 새로운 여성들의 영성은 떨림과 해방과 풍성함을 약속한다. 그것이 지시하는 방향과 경향은 삶과 자유의 더 큰 가능성을 열어 주며, 그래서 참으로 진실되고 힘있게, 온 몸으로 살아 있을 수 있는 기회를 더 많이 열어 준다.[76]

---

73. 앞글.　　　74. 앞글.　　　75. 앞글.　　　76. 앞글, 87.

아시아 여성신학의 공헌과 미래

앞 장들에서는 새롭게 등장하는 아시아 여성신학의 역사적 상황과 인간, 예수 그리스도, 마리아, 영성에 대한 그 성찰들을 살펴보았다. 이제 마지막 장에서는 자주성과 아시아에서의 완전한 인간성 실현을 위한 여성들의 투쟁에 근거해서 아시아 여성신학의 공헌이 무엇인지 밝혀 보겠다. 그리고 아시아 여성신학의 미래에 대해서도 몇 가지 언급을 하겠다.

신학에 대한 새로운 이해

아시아 여성들의 신 경험은 아주 오래 전부터 있어 왔지만 그들의 그리스도교 신학에 대해 **제3세계, 아시아, 여성**이라는 말들을 붙이기 시작한 것은 최근의 일이다. 하느님의 새 이름을 짓는 그들의 여정은 이제 막 시작했다. 아시아 여성들이 택한 길은 다양하며, 그 길에서 그들이 겪는 경험 또한 다양하다. 하느님은 여러 가지 이름을 가지고 있으며, 아시아 여성들이 하느님에게 붙인 이름 또한 다양한 형태와 색깔을 지닌다. 그러나 우리는 아시아의 그리스도교 여성들 사이에서 자라나는 네 가지 뚜렷한 신학의 상징들을 볼 수 있다.

"울부짖음, 간청, 기원"으로서의 신학

아시아 여성들의 신학은 하느님에 대한 "울부짖음이며, 간청이며, 기원"이다. 그것은 여성들의 절망과 곤경으로부터 터져나오는 **한**의 소리이며, 정의가 없는 아시아 여성들의 삶 속에서 눈물로 하느님의 정의를 갈망하는 것이다. 또한 그것은 전쟁을 일으키며, 사람들을 죽이고, 자연을 파괴하는 세상 한가운데서 치유하는 하느님의 존재를 기원하는 그들의 기도이다. 아시아 여성들의 신학이 전통적인 의미에서 적절한 신학 체계나 학문적인 언어를 구사하지는 못한다 해도 그것은 그들의 창자 깊은 곳에서부터 하느님을 만나고, 마음으로 하느님을 느끼며, 영혼으로 하느님과 대화한 경험에서 우러나온 것이다. 홍콩의 곽퓨란은 이 점을 다음과 같이 표현했다.

> 당신은 내게 아시아에서 여성신학이 어떤 모습을 띠게 될 것인지 묻는다. "하느님 아버지를 넘어서"(beyond God the Father)에서 시작해서 "반대편 끝에서 시작하기"(beginning from the other end)로 끝나게 될까? 혹 중산층 엘리트 집단의 수사학적 표현들로 뒤덮이게 될까? 아니면 사회주의적 언

어의 무거운 옷을 입게 될까? 아시아 여성들의 상황에 대한 체계적인 분석을 하게 될까? 아니면 단지 미친 여자처럼 감정적인 발산만을 하게 될까?

　이런 물음들에 대해서 나는 아무 대답도 할 수 없다. 단지 아시아에서의 여성신학은 울부짖음과 간청과 기원이 되리라는 것을 알 뿐이다. 그것은 아픈 상처로부터, 지워지지 않는 흉터로부터, 끝나지 않는 이야기들로부터 탄생했다. 아시아 여성신학은 펜으로 쓰는 것이 아니라 고통스러워하면서도 희망을 잃지 않는 많은 아시아 여성들의 마음 속에 새겨지는 것이다.[1]

정말로 아시아 여성신학은 "펜으로 쓰는 것이 아니라", "고통스러워하면서도 희망을 잃지 않는" 많은 여성들의 "마음에 새겨지는 것"이라면 더 이상 신학은 전통적인 신학 훈련을 받은 소수 지식인 집단의 전유물이 될 수 없다. 신학도 민주화되어야 한다. 모든 의식적인 경험은 이미 해석된 경험이므로 아시아 여성들의 신 경험 역시 이미 신학적인 해석을 내포하고 있다. 하느님에 대한 그들의 울부짖음, 간청, 기원은 우리 가운데 계시는 하느님의 존재에 대한 강력한 해석이다. 이처럼 민주화된 신학은 민중들의 신학이며, 대중적인 신학, 사람들의 일상적인 삶에서 작용하는 신학이다.

"하느님 실천"의 신학

　아시아 여성들의 신학은 **삶**의 신학이다. 아시아 여성들의 신학은 그냥 하느님에 대해서 말하거나 생각하기만 하는 것이 아니다. 그것은 지금, 여기서 해방과 통전성을 살아내는 것이다. 필리핀의 엘리자베스 타피아에 의하면 "하느님에 대한 말이 아니라 인간 해방이 신학의 일차적인 초점이다."[2] 필리핀 여성들의 새로운 신학을 평가하면서 타피아는 신학에 새로운 이름을 붙였다. 그는 신학을 "하느님 이야기"가 아닌 "하느님 실천"이라고 부른다.

---

1. Kwok, "God Weeps With Our Own Pain", 90.　　　　2. Tapia, 171.

신학은 단순히 이론적인 행위가 아니다. 그것은 완전한 인간성을 향한 민중들의 투쟁에 참여하고 헌신하는 것이며, 역사 속에서 하느님의 구원 행위를 분별해 내는 것이다. 그것은 행동하는 신학이다.[3]

신학을 하느님 실천으로 정의하는 타피아의 입장은 신학을 "제2단계"[4]로 보는 남성 해방신학자들의 입장과 다르다. 신학에 대한 타피아의 정의에서는 행동과 반성 사이에 이원론이나 시간적인 순서 같은 것이 없다. "완전한 인간성을 향한 민중들의 투쟁에 헌신하고 참여하는 것"과 "역사 속에서 하느님의 구원 행위를 분별해 내는 것"은 서로 뗄 수 없는 하나를 이룬다. 결코 전자가 후자보다 먼저 이루어지지 않는다. 아시아 여성들의 삶 자체가, 그들의 반성적인 행위가 그리고 행동과 연결된 반성이 하느님 실천이며, 아시아에서 신학을 사는 것이다.

육화된 비판적 반성으로서의 신학

온갖 경험을 하는 모든 사람들에게로 신학이 민주화되어야 한다는 아시아 여성들의 주장은 신학을 하는 데서 비판적인 성찰의 중요성을 약화시키려는 것이 아니다. 아시아 여성들은 자신들을 둘러싸고 있는 다양한 억압들의 상호 관련성과 그 본질을 밝혀 내기 위해서는 잘 발전된 분석틀이 필요하다는 사실을 알고 있다. 최근 몇 해 동안에는 신학 훈련을 받은 아시아 여성들이 아시아 가부장제와 아시아 여성들의 해석학적인 원칙을 밝히기 위해 많은 노력을 기울였다.[5] 아시아 여성 신학자들은 억압자들의 신학이 지닌 악을 더

---

3. 앞글.

4. G. Gutiérrez, *A Theology of Liberation* (Maryknoll, New York: Orbis Books, 1988) 참조.

5. Kwok Pui-lan, "The Feminist Hermeneutics of Elisabeth Schüssler Fiorenza: An Asian Feminist Response", *East Asia Journal of Theology* 3:2 (1985) 147-53. 같은 저자, "Discovering the Bible in the Non-Biblical World", *Semeia* 다음 호에 실릴 예정. Aruna Gnanadason, "Toward an Indian Feminist Theology I, II", 신학 교육위원회 산하 조직신학 교사회 주최로 인도 뱅갈로어의 유나이티드 신학교에서 1988년 6월 8~9일에 했던 두 개의 강연 참조.

분명히 밝히고, 예수 그리스도의 복음 안에 나타난 완전한 인간성에 대한 자신들의 권리를 주장하기 위해서 억압자들의 전통적인 신학과 관련하여 자신들의 신학을 정의할 필요를 느낀다. 그래서 아시아 여성들은 공식, 비공식 신학 교육과 성서 연구, 여성협의회, 여성운동이나 민중운동에 참여함으로써 비판적인 성찰 능력을 키우고, 스스로를 훈련시키고 있다. 그들은 어떻게 사회 분석과 성서 분석을 하는지 배우고 있으며, 자신들에 대한 사회적인 억압과 종교적인 경험을 연결시키고 있다. 그들의 분석과 비판적인 성찰은 그들이 "살아낸 세계 경험"에 기초한다. 그러므로 육화된 비판적 반성으로서 아시아 여성신학은 "추상화의 폭력"[6]을 피한다.

"비전을 추구하는" 신학[7]

아시아 여성들의 신학은 구체적인 역사적 상황 속에서의 그들의 신 경험과 실천, 비판적 분석을 직접적으로 표현하는 것 이상이다. 그들의 신학은 그들의 비전 추구이기도 하다. 아시아 여성들은 사람들이 "하느님의 형상을 되찾고, 온갖 동물과 인간이 조화롭게 함께 살며", "서로 해치거나 죽이는 일이 없는" "지상의 조화로운 생명 공동체"를 꿈꾼다(이사 11,6-9).[8]

아시아 여성들에게 신학은 희망과 꿈의 언어이며, 시적인 언어이다. 그것은 구체적이고 역사적인 현실에 단단히 뿌리를 내리고 있지만 신비와 환상

EATWOT는 "아시아 현실에서의 가부장제", "우리 현실에 기초한 아시아 여성들의 해석학적 원칙"이라는 두 가지 주제를 가지고 1989년 6월 30일~7월 2일 서울에서 또 다른 아시아 여성신학 협의회를 가졌다. 위의 주제와 관련해서 다음과 같은 물음들도 나왔다: 여성 억압이 식민주의, 경제 수탈, 군사주의, 인종 차별주의, 소수자 차별과 어떤 관련성을 가지는가? 이러한 온갖 지배 형태들이 어떤 방식으로 성서나 우리의 그리스도교 신앙과 관련되는가?

6. "살아낸 세계 경험"(lived-world experience)과 "추상화의 폭력"(the violence of abstraction)이라는 개념은 1988년 11월 미국 종교학회 여성과 경제 관련 세미나에서 Beverly Harrison이 발표한 내용 중 나온 것이다.

7. 비전을 추구한다는 말은 아메리카 원주민들이 특수한 문화적 함축 의미를 가지고 자주 썼던 말이다. 나는 그냥 아시아 여성들의 비전 추구라는 의미로 이 말을 썼다.

8. Lee Sung Hee, "Women's Liberation Theology as the Foundation for Asian Theology", *East Asia Journal of Theology* 4:2 (Oct. 1986) 12-3.

을 지시하며, 그 환상은 미래와 모든 존재의 깊이로부터 아시아 여성들을 부른다. 이 환상과 신비의 힘으로 아시아 여성들은 그들의 **한**과 고난을 뚫고 나간다. 이 힘이 그들을 계속 움직일 수 있게 하며, 인간의 탐욕과 증오에 의해 우주의 박동이 끊어진 것 같은 상황 속에서도 그 리듬에 맞춰 흘러가게 한다. 희망과 꿈, 시의 언어로서 신학은 아시아 여성들에게 결코 사치가 아니다. 그것은 절망 한가운데서 치유하는 적극적인 힘이다. 환상 추구로서의 신학은 결코 피억압자들의 도피나 저 세상 탐닉이 아니다. 그것은 창조의 본래적인 통전성을 기억하고, 미래에 대한 위험한 기억을 살아 움직이게 하는 것이다.

신학자의 정체성에 대한 새로운 이해

새로운 아시아 여성들의 신학을 하는 신학자들은 누구인가? 정말로 아시아 여성들의 신학이 민중들의 신학이며, 대중적인 신학이라면 창조의 선함과 예수 그리스도의 철저한 평등주의적 가치 그리고 자신의 삶 속에 임하는 하느님의 정의를 믿고, 그 의미에 대해 성찰하는, 또 그대로 살아내려고 노력하는 — 모든 아시아 여성들이 신학자이다. 아시아 여성들은 기도와 노래, 춤, 예배 의식, 그림, 공동체 안에서의 그들의 삶의 방식을 통해 자신들의 신학을 표현했다. 그들은 말로, 또는 몸의 언어로 신학을 만들어 가는 신학자들이며, 이러한 여성들 대부분이 전통적인 신학 교육 기관으로부터 정규적인 신학 교육을 받지 못했다.

단지 소수의 아시아 여성들만이 자신들의 신학을 글로 표현할 수 있으며, 이처럼 글로 쓰여진 아시아 여성들의 신학은 지난 10년 사이에 겨우 시작되었을 뿐이다. 오늘날 아시아에서 자신들의 신학을 글로 써서 책으로 발표하는 여성들은 대부분 전통적인 신학 교육을 받았으며, (출신이나 교육 수준으로 볼 때) 중간계급의 배경을 지녔고, 서구 여성신학의 영향을 받았다. 많은 아시아 여성 신학자들이 자신들의 신학을 영어로 쓰며, 이 책에 실린 대부분의 신학도 그러한 여성들의 신학이다. 이처럼 교육받고 영어를 쓰는 중간계급 출신의 여성들이 아시아 여성들의 고통 — 가난, 신체적·심리적 학대, 매춘 등 — 에 대해 이야기한다. 그들은 아시아의 가난한 여성들의 고난에 대해 이야기한다. 그러나 가난한 아시아 여성들의 투쟁에 대해 이야기할 권리가 그들에게 있는가? 그들 각자가 속한 나라의 가난한 여성들은 알아듣지도 못할 식민자의 언어를 사용하면서 진정으로 그들이 가난한 아시아 여성들의 믿음에 대해 이야기할 수 있는가? 신학을 쓰는 중간계급의 교육받은 여성 신학자들과 매일매일의 삶 속에서 신학을 **사는** 무식하고 가난한 여성 신학자들은 어떤 관계에 있는가?

이것은 아시아 여성 신학자들에게 대단히 중요한 문제이며, 그들은 가난한 자매들과의 거리를 극복하기 위해서 이 문제를 자주 토론했다. 그러나 이것은 쉽게 극복할 수 있는 소외가 아니라 아마도 일생 씨름해야 할 문제일 것이다. 우리의 연구를 위해서 중요한 것은 서구식 교육을 받은 아시아 여성들이 이 문제를 깨닫고 있으며, 그들 자매들과의 거리를 메우기 위해서 애쓰고 있다는 점이다. 아시아의 중간 계급 여성들은 가난한 여성들과의 **연대**를 그들 투쟁의 목표로 삼고 있다.

교육받은 많은 아시아 여성 신학자들은 자신들이 가난한 여성들을 **위해** 신학을 하고 있지 않다는 사실을 알고 있다. 그들은 파괴된 공동체 안에 해방의 과정이 일어나게 하고 공동의 미래를 추구하기 위해 신학을 한다. 이 여성들은 일종의 회개와 자기 비판의 행위로 신학을 하며, 자신들이 가진 특권과 공동체 안의 가난한 여성들과 관련한 스스로의 책임을 더 비판적으로 의식하기 위해 신학을 한다. 이 중간계급의 교육받은 아시아 여성 신학자들은 신학하는 과정을 통해 가난한 여성들과 일하는 법과 가난한 사람들의 지혜를 통해 변화되는 법을 배우고 있다. 아시아의 여성 신학자들은 가난한 여성들에게로 **방향**을 **전환**하는(*metanoia*) 이 과정만이 자신들의 통전성을 회복할 수 있는 유일한 길임을 알고 있다.

엘리자베스 타피아는 서구 교육을 받은 필리핀의 종교학자로서 해방과 완전한 인간성을 향한 가난한 필리핀 여성들의 투쟁에 대해 책임적이 되고자 하는 것이 무엇을 의미하는지 기술하고 있다. 타피아는 "아시아의 여학생으로서 모든 문제점들과 특권을 그대로 안은 채 서양에서 공부한다는 것이", 간섭주의적인 정책으로 자기 민족을 괴롭히고 있는 바로 그 나라에서 종교학자가 된다는 것이 얼마나 모순된 일인지 잘 알고 있는데 신학을 하는 자신의 의도에 대해 이렇게 말한다:

> 나는 정의와 완전한 인간성을 이루기 위한 제3세계 민중들의 투쟁에 헌신하는 필리핀 그리스도인의 관점에서 이 연구(필리핀의 여성신학에 대한 연구)

를 할 것이다. … 이제 나는 교회의 일꾼으로서, 신학을 공부하는 학생으로서 가난한 사람들과 함께 일하고, 그들에게서 배우며, 그들로부터 영향을 받을 준비가 되어 있다고 느낀다. 지금 나는 아시아의 가난한 여성들을 위해, 필리핀 여성들을 위해 신학을 쓰려 하는 건가? 아니다. 과거에도 그랬듯이 그들로부터 배우고, 그들과 대화하려는 것은 나 자신의 바람일 뿐이다. 적절한 때에 그들의 관심을 끌어올리고, 그들의 소리가 울려 퍼지게 하고 싶다.[9]

타피아는 자신의 신학이 가난한 필리핀 여성들의 메아리가 되어 적절한 때 그들의 관심을 끌어올릴 수 있기를 바란다. 자신이 가난한 필리핀 여성들의 메아리가 되어 잠재워졌던 그들의 소리가 들려지기를 바란다. 타피아는 그들의 외침의 메아리가 됨으로써 필리핀 여성들의 투쟁에 동참하고 있다. 메아리는 결코 원래의 소리를 바꾸지 못하며, 그 소리를 다시 울릴 뿐이다. 이런 의미에서 그러한 메아리는 "침묵의 문화"가 온갖 정치·경제·사회적 고안물들로 여성들이 말하는 진리를 억압할 때 가난한 여성들이 내는 진리의 소리에 대한 가장 정직하고 강력한 증언이다. 메아리가 협주곡으로 바뀌어 모든 여성들이 출신 배경에 관계없이 각자 완전한 인간성으로 그 속에서 자신이 들은 진리의 소리를 내게 될 때까지 이 메아리라는 상징은 아시아의 가난한 여성들과 연대하여 신학을 하는 교육받은 중간계급 여성들을 위한 가장 생동감 넘치는 상징이 될 것이다.[10]

아시아 여성들은 이제 서로의 메아리가 됨으로써 침묵을 깨뜨리기 시작했다. 여성운동과 민족운동, 가난과 정치적 억압에 대한 저항운동에서 서로

---

9. Tapia, 서문.
10. 작고한 민중신학자 서남동도 신학 창조 행위를 메아리라고 표현했다. 그는 출애굽은 에 집트의 압제 아래서 외친 히브리인들의 절규에 대한 야훼의 메아리였으며, 기원전 8세 기 북이스라엘의 타락한 사회에 대한 아모스의 예언자적 가르침은 야훼의 분노에 대한 그의 메아리였다고 보았다. 서남동에 의하면 70년대 한국에서 민중신학이 생겨난 것도 민중의 외침에 대한 한국 신학자들의 메아리였다. 그는 한 신학의 진실성은 가난한 자들의 외침에 반응하여 신학자가 만들어 내는 메아리가 얼마나 진실하며 섬세한가에 달려 있다고 주장한다. 서남동, 『민중신학의 탐구』, "서문" 참조.

관계를 맺음으로써 여성들은 서로의 이야기를 들으며, 그들 모두의 생존과 해방을 위해 싸우고, 지속적인 공동체를 세운다. 그들의 신학은 인간다운 공동체를 세우는 과정에서 나온다. 만일 거기에서 공동체의 생존과 해방을 위한 참된 나눔과 들음, 이름짓기가 이루어진다면 **그 공동체 전체가 신학자가 된다**. 여성과 아이들, 남성들을 포함하는 정의롭고 조화로운 공동체를 세우는 과정에서 아시아 여성들은 하느님-실천을 살아낸다.

새로운 방법론

아시아 여성들이 신학을 창조해 나가는 방법은 제3세계의 다른 모든 해방신학과 마찬가지로 경험과 헌신으로부터 나오며, **귀납적**이다. 또한 접근 방법에서는 집단적이며, 관점이나 목적과 관련해서는 **포괄적**이다.[11]

이 귀납적이고 집단적이며 포괄적인 방법론은 그들의 신학에 독특한 **아시아** 여성들의 향기를 만들어 낸다. 지난 10년간 아시아 여성들은 여러 차례 아시아 여성신학 협의회를 했는데 많은 경우 EATWOT 여성위원회에서 제안한 방법론을 따랐다. 그것은 개인의 상황을 듣고, 사회 분석을 하며, 그다음에 신학적인 분석을 하는 순환적인 단계들로 이루어져 있다.

우선 여성들의 **이야기**에서 시작한다. 다양한 배경의 여성들이 함께 모여서 서로의 해방과 희생의 이야기에 귀를 기울인다. 교육받은 중간계급의 여성 신학자들은 가난한 농부들이나 공장 노동자들, 빈민들, 결혼 지참금 제도의 희생자들, 매춘녀들을 초대하거나 방문해서 그들의 삶의 이야기를 들으려고 애쓴다. 많은 아시아 나라들에서 기록된 문서의 세계는 특권층 남성들에게 속했기 때문에 여성들이 진리를 전해 받는 방식은 주로 이야기를 통해서였다. 20세기 이전 아시아 대부분의 가정들은 딸들에게 읽고 쓰는 법을 가르치지 않았다. 문서화된 남성 세계의 정의로 인해 자신들의 진리가 왜곡된 속에서도 여성들은 입에서 입으로 이야기를 전함으로써 진리를 전했다. 이야기의 힘은 그것이 **육화된 진리**라는 점에 있다. 여성들은 추상적이고 형이상학적인 개념들에 대해서가 아니라 구체적이고 역사적인 삶의 경험에 대해서 이야기한다. 여성들의 진리는 **부서진 몸의 인식론**에서 생겨났다. 여성들의 몸은 역사 현실에 대해 가장 민감하게 반응한다. 그들의 몸은 그들의 삶에서 무엇이 일어났는지를 기록하며, **아무도 아닌 존재**가 된다는

---

11. Fabella, "Asian Women and Christology", 20.

것이, 그리고 **누군가**가 된다는 것이 어떤 것인지 기억한다.

민중신학자인 김용복은 남성 민중신학자로서 한국 여성들의 투쟁에 깊은 연대감을 느끼고, **한**으로 고통받는 한국 여성들과 그밖의 피억압 민중들을 위해 이야기에 근거한 신학 방법론을 제시한다. 김용복과 한국 여성 신학자들은 민중신학과 한국 여성신학 사이에 다리를 놓고 싶어한다. 그는 이 이야기 방법론을 **사회 전기**라고 부른다.[12] 그에 따르면 여성들의 사회 전기는 소위 객관적인 사회 분석으로는 결코 파악할 수 없는 역사 이해를 보여 주며, 공식적인 사회, 역사 문서 배후에 있는 "감추어진 현실"을 드러낸다. 사회 전기를 듣는 사람들은 죽은 자료들이 아니라 실제 민중들의 고난과 울부짖음, 갈망을 듣는다. 이야기를 통해 투쟁 속에서 이루어지는 과거 선조 할머니들, 현재 자매들과의 만남은 아시아 여성들의 마음을 두드린다. 이야기 속의 민중들은 두려움에 떨며 사랑하는 이의 손길을 애타게 기다리는 진정한 민중들이기 때문에 해방을 위한 그들의 투쟁에 아시아 여성들이 동참할 수 있게 한다.

예를 들어 한국 여성 신학자들이 한 가난하고 늙은 한국 여성의 삶의 이야기를 들을 때 그들은 최근 한국 역사를 듣고 있는 것이다. 그들은 식민지화된다는 것이 무엇을 의미하는지, 일본인들에 의해 성적으로 유린당한다는 것이, 한국 전쟁(국가간의 냉혹한 권력 투쟁으로 인해 일어난 전쟁)에서 남편을 잃는다는 것이 무엇을 의미하는지 그 이야기를 통해 알게 된다. 이 늙은 여인이 가난한 농부인 자기 아들이 독재 권력에 의해 수탈당하는 이야기를 할 때, 미국과 일본의 다국적 기업 소유 공장에서 저임금을 받으며 일하는 자기 손자 이야기를 할 때 그리고 생존을 위해 외국인들에게 몸을 파는 손녀딸 이야기를 할 때 한국 여성 신학자들은 이 나라의 복잡한 정치, 경제, 사회, 문화사를 깨닫게 된다. 그런 이야기들은 육화된 역사 기술이다. 가난한 여성들의 사회 전기는 인간의 어느 한 측면이 아니라 전체를 다루기

---

12. 김용복, 「여성의 문제와 민중의 사회 전기」, 『한국 여성신학의 과제』 (서울: 한국 여신학 자협의회 1983) 78-92.

때문에 "총체적이고 다원적이며, 복잡하다."[13] 그것은 성차별에 대한 독립된 증언을 넘어서 식민주의와 신식민주의, 문화 제국주의, 인종 차별, 계급 차별, 가부장제의 악에 대한 증언까지도 포함한다. 여성들은 다른 여성의 이야기를 들을 때 함께 울며, 분노를 느끼고, 서로를 위로한다. 이야기를 하는 사람과 듣는 사람 사이의 경계가 무너져서 듣는 사람들은 피억압 여성들의 고통을 깊이 느끼며, 개인적·정치적 차원에서 치유를 위해 다른 사람들의 마음이 다가올 때 그들의 마음도 움직여지고 변화한다.

나는 이야기를 들음으로써 다른 여성들과 깊이 관계를 맺는 귀중한 기회를 가질 수 있었다. 1985년 마닐라에서 열린 EATWOT 아시아 여성협의회에 참석했는데 그때 소수의 아시아 여성 신학자 집단이 농촌과 어촌 공동체를 방문했고 시위중인 여성 노동자들을 만났다. 그들의 고통과 용기, 결단의 이야기들은 우리가 각자 자기 민족의 정의를 위해 헌신할 수 있도록 힘을 불어넣어 주었다. 가장 고통스러웠던 순간은 다른 두 아시아 여성 신학자들과 함께 악명 높은 마닐라의 홍등가에서 여러 명의 창녀들을 만났을 때였다. 우리는 이 나이 어린 여성들의 귀중한 시간을 그냥 뺏고 싶지 않았기 때문에 남자들이 그러듯이 자리값과 술값, 호스티스를 부른 값을 냈다.[14] 우리는 세 창녀들과 함께 바의 한구석에 앉아서 그들의 이야기를 들었다: 어째서, 어떻게 해서 그들이 여기 오게 됐는지, 어떻게 매일매일 살아가고 있는지, 그들의 투쟁과 희망은 무엇인지 들었다. 이 어린 창녀들 중 두 명은 그날이 첫날 밤이라고 했다. 그들은 떨었고 무슨 일이 일어날지 두려워했다. 여러 달째 이 바에서 일해 온 나머지 한 여자는 신참자들의 심정을 이해한다고 했고, 그들을 위로했다.

이 세 여자 모두 가난한 농가 출신이었고, 처음에는 공장 노동자나 하녀 자리를 구했다. 그러나 필리핀의 높은 실업률 때문에 그런 일자리도 구할

---

13. 앞글.
14. 우리는 각기 미국 돈 5달러에 해당하는 돈을 냈는데 그것은 마닐라의 창녀들이 보통 받는 액수였다.

수 없었다. 다른 일자리를 구하는 것은 불가능했다. 이 세 여자는 자신들의 죄책감과 수치감, 자신들이 이렇게 되도록 내버려 두는 사회와 남성들에 대한 분노를 우리에게 이야기했다. 가톨릭 신자들이었던 그들은 이런 상황으로부터 벗어나고 싶었지만 어디로 가야 할지, 매춘말고 어떤 생존의 길이 있는지 알지 못했다. 그들은 교회와 그리스도교에 대해 어떻게 느끼고 있는지도 이야기했다. 그들은 우리가 무슨 일을 하는지, 어째서 우리가 그들의 투쟁 이야기를 듣고 싶어하는지 알고 있었다. 그들은 자기들이 매일 죄를 짓기 때문에 창피하다고 했다. 또한 교구의 고해사제에게 가서 자신들의 고통과 죄책감을 이야기할 수 없다고도 했다. 죽을 수밖에 없는 자신들의 죄를 정죄하고 아무 생존 대책을 제시해 주지도 못하면서 당장 매춘을 그만두라고 할 것이 뻔하기 때문이었다. 우리 아시아 여성 신학자들은 교회의 위선에 분노했고, 이 창녀 자매들의 말이 담고 있는 진실을 깨달았다. 우리는 이 자매들이 매춘 행위를 그만두라고 할 것이 뻔하기 때문이었다. 우리 아시아 여성 신학자들은 교회의 위선에 분노했고, 이 창녀 자매들의 말이 담고 있는 진실을 깨달았다. 우리는 이 자매들이 매춘 행위를 할 수밖에 없도록 내모는 바로 그 가부장제와 자본주의 체제가 모든 아시아 여성들을 잠정적으로 비슷한 운명에 묶어두고 있다는 사실을 뱃속 깊은 곳으로부터 느꼈다. 이 어린 창녀들의 비인간화와 "비여성화"의 모습을 보고 들으면서 우리는 눈물로 범벅이 되었다. 나나 동료 아시아 여성 신학자들이 이 어린 소녀들을 매춘굴에서 데려나올 수는 없었지만 우리 모두 이들에 대해 책임있는 신학을 하기로 다시 한번 다짐했다. 가부장적 자본주의(이 경우에는 국제적인 섹스 관광으로 인해 억눌리고 왜곡된 이 소녀들의 절망적인 삶에서 드러난다)의 악과 죄를 폭로하고 신학적 대안을 제시함으로써 우리 아시아 여성 신학자들은 우리가 하는 일이 이 소녀들과 나아가서 투쟁하는 모든 아시아 자매들의 해방 과정에 힘을 불어넣을 수 있게 되기를 바란다.

이렇게 여성들, 특히 아시아 사회의 가장 밑바닥에 속한 여성들의 이야기를 적극적으로 듣는 방법은 아시아 여성들의 신학화 작업의 가장 중요한 부분 중의 하나이다. 그것은 아시아 여성 신학자들로 하여금 **비판적 사회 분석**을 하게 한다. 이들의 사회 분석은 정치 · 경제 · 종교-문화적 분석을 포괄한다. 이야기를 하고 여성들의 사회 전기를 듣는 것이 아시아 여성 신학자들에게 혁명적인 변화를 위한 영감과 용기를 준다면 비판적 사회 분석은 악의 구조 안에 얽혀 있는 복잡한 상호 관련성의 모습을 더 분명하게 볼 수 있게 해준다. 때때로 아시아 여성 신학자들은 자기들 스스로 사회 분석을 하기도 하지만 어떤 경우에는 사회학이나 경제학, 정치학 등에 전문적인 훈련을 쌓은 여성들을 끌어들이기도 한다. 아시아 여성 신학자들은 자본주의와 가부장제, 군사주의, 종교 문화 이데올로기가 어떻게 상호 작용하여 여성들의 억압을 심화시키는지 면밀히 검토한다. 그들은 여성학 이론들이나 반식민주의적 역사 연구, 비판적 사회학, 제3세계 민중운동으로부터 나온 민족주의 좌파 이데올로기로부터 많은 새로운 통찰을 얻어 사용한다.

다음에 아시아 여성 신학자들은 비판적 사회 분석으로부터 얻은 새로운 인식과 물음들을 가지고 **신학적 반성**으로 나아간다. 그들은 신학적 분석 대상의 일부로서 성서에 접근한다. 아시아 여성들은 현실을 이해하기 위해 인간이나 사회가 어떠해야 한다는 성서의 가르침에서 출발하지 않는다. 그보다는 그들 자신의 역사적 상황에서 출발하며, 그들이 가지고 있는 질문들, 예를 들어 토지 개혁이나 사유 재산, 노동의 의미, 빈곤, 성적 착취 등에 관해 성서가 어떤 가르침을 줄 수 있는지 묻는다. 그러나 아시아 여성들은 성서가 씌어졌던 시대와 오늘의 현실 사이에는 커다란 문화적 · 역사적 간격이 있기 때문에 "성서가 구체적으로 그들의 문제를 풀어 줄 수 없다"[15]는 사실을 잘 알고 있다. 그래서 아시아 여성 신학자들은 하느님으로부터 나온 절대불변의 진리가 아니라 하나의 전거로, 그들의 삶에 지혜를 주는 영감의 **원천**으로 성서를 사용한다.

홍콩의 곽퓨란은 성서에 대한 많은 아시아 여성 신학자들의 견해를 대변

---

15. 김희은, 「여성의 노동에 대한 신학적 반성」, 『한국 여성신학의 상황』 (서울: 한국 여신학자협의회) 78.

한다. 그는 아시아에서 "서구 지배"와 "문화 제국주의"를 영속시키기 위해 성서가 한 역할을 잘 알고 있다.[16] 그는 선교사들이 아시아 문화에 비해 성서의 절대 진리를 강조함으로써 아시아의 종교 문화 전통을 그리스도교의 진리에 비해 열등한 위치에 놓게 되었다고 주장하며, 선교사들의 성서 이해에 강력하게 반대한다. 뿐만 아니라 "본문의 거룩함이나 정경성이 진리를 보증해 준다고 보지 않으며," 성서 자체 안에, 혹은 성서 자체가 해석을 위한 규범을 제공하지도 않는다고 생각한다. 곽퓨란은 그처럼 "신비화된" 성서 이해가 어째서 억눌린 사람들에게 위험한지 설명하며, 새로운 성서 이해 방법을 제시한다:

> 오랫동안 이처럼 "신비화된" 교리가 여성들과 가난한 자들, 힘없는 자들로부터 힘을 빼앗아 갔다. 그것은 "하느님의 존재"가 우리 자신이 아니라 다른 어딘가에 있으리라고 생각하게 만들기 때문이다. 이제는 우리 자신의 눈으로 성서를 읽을 권리를 되찾아야 하며, 하느님은 2,000년 전 봉해서 전해 내려온 책 속이 아니라 우리 자신 안에 계시다는 사실을 힘있게 주장해야 한다.[17]

곽퓨란은 내재적 진리관을 고수하면서 아시아 여성의 관점에서 성서적 진리를 해석하는 대안적 방법으로 "대화적 상상력"을 이야기한다. "아시아의 그리스도인들은 성서의 이야기와 아시아인으로서 우리 자신의 이야기들의 상속자이며, 두 이야기들을 서로 대화시키는 데 관심을 가지고 있기[18] 때문에 그 방법은 대화적이다. 또한 "(대화적 상상력은) 기존의 '사물의 질서'에 도전하면서 성서와 아시아의 현실을 새롭게 바라보기 때문에"[19] 상징적이다.

---

16. Kwok, "Discovering the Bible in the Non-Biblical World".   17. 앞글, 17.
18. 앞글, 8. 한국의 민중신학자들은 신학적 반성을 위해 성서의 이야기들과 민중의 이야기들을 개념적으로 합류시키는 것과 관련하여 중요한 기여를 했다. 서남동, 『민중신학의 탐구』 참조: Kosuke Koyama, *Mount Fuji and Mount Sinai: A Critique of Idols* (Maryknoll, New York: Orbis Books, 1985); C. S. Song, *Tell Us Our Names: Story Theology from an Asian Perspective* (Maryknoll, New York: Orbis Books, 1984).
19. Kwok, "Discovering the Bible in the Non-Biblical World".

아시아 여성들은 이 대화적 상상력을 통해 성서의 이야기들과 그들 민족의 이야기들로부터 자신들의 생존과 해방에 필요한 지혜를 얻는다. 이것은 아시아 여성들로 하여금 성서로부터 나쁜 소식보다는 좋은 소식을 선택하게 하는 비판적인 과정이다. 아시아 여성 신학자들은 성서와 성서 해석이 오랫동안 가부장제와 식민주의, 서구 문화 제국주의의 포로가 되었던 상태에서 벗어나기를 원한다. 아시아 여성 신학자들은 여성들의 이야기, 사회 분석, 성서적 성찰을 통해 얻은 통찰을 가지고 그들 자신의 관점에서 인간론이나 그리스도론, 마리아론, 교회론, 성령론 같은 전통적인 그리스도교 신학의 교리들을 비판적으로 검토한다. 또한 그들은 기생 관광같이 우리 주변에서 벌어지는 급박한 문제 상황의 신학적 의미에 대해서도 성찰한다. 한국의 여성 신학자들은 이러한 방법론을 가리켜 **현장**신학이라고 한다.

현장이란 역사적 사건들이 일어나는 장소이며, **현장**신학은 한국 여성들이 나날의 삶에서 부딪치는 구체적 문제들을 중심으로 이루어진다. 한국 여신학자협의회는 1984년 10월 제2차 아시아 여성신학 정립회의를 한 뒤 **현장**신학반을 조직했다. 한국의 여성 신학자들은 이 회의에서 처음으로 앞서 말한 EATWOT의 3단계 신학적 반성 방법론을 사용했다. 회의에 참석한 많은 여성들은 한국 사회의 억눌린 여성들의 이야기에 깊은 감명을 받았다. 여신학자협의회 회원 대부분이 신학 교육을 받은 중간계급 여성들이었는데 그들은 이 가난한 여성들로부터 들은 이야기들에 비추어 자신들의 신학을 재평가했다. 회원들은 가난한 여성들과 깊은 연대감을 느끼지 못했다는 사실을 고백했으며, 회의의 마지막 입장 선언문에서는 그러한 무지의 죄를 회개했다:

> 지금까지 우리는 사회의 밑바닥에서 고통받고 착취당하며 억눌린 우리 이웃에 대해 무지했고 무관심했다. 그러므로 우리의 신학은 회개에서 출발해야 한다.[20]

20. Chung Sook Ja, "General Comments", *IGI* (December 1984) 22-3.

한국 여신학자협의회 회원들은 한국의 가난한 사람들이 매일매일 겪는 구체적 투쟁과 직접 관련되는 신학을 하기로 결단했다. **현장**신학반이 생겨난 것은 한국 여신학자협의회가 가난한 한국 여성들에 대해 책임이 있는 신학을 하기로 결단한 결과였다. 그들은 성도산업의 악덕 기업주에 대항하여 싸우는 여성 노동자들의 투쟁과 여성 조기 정년제,[21] 경찰의 여대생 고문[22]에 대한 한국 여성운동의 투쟁을 신학화했다. 한국의 여성 신학자들은 신학화 작업뿐만 아니라 시위대의 투쟁에도 함께했다. 그 결과 여신학자협의회 총무였던 안상님은 체포되어 경찰 구치소에서 얼마 동안을 지내기도 했다.[23] 한국의 여성 신학자들은 **현장**의 다른 한국 여성들과 연대하여 제자됨을 실천하는 것이 얼마나 많은 대가를 지불해야 하는 일인지 배워 가고 있었다.

아시아 여성들의 신학적 투쟁에서 발전된 새로운 방법론에 따르면 신학화의 가장 중요한 **자료**는 세상 안에서 살아낸 경험들이다. 이것은 **여성들**의 특수한 경험이며, 유럽의 부르주아 남성 전통신학자들이 **공통적**인 인간의 경험을 표준화했던 것처럼 일반화할 수 없다. 아시아 여성들의 특수한 역사적 경험은 희생자로서, 주체로서 여성들이 참여한 해방의 투쟁에서 드러난다. 또한 아시아 여성들은 그들의 종교-문화적 · 사회-경제적 전통들을 신학화의 자료로 사용한다. 그들은 아시아인이면서 동시에 그리스도인으로서 자기들의 정체성을 고백하며, 자신들을 진지하게 받아들인다. 이제 그들은 아시아 여성들이 완전한 인간으로 성장하는 것을 가로막는 남성 중심적인 제국주의 전통들을 거부하고, 자신들의 신학을 위해 생명을 주는 살아 있는 전통들을 사용한다.

최근에 아시아 여성 신학자들은 자신들의 신학적 자료를 얻기 위해 아시아의 신화나 민담, 노래, 시, 속담 그리고 힌두교나 불교, 이슬람교, 도교,

---

21. 많은 회사들이 여성이 결혼하거나 25세에 이르면 직장을 떠나게 했다.
22. 한국 여신학자협의회 편, 『여성신학과 인간화』 (서울: 한국 여신학자협의회, 1987) 70-91 참조.
23. 앞글, 72.

샤머니즘, 부족 종교, 유교, 그리스도교의 종교적 가르침들을 돌아보기 시작했다. 또한 과거 우리 역사에서 여성 혁명가들이나 자유 투사들, 급진적인 사상가들이 해놓은 일들을 발견하기 시작했다. 아시아 여성들은 선조 할머니들이 지녔던 용기와 지혜, 정치 이데올로기, 새로운 사회를 위한 대안적인 비전으로부터 많은 영감을 받는다. 이 과정에서 아시아 여성 신학자들은 소위 규범적인 신학 자료들로부터 그들이 물려받은 가부장적 전통들이 얼마나 부적합하고 억압적인지 깨닫게 된다.

아시아 여성 신학자들은 성서 또한 신학적 자료로 받아들인다. 그들은 아시아 전통 종교들의 다른 가르침들과 함께 신·구약 성서도 사용한다. 그들은 자신들의 **현장**에 비추어서 본문으로부터 해방의 메시지를 선택적으로 받아들이며, 본문의 억압적인 메시지를 밝힘으로써 가부장제의 악을 폭로하기도 한다. 아시아 여성 신학자들은 본문으로부터 배우지만 그것을 넘어서 공동체를 만난다. 이런 의미에서 그들은 본문을 해방시킨다.

아시아 여성들은 비판적인 의식을 가지고 위에서 말한 모든 자료들을 사용한다. 비판적인 의식은 소위 중립적이고 거리를 둔 객관적인 이성과는 다르며, 어느 한 편에서는 주관적인 이성이다. 그것은 지배 이데올로기의 껍질을 벗기는 사고의 힘이다.

하느님의 새 이름을 짓는 변화를 통해 아시아 여성들은 그들을 진리의 핵심으로 인도할 규범을 형성했다. 한국의 신학자 이우정은 많은 아시아 여성들의 소리를 이렇게 대변한다:

> 여성신학의 규범은 무엇인가? 그것은 여성들과 모든 억눌린 사람들의 완전한 인간성 회복에 기여하는 것이어야만 한다. 그 규범은 억눌렸던 희생자들이 하느님의 귀한 자녀들로 다시 설 수 있도록 힘을 불어넣어 주는 것이어야만 한다.[24]

---

24. 이우정, 「우리의 현장과 여성신학」, 『여성신학과 인간화』, 89.

바꿔 말하자면 아시아 여성신학의 규범은 겹겹이 둘러싸인 억압의 구조로부터 여성들을 자유롭게 하는 해방의 힘이다. 그것이 지닌 변화의 힘을 통해 아시아 여성들은 통전성을 향해 치유받으며, 그들 공동체 내의 다른 억눌린 사람들과 함께 삶을 축하할 수 있게 된다.

아시아 여성신학의 미래

이 마지막 장에서는 미래 아시아 여성신학의 방향을 제시하고 새롭게 떠오르는 아시아 여성들의 통찰을 요약하려고 한다. 나는 **제2세대 해방신학자**의 한 사람으로서 아시아 여성신학의 미래에 대한 나의 확신을 함께 나누고자 한다. 제2세대 해방신학자들이란 **제1세대 해방신학자들**이 마련해 놓은 토대 위에서 자신들의 신학을 세워 나가지만 동시에 그들을 넘어서려 하는 젊은 세대의 해방신학자들을 가리킨다. 제1세대는 주로 식민지 유산에 저항했지만 제2세대 신학자들은 그들 자신의 신학적 현실을 세우는 데까지 나아갈 수 있었다.

우리 세대를 가르친 스승들 중 많은 분들이 유럽이나 북아메리카에서 교육을 받았고, 우리 민족의 마음에 와닿지 않는 서구 신학의 개념들과 상징들을 통해 우리 민족의 영적인 현실을 이해하려고 많은 정열을 허비했다. 서구 지향적인 아시아 신학자들 중에도 스스로 해방신학자라고 주장하는 사람들이 있다. 오늘날도 어떤 학자들은 서구 신학의 식민주의적 경향에 반대하기 위해 선교사들의 전통으로부터 물려받은 서구 신학 공식을 사용하는 경우가 있다. 이러한 아시아 신학자들은 서구 신학의 문화 제국주의를 지적하고, 진정한 아시아 신학을 수립하기 위해서는 서구 신학으로부터 과감하게 벗어날 필요가 있다고 주장한다. 그러나 아직 그들은 그러한 단절을 이루지도 못했고, 적절한 아시아 신학을 수립하지도 못했다.

어떤 아시아 신학자들은 자신들의 신학을 위해 아시아 자료들을 사용하기도 하지만 그들의 신학 작업에 나타나는 강한 그리스도 중심주의 때문에 아시아의 가난한 사람들의 종교적 지혜에 의해 변화받지 못하고 있다. 아시아의 대다수 가난한 사람들은 그리스도인이 아니며, 따라서 그들은 비그리스도교적인 언어와 상징들을 통해 궁극적인 실재를 경험한다. 우리 제2세대 해방신학자들은 제1세대 해방신학자들의 열성적인 투쟁의 결과로 탄생했다.

스승들이 우리에게 학문적인 유산을 물려 주었고, 활동할 자리를 마련해 주었기 때문에 우리는 그들에게 많은 빚을 지고 있다.

제2세대 해방신학자들은 우리 주변을 둘러싸고 있는 신식민주의 세력을 깊이 인식하고 있지만 우리 자신의 힘도 잘 알고 있다. 우리는 우리 자신이 무엇을 위해 존재하는지 알고 있으며, 생명을 주는 활동을 해 나가고 있다. 우리는 우리 자신의 경험을 믿으며, 더 이상 외부의 권위에 힘을 부여하지 않고, 뱃속 깊은 곳에서부터 나오는 감정과 경험을 자기 것으로 만드는 데서부터 우리의 신학을 시작한다. 우리는 우리 자신의 고통스러운 역사로부터 억눌린 사람들에게 가장 위험한 일은 외부의 표준을 내면화하여 자기 속에서부터 나오는 감정을 부정함으로써 점차 마비되어 가는 일이라는 사실을 안다. 자신이 누구인지 깊이 경험하려 하지 않는다면 맞서 싸워 우리 자신의 자리를 만들 힘을 얻지 못할 것이다. 하느님을 만나기 위해서는 우리 가운데 그리고 우리 주변에 있는 현실적인 것과 접촉을 가져야 한다. 아시아의 제1세대 해방신학자들과는 달리 우리 제2세대들은 식민지 유산에 저항하는 데 정력을 쏟지 않고, 우리 자신의 언어로 경험에 이름을 붙이고, 우리를 위해 해방적인 신학적 대안을 창조하는 데 많은 정력을 쏟는다.

아시아 여성신학의 미래는 이러한 투쟁의 맥락에서 이해해야 한다. 아시아 여성들은 교회와 사회의 가부장적 지배로 인해 체계적으로 신학 교육에서 소외되었기 때문에 신학을 하는 많은 아시아 여성들은 그들 스스로 자기 신학의 얼굴을 새겨 나가며, 자신의 소리를 발전시켜 나간다. 그들은 미리 처방된 신학적 공식을 사용하는 것이 아니라 "가난한 자들의 해석학적 특권"이라는 원칙으로부터 자신들의 권위를 이끌어 낸다. 이 아시아 여성 신학자들은 전통신학 교육을 제대로 받지 못했기 때문에 학문적·교리적 권위로부터 더 자유롭다. 아시아의 교회들과 신학교들은 여성들도 자신의 신앙을 제대로 표현할 수 있는 능력을 가진 신학자라고 여겨본 적이 없다. 그들의 태도는 늘 "형제들은 어쩌고 하필 여자들인가? 여자들은 너무 감정적이지 않은가?" 하는 것이었다. 그러나 아이러니컬하게도 그렇게 무시당한 것이 여성 신학자들에게는 더 좋은 결과를 가져왔다. 여성들은 성서 연구나 기도회 등 자신들의 자리를 따로 만들어서 그들 자신의 신학을 발전시켜 나가게 되었다. 제도 교회에서는 눈치채지 못한 채 새로운 예배 의식을 실험했고, 그러한 것들은 아시아 여성들 사이에 빠르게 퍼져 나갔다.

이렇게 활발하게 상징들을 만들어 갔던 아시아 자매들을 기리면서 여기서 아시아 여성신학의 미래를 위해 네 가지 신학적 제안을 하겠다. 첫째로 아시아 여성 신학자들은 **우리들 자신이 텍스트**이고, 성서와 그리스도 교회 전통은 우리 신학의 콘텍스트라는 사실을 깨달아야 한다. 아시아 교회들은 성서와 서구 그리스도교 전통에 너무나 많은 권위를 부여해 왔기 때문에 우리의 민중 이야기들은 중요하지 않게 되었다. 선교사들의 근본주의 신학의 영향 때문에 성서는 하느님의 진리의 완전하고도 궁극적인 계시로 여겨졌고, 사람들의 삶을 정당화할 수 있는 규범이 되었다. 그래서 실제로 서양 선교사들의 성서 해석이 민중들의 경험이 지닌 진리를 측정하는 잣대가 되었다. 성서와 그리스도교 전통에 대한 이러한 반역사적인 태도는 서양의 소위 모교회에 대한 아시아 그리스도인들의 문화적 의존성을 영속화시켰다.

물론 우리 아시아 그리스도인들은 서양 유대인들과 그리스도인들의 진정한 집단적 기억에 대해 개방적이 되어야 하고 그로부터 무언가를 배울 수 있어야 하지만 우리들의 영적인 의미 세계에서 그것들이 전제적인 독재를 하게 해서는 안된다. 성서는 우리 민중들의 마음에 와닿을 때에만, 특히 성서의 가부장적 가르침으로 인해 깊이 상처를 입은 여성들의 마음을 두드릴 때에만 의미있게 되며, 성서의 해방 이야기들이 우리 민중들의 나날의 삶 속에서 다시 살아날 때에만 자주성과 통전성을 향한 우리 민중들의 투쟁 속에서 변화의 힘이 된다. 그럴 경우에만, 오직 그럴 경우에만 성서는 우리들에게 살아 있는 책이 된다. 진정한 하느님의 백성의 기억은 결코 2,000여 년 전에 끝난 것이 아니며, 그리스도교의 정경 속에 갇혀 있을 수도 없다. 과거에도, 현재에도, 미래에도 하느님의 계시의 본문은 우리의 몸 속에, 그리고 생존과 해방을 위한 민중들의 나날의 투쟁 속에 쓰여진다. 하느님은 서양 선교사들이 아시아에 성서를 전해 줄 때에야 비로소 처음으로 아시아 여성들에게 온 것이 아니다. 하느님은 예수가 태어나기 이전에 이미 오래 전부터 우리 역사를 통해 늘 우리와 함께하셨다. 하느님의 계시의 자리는 우리들의 삶 자체이다. 우리의 삶이 우리의 텍스트이며, 성서와 교회 전통은 끊임없이 하느님을 추구하는 과정에서 때때로 우리의 전거가 되는 콘텍스트이다. 우리는 역사 속에서 계속 성장해 가는 하느님의 진리를 우리의 삶을 통한 하느님의 계시의 본문으로 펼쳐나가야 할 것이다.

아시아 여성신학의 미래를 위한 나의 둘째 희망은 제도화된 종교가 아니라 여성들 사이의 **대중적 종교**(popular religiosity)로 신학의 초점을 옮기자는 것이다. 아시아의 거의 모든 제도 종교들은 남성들에 의해 창시되고 지배되었으며, 그 발전 과정에서도 여성들은 소외되었다. 남성들에 의해 규정된 제도 종교의 여러 가르침들은 늘 아시아 여성들에게 억압적이었다. 남성들은 역사 속에서 증오와 두려움을 여성들에게 쏟아부음으로써 여성됨의 의미를 왜곡시켰다.

그러나 남성 종교 지도자들은 아시아 여성들의 영을 완전히 길들이거나 파괴하지 못했다. 아시아 여성들은 항거했고, 부엌과 우물가 그리고 산과 밭에서 자기 어머니들과 할머니들, 증조할머니들의 생명을 주는 믿음을 지켜 왔다. 겉보기에는 아시아 여성들이 남성 종교 지도자들의 가르침에 복종하고 있는 것 같지만 온순해 보이는 겉모양과 달리 추상적이고 여성 혐오적인 제도 종교들을 변화시켜 여성을 긍정하고 몸을 사랑하며, 자연을 존중하는 영성으로 만들 수 있는 힘을 가지고 있다. 나는 이러한 영성의 실천을 대중적인 종교성이라 부른다. 한국의 샤머니즘이나 권인(여성신)을 숭배하는 중국 불교, 필리핀의 이나(어머니 신) 예배 등 아시아에 여성들이 규정한 종교가 있다는 사실은 가부장적 종교에 대한 여성들의 투쟁이 있었다는 강력한 증거이다.

일반적으로 아시아 여성들의 대중 종교는 지금 여기 지상에서 우주의 리듬에 따라 움직이는 우주적 종교라고 부를 수 있을 것이다. 그들의 종교성은 남성들이 지배하는 소위 고등종교 세계의 초우주적(meta-cosmic) 종교들과는 다르다. 초우주적 종교들은 늘 이 물질 세계를 벗어나서 더 순수한 형태의 영적 실재를 만나려고 한다. 많은 남성 종교학자들은 이 초우주적 종교가 우주적 종교에 비해 더 고등한(발전된) 형태라고 본다. 가부장적 사회가 여성이 남성에 비해 열등하다고 규정하듯이 그들은 자주 우주적 종교는 원시적이라고 말한다. 이 남성 학자들은 우주적 종교는 초우주적 종교에 의해 길들여지든지 방향 제시를 받아서 도덕적이고 역사적인 종교가 되어야 한다고 생각한다. 그러나 이러한 생각은 여성들은 부도덕하기 때문에 남성들의 지배를 받을 필요가 있다는 가부장적 사회 내에서의 여성에 대한 인식을 그대로 반영한다.[25]

여성 중심의 우주적 종교는 가부장적 문화 속에서 **종교의 밑바닥으로부터 나온 종교**였으며, 정부와 제도 종교로부터 심한 박해를 받았다. 그러나 그것은 여성의 지도력을 거룩하게 보고 존중했던 유일한 종교들이었으며, 이 영역에서 아시아 여성들은 우주의 리듬을 거스르지 않고 거기에 맞춰 춤추는 독특한 여성들의 영성을 이루어 나갔다. 이제는 우리 아시아 여성들이 생명을 주는 선조 할머니들의 대중적 종교의 지혜를 재발견해서 강간 유형의 기술과 핵전쟁으로 인해 점점 더 위협을 받는 어머니 대지 위에서 생존해야 할 때다.

아시아 여성신학의 미래를 위한 나의 셋째 희망은 종교 다원주의를 수용하고 종교간 대화를 하는 것을 넘어서서 **종교적인 연대**와 해방을 위한 민중들의 투쟁의 혁명적인 실천으로 나아가자는 것이다. 신성의 다양한 현시 속에서 다원성을 인식하는 것은 자기만이 진리라고 주장하는 배타주의의 파시즘적이고 제국주의적인 성향과 대항해서 싸우기 위해 대단히 중요하다. 그러나 다원성을 받아들이는 것만으로는 아시아 여성신학의 미래를 위해 충

---

25. 우주적 종교와 초우주적 종교에 대해 더 많이 알려면 Aloysius Pieris, *An Asian Theology of Liberation* (Maryknoll, New York: Orbis Books, 1988) 71-4. 우주적 종교와 초우주적 종교 사이의 관계에 대한 피어리스의 보완적 입장 참조. 그의 보완적 입장은 내가 여기서 기술한 일반적인 견해와는 다르다.

분치 못하다. 다원성을 이해했다고 해서 아시아의 그리스도교 여성들이 종교적 · 계급적 · 인종적 배경이 다른 아시아 자매들의 해방 투쟁에 필연적으로, 자동적으로 참여하게 되지는 않기 때문이다. 다원주의는 다양한 배경에서 온 여성들을 공동의 구체적인 역사적 과제로 동력화할 수 없을 때 쉽게 나태하고 무책임해진다.

아시아 여성들의 신학은 (적어도 글로 쓴 것들에 한해서는) 아직도 중간 계급의 서구 교육을 받고 영어를 할 줄 아는 여성들, 즉 세상을 **이해**하기 위해 신학을 하는 여성들의 지배를 받는 경향이 있다. 아시아 여성들의 신학은 다른 아시아 여성들이 불의한 사회-정치, 종교-문화 구조를 **변화**시켜 우리 모두가 이 세상 안에서 철저한 상호성의 힘으로 살아 가도록 힘을 주는 혁명적인 실천이 되어야 한다.

아시아 여성신학의 미래 방향을 위한 나의 넷째 희망은 그리스도교 신학의 교리적 순수성에 대한 집착을 넘어서 **생존-해방 중심적인 혼합주의** (survival-liberation centered syncretism)로 모험을 감행해야 한다는 것이다. 아시아의 가난한 여성들은 불의하고 여성을 증오하는 세상 속에서 생존과 해방을 위해 투쟁하면서 삶을 지탱하고 힘을 얻기 위해 다양한 종교 전통을 가까이했다. 그들에게 중요한 것은 교리적 정통성이 아니었다. 교리적 순수성은 늘 제도 교회의 남성 지도자들이 독점하고 있는 것 같다. 아시아 여성들에게 중요한 것은 그들 자신과 공동체의 생존과 해방이었다. 그들에게 중요했던 것은 예수나 석가모니, 모하메드, 공자 자체가 아니라 자신들의 인간됨을 주장하도록 힘을 불어넣어 주는 생명력이었다. 아시아 여성들은 그들의 문화와 종교로부터 생명을 주는 요소들을 선택해서 새로운 종교적 의미를 살려냈다.

서구 신학자들에게 혼합주의는 매우 "위험한" 말이 되었다. 그들은 혼합주의가 그리스도교의 정체성을 파괴하며, 결국은 사람들을 혼란으로 이끌 것이라고 생각한다. 그들이 보기에 혼합주의는 서로 다른 종교적 유산들을 아무 원칙 없이 결합시키는 나태하고 무책임한 태도이다.[26] 그들은 그리스도교의 정체성이 마치 자신들이 소유한 영원불변의 재산인 것처럼 생각한다. 정통주의를 벗어나 동양 전통 속에 침잠해 들어가서 그것들에 의해 변화를 받으려는 아시아 신학자들의 노력은 늘 서구 교회 지도자들로부터 의심을 받아 왔다. 전통적인 서구 신학자들은 마치 자신들만이 그리스도교 **저작권**을 가지고 있다고 말하는 것 같다: "판권을 소유하고 있음 ― 그리스도교의 가르침 중 어떤 부분도 허락 없이 새로 만들 수 없음"이라고 말이다.

우리 아시아 여성 신학자들은 그리스도교의 정체성을 잃을지도 모른다는 강요된 두려움으로부터 벗어나 우리 민중들의 종교적 지혜에 의해 변화되는 모험을 감행해야 한다. 우리가 옛 정체성을 잃을 준비가 되어 있는만큼 참된 **아시아**의 그리스도인으로 변화될 수 있을 것이다. 우리는 주로 그리스도 교회와 신학교들에 대해, 또 우리들 자신에 대해 힘든 질문들을 해야 한다. 누가 그리스도교를 **소유**하고 있는가? 그리스도교는 불변한가? 그리스도교를 그리스도교답게 만드는 것은 무엇인가? 참으로 아시아적이면서 동시에 참으로 그리스도교적이 되려면 우리 스스로 얼마나 자신을 열어야 하는가?

진정한 의미에서 우리 자신이 되기 위한 아시아 여성들의 투쟁으로부터 어떠한 새로운 영성과 신학이 나오게 될지 나는 지금 확실하게 말할 수는 없다. 그러나 아시아 여성들의 영성과 신학의 미래는 틀림없이 그리스도 중심에서 벗어나 생명 중심으로 옮겨갈 것이다. 더 이상 우리 아시아 여성들은 그리스도교 진리의 씨앗이 뿌려질 수동적인 밭이 아니라 (이 상징은 아시아에서의 그리스도교 선교를 묘사하기 위해 자주 사용되었다) 특수하게 아시아적이며, 제3세계적이고, 여성적인 우리의 특성을 담아 줄 새로운 영성과 신학의 탄생에 적극적으로 참여하는 어머니들이 될 것이다. 우리는 "다시 태양이 되기 위한" 가난한 아시아 여성들의 투쟁에 힘을 불어넣어 줄 새로운 영성과 새로운 신학의 도래를 기다리고 있다.

---

26. 혼합주의에 대한 다른 입장에 주목하시오. Hendrik Kraemer, *The Christian Message in a Non-Christian World* (Grand Rapids, Michigan: Kregel Publications, 1977); M. M. Thomas, *Risking Christ for Christ's Sake* (Geneva: WCC, 1987); Leonardo Boff, *Church, Charism, Power* (New York: Crossroads, 1985).

참 고 문 헌

저서

Abayasekera, J. and Niles, D. Preman, eds. *For the Dawning of the New*. Singapore: Christian Conference of Asia, 1981.

Anderson, Gerald H., ed. *Asian Voices in Christian Theology*. Maryknoll, New York: Orbis Books, 1976.

———. *Christ and Crisis in Southeast Asia*. New York: Friendship Press, 1968.

Anderson, Gerald H. and Stransky, Thomas F., eds. *Christ's Lordship & Religious Pluralism*. Maryknoll, New York: Orbis Books, 1981.

Arai, Tosh, ed. *Children of Asia*. Singapore: Christian Conference of Asia, 1979.

Ariarajah, S. Wesley. *The Bible and People of Other Faiths*. Maryknoll, New York: Orbis Books, 1989.

Asian Women's Consultation. *Proceedings: Asian Women's Consultation*. Manila: Ecumenical Association of Third World Theologians, 1985.

Association of Women in Theology. *Power from Powerlessness*. Philippines: AWIT, 1983.

Avia, C. R., reporter. *Peasant Theology: Reflection by the Filipino Peasants on Their Process of Social Revolution*. Books No. 1. Asia: World Student Christian Federation (WSCF), 1976.

Balasuriya, Tissa. *The Eucharist and Human Liberation*. Maryknoll, New York: Orbis Books, 1979.

———. *Jesus Christ and Human Liberation*. Quest Series 48 (September 1976). Colombo, Sri Lanka: Centre for Society and Religion, 1976.

Berstein, Gail Lee, *Haruko's World: A Japanese Farm Woman and Her Community*. Stanford University, 1980.

Bhasin, Kamla and Khan, Nighat Said. *Some Questions on Feminism and Its Relevance in South Asia*. Delhi: Kali for Women, 1986.

Brock, Rita N. *Journeys by Heart: A Christology of Erotic Power*. New York: Crossroad Publishing Company, 1988.

Centre for Society and Religion, ed. *A Hymn to Creation: Essays in Women and Religion*. Colombo, Sri Lanka: The Centre for Society and Religion, 1983.

———. *God, Women, and the Bible*. Colombo, Sri Lanka: The Centre for Society and Religion, 1983.

Christian Conference of Asia. *A Call to Vulnerable Discipleship*. Niles Memorial Lectures, Bible Studies and Testimonies of the Seventh Assembly, 1891.

————. *Liberation, Justice, Development*. Asian Ecumenical Conference for Development, July 14-22, 1970.

————. *Living in Christ in People*. The Seventh Assembly of the CCA, April 18 to May 28, 1981.

————. *Tradition and Innovation: A Search for Relevant Ecclesiology in Asia*. 1983.

————, ed. *Reading the Bible as Asian Women*. Singapore: CCA, 1986.

————, ed. *Women to Women: Asian Women in Solidarity: Mobilizing Women in Struggles for Food, Justice and Freedom*. Singapore: CCA, 1986.

Christian Conference of Asia–International Affairs. *Escape from Domination: A Consultation Report on Patterns of Domination and People's Movement in Asia*. 1980.

————. *People Against Domination: A Consultation Report on People's Movements and Structures of Domination in Asia*. Kuala Lumpur, Malaysia, February 24-28, 1981.

Christian Conference of Asia–Urban Rural Mission(URM). *Captives on the Land*. Report of Consultation on Land. Colombo, February 1976.

————. *Christian Response to Race and Minority Issues in Asia*. Proceedings and Findings of a Regional Consultation organized by the CCA in cooperation with the WCC, March 24-29, 1980, New Delhi.

————. *From the Womb of Han, Stories of Korean Women Workers*. Hong Kong: 1982.

————. *Identity and Justice*. Report of an ad hoc meeting on Race and Minority Issues in Asia, Hong Kong, March 1977.

————. *In Clenched Fists of Struggle*. Report of the Workshop on the Impact of TNCs in Asia, 1981.

————. *No Place in the Inn: Voices of Minority People in Asia*. Hong Kong, 1979.

————. *Spirituality for Combat*. Hong Kong, 1983.

————. *Struggling with People is Living in Christ*. Hong Kong, 1981.

————. *Theology and Ideology: An Urban Rural Mission Discussion*. Hong Kong, 1980.

————. *A Study of Poor Women in Korea*. Seoul, Korea: Minjungsa, 1983.

Clarke, Jennie, ed. *Weaving New Patterns: Women's Struggle for Change in Asia and the Pacific*. Hong Kong: World Student Christian Federation Asia/Pacific Region, 1986.

Cochran, Jo, ed. *Gathering Ground: New Writing by Northwest Women of Color*. Seattle: Seal Press Feminist, 1984.

Commission on Theological Concerns–Christian Conference of Asia, ed. *Min-*

jung Theology: People as the Subjects of History. London: Zed Press, 1983; Maryknoll, New York: Orbis Books, 1983.

———. ed., *Towards the Sovereignty of the People: A Search for an Alternative Form of Democratic Politics in Asia–A Christian Discussion*. Singapore: Christian Conference of Asia, 1983.

Condon, Jane. *A Half Step Behind: Japanese Women of the 1980's*. New York: Dodd, Mead, 1985.

Cone, James H. *For My People*. Maryknoll, New York: Orbis Books, 1984.

———. *God of the Oppressed*. New York: Harper, 1975.

Croll, Elizabeth, *Feminism and Socialism in China*. London: Routledge & Kegan Paul, 1978.

Davies, Miranda, ed. *Third World-Second Sex*, Vol. 2. London and New Jersey: Zed Books Ltd., 1987.

Dawood, Nawaz. *Tea and Poverty: Plantations and the Political Economy of Sri Lanka*. Singapore: CCA-URM, 1980.

Delavignette, Robert. *Christianity and Colonialism*. Translated from the French by J. R. Foster. New York: Howthon, 1964.

Dietrich, Gabriele. *One day I shall be like a banyan tree*. Belgium: Dileep S. Kamat, 1985.

Easton, Steward C. *The Rise and Fall of Western Colonialism*. New York and London: Fredrick A. Praeger, 1964.

Elwood, Douglas J., ed. *Asian Christian Theology: Emerging Themes*. Philadelphia: The Westminster Press, 1980.

———. *What Asian Christians are Thinking*. Philippines: New Day Publishers, 1976.

Elwood, Douglas J. and Nacpil, Emertio P., eds. *The Human and the Holy: Asian Perspectives in Christian Theology*. Philippines: New Day Publishers, 1978.

England, John. *Theology in Action 2: A Workshop Report for Malaysia and Singapore, March 1-12, 1973*. Kuala Lumpur: East Asia Christian Conference.

———. ed. *Living Theology in Asia*. Maryknoll, New York: Orbis Books, 1982.

England, John and Oh Jae Shik, eds. *Theology in Action: A Workshop Report*. September 1-12, 1972.

Fabella, Virginia, ed. *Asia's Struggle for Full Humanity*. Maryknoll, New York: Orbis Books, 1980.

Fabella, Virginia and Lee Sun Ai, eds. *We Dare To Dream: Doing Theology as Asian Women*. Seoul: Asian Women's Resource Center, 1989; Maryknoll, New York: Orbis Books, 1990.

Fabella, Virginia and Oduyoye, Mercy A., eds. *With Passion and Compassion:*

Third World Women Doing Theology. Maryknoll, New York: Orbis Books, 1988.

Fabella, Virginia and Torres, Sergio, eds. *Doing Theology in a Divided World*. Maryknoll, New York: Orbis Books, 1985.

————. *Irruption of the Third World: Challenge to Theology*. Maryknoll, New York: Orbis Books, 1983.

Federation of Asian Bishops' Conference. *The Role of Women in the Church as a Community of Faith in Asia*. Thailand, October 1982.

Floro, Sergy and Luz, Nana, eds. *Sourcebook on Philippine Women in Struggle*. Berkeley: Philippine Resource Center, 1985,

Gabriela. *Gabriela: Assembly Proceedings*. Philippines, 1984.

Gheddo, Piero. *Why Is the Third World Poor?* Maryknoll, New York: Orbis Books, 1973.

Gnanadason, Aruna, ed. *Towards a Theology of Humanhood: Women's Perspectives*. Delhi: All India Council of Christian Women, 1986.

Guisso, Richard, ed. *Women in China: Current Directions in Historical Scholarship*. New York: Philo, 1981.

Gutiérrez, Gustavo. *A Theology of Liberation*. Translated and edited by Sister Caridad Inda and John Eagleson. Maryknoll, New York: Orbis Books, 1973.

Hao Yap Kim, ed. *Asian Theological Reflections on Suffering and Hope*. Asia Focus. Singapore: CCA, 1977.

Harrington, Michael. *The Vast Majority: A Journey to the World's Poor*. New York: Simon and Schuster, 1977.

Harrison, Beverly W. *Making the Connections*. Boston: Beacon Press, 1985.

Heyward, Isabel Carter. *The Redemption of God: A Theology of Mutual Relations*. Washington, D.C.: University Press of Amercia, Inc., 1982.

Hick, John. *God and the Universe of Faiths: Essays in the Philosophy of Religion*. London: The Macmillan Press Ltd., 1973.

Holden, Peter et al. *Tourism, Prostitution and Development*. Ecumenical Coalition on Third World Tourism, 1983.

Hong, Evelyn. *Malaysian Women: Problems and Issues*. Penang: Consumer Association of Penang(CAP), 1983.

————. *See the Third World While It Lasts*. Penang: CAP, 1985.

IDOC Dossier No. 7. *The Future of the Missionary Enterprise: Mission Through People's Organization*. South Korea, Rome: 1974.

International Affairs–WCC. *Human Rights in the Republic of Korea*. Geneva: WCC, 1979.

Ishimoto, Shidzue. *Facing Two Ways: The Story of My Life*. Stanford: Stanford University, 1984.

Japanese Catholic Council for Justice and Peace, ed. *"A Declaration of Conscience:" The Korean Catholic Church and Human Rights*. 3 Vols. Maryknoll, New York: Orbis Books, 1983.

Jayawardena, Kumari. *Feminism and Nationalism in the Third World*, London: Zed Books Ltd, 1986.

———. *Feminism in Sri Lanka in the Decade, 1975~1985*. Colombo, Sri Lanka: Women's Education Centre, 1986.

———. *Liberalism and the Women's Movement*. Colombo, Sri Lanka: Centre for Society and Religion (Education Unit) and Women's Education Centre, 1985.

Johnson, Kay Ann. *Women, The Family and Peasant in China*. Chicago: University of Chicago, 1983.

Katoppo, Marianne. *Compassionate and Free: An Asian Women's Theology*. Maryknoll, New York: Orbis Books, 1980.

Kendall, Laruel. *Shamans, Housewives, and Other Restless Spirits: Women in Korean Ritual Life*. Honolulu: University of Hawaii Press, 1985.

Kikumura, Akemi. *Through Harsh Winters: The Life of a Japanese Immigrant Woman*. Novato, CA: Chandler & Sharp Publisher, 1981.

———. *The Gold-Crowned Jesus and Other Writings*. Edited by Kim Chong Sun and Shelly Killen. Maryknoll, New York: Orbis Books, 1978.

Kingston, Maxine Hong. *The Woman Warrior*. New York: Alfred A. Knopf, 1976.

Kitamori, Kazoh. *Theology of the Pain of God*. Richmond, Virginia: John Knox Press, 1958.

Korea Church Women United. *Kisaeng Tourism: A Nation-Wide Survey Report on Conditions in Four Areas: Seoul, Pusan, Cheju, Kwangju*. Seoul, Korea: Church Women United, 1984.

Korea Theological Study Institute, ed. *Essays on Minjung*. Seoul, Korea: Korea Theological Study Institute, 1984.

Korean Association of Women Theologians. *The Context of Korean Women's Theology*. Seoul, Korea: KAWT, 1985.

———. *Second Consultation for the Establishment of Feminist Theology in Asia*. Seoul, Korea: KAWT, October 1984.

———. *The Task of Korean Women's Theology*. Seoul, Korea: KAWT, 1985.

———, ed. *Women's Theology and Humanization*, Seoul, Korea: KAWT, 1987.

Koyama, Kosuke. *Mount Fuji and Mount Sinai: A Critique of Idols*. Maryknoll, New York: Orbis Books, 1985.

Lebra, Takie S. *Japanese Women: Constraint and Fulfillment*. Honolulu: University of Hawaii, 1984.

Lee Sun Ai, and Luce, Don, eds. *The Wish: Poems of Contemporary Korea*. New York: Friendship Press, 1983.

Liddle, Joanna and Joshi, Rama. *Daughters of Independence: Gender, Caste and Class in India*. London: Zed Books Ltd., 1986.

Loh I To, ed. *New Song of Asian Cities*. Singapore: CCA-URM, 1972.

Lorde, Audrey. *Sister Outsider*. New York: The Crossing Press, 1984.

Mananzan, Mary J., ed. *Essays on Women*. Manila: Women's Studies Program, Saint Scholastica's College, 1987.

————, ed. *Woman and Religion*. Manila: The Institute of Women's Studies, Saint Scholastica's College, 1988.

————, ed. *Women in Asia: Status and Image*. Asia Focus. Singapore: CCA, 1979.

Matsubara, Hisako. *Cranes at Dusk*. Dial Press, 1985.

McCoy, Charles S. *When Gods Change*. Nashville: Abingdon Press, 1980.

McFague, Sallie. *Metaphorical Theology*. Philadelphia: Fortress Press, 1982.

Miles, Maria. *Patriarchy and Accumulation on a World Scale: Women in the International Division of Labour*. London: Zed Books Ltd., 1986.

————. *The Social Origins of the Sexual Division of Labour*. Colombo, Sri Lanka: Women's Education Centre, 1985.

————. *Utopian Socialism and Women's Emancipation*. Colombo, Sri Lanka: Centre for Society and Religion (Education Unit) and Women's Education Centre, 1985.

Moon, Cyrus. *A Korean Minjung Theology: An Old Testament Perspective*. Maryknoll, New York: Orbis Books, 1985.

Moraga, Cherrie and Anzaldua, Gloria, ed. *This Bridge Called Me Back*. New York: Kitchen Table: Women of Color Press, 1981.

Nacpil, Emerito P. and Elwood, Douglas J., eds. *The Human and the Holy: Asian Perspectives in Christian Theology*. Maryknoll, New York: Orbis Books, 1980.

National Conference of Asian Women Theologians (Northeast U.S. Group). *An Ocean with Many Shores: Asian Women Making Connections in Theology and Ministry*. New York: Asian Women Theologians, 1986.

Neill, Stephen. *Colonialism and Christian Missions*. New York: McGraw Hill, 1966

Nelson, Marlin L. *The How and Why of Third World Missions: An Asian Case Study*. Pasadena, California: William Carey Library, 1976.

————, ed. *Reading in Third World Missions: A Collection of Essential Documents*. Pasadena, California: William Carey Library, 1976.

Niebuhr, H. Richard. *Christ and Culture*. New York and London: Harper & Row, 1975.

Niles, Preman and Thomas, T. K., eds. *Witnessing to the Kingdom*. Asia Focus. Singapore: CCA, 1979.

Noh, Jong Sun. *Religion and Just Revolution: The Third World Perspective.* Hamden, Connecticut: Center for Asian Theology, 1984.

North American Coalition for Human Rights in Korea. *Documents on Human Rights Struggle in Korea 1978.* New York, 1978.

Ogle, George E. *Liberty to the Captives: The Struggle Aganist Oppression in South Korea.* Atlanta: John Knox Press, 1978.

O'Grady, Alison, ed. *Inheritors of the Earth* (Report of the People's Forum on People, Land, and Justice). Singapore: CCA-URM, 1981.

———, ed. *Voices of Women: An Asian Anthology.* Singapore: Asian Christian Women's Conference, 1978.

O'Grady, Ron. *Tourism in the Third World.* Maryknoll, New York: Orbis Books, 1982.

Ohara, Miyao, trans. and ed. *The Songs of Hiroshima: Anthology.* Hiroshima: Shunyo-sha Shuppan Co. Ltd., 1979.

Panikkar, Raimundo. *The Intra-Religious Dialogue.* New York and New Jersey: Paulist Press, 1978.

Park Soon Kyung. *Korean Nation and the Task of Women's Theology.* Seoul, Korea: Hyundae Shinsuh, 1983.

———. *Unification of the Nation and Christianity.* Seoul, Korea: Daehan Kee-dokyo Suhwhe, 1983.

Paul, Diana Y. *Women in Buddhism, Images of the Feminine in the Mahayana Tradition.* Berkeley: University of California Press, 1985.

Phongpaichit, Pasuk. *From Peasant Girls to Bangkok Masseuses.* Geneva: ILO, 1982.

Pieris, Aloysius. *An Asian Theology of Liberation.* Maryknoll, New York: Orbis Books, 1988.

Pobee, John S. and Von Wartenberg-Potter, Bärbel, eds. *New Eyes for Reading: Biblical and Theological Reflections by Women from the Third World.* Oak Park, Illinois: Meyer Stone Books, 1986.

Robins-Mowey, Dorothy. *The Hidden Sun: Women of Modern Japan.* Boulder, CO: Westview, 1983.

Romero, Flerida Ruth. *Women and the Law.* University of the Philippines Law Center and the Asia Foundation, 1983.

Ruether, Rosemary R. *Sexism and God-Talk.* Boston: Beacon Press, 1983.

Russell, Letty, M., ed. *Changing Contexts of Our Faith.* Philadelphia: Fortress Press, 1985.

Russell, Letty, M., Kwok, Pui-lan, Isasi-Diaz, Ada M., and Cannon, Katie G., eds. *Inheriting Our Mother's Gardens: Feminist Theology in Third World Perspective.* Philadelphia: The Westminster Press, 1988.

Said, Edward W. *Orientalism*. New York: Vintage Books, 1978.

Samartha, Stanley J. *Courage for Dialogue: Ecumenical Issues in Inter-Religious Relationship*. Geneva: WCC, 1981.

Schreiter, Robert J. *Constructing Local Theologies*. Maryknoll, New York: Orbis Books, 1986.

Schüssler Fiorenza, Elisabeth. *In Memory of Her*. New York: Crossroad, 1984.

──── and Carr, Anne, eds. *Women, Work, and Poverty*. Edinburgh: T&T Clark Ltd., 1987.

Segundo, Juan Luis. *The Liberation of Theology*. Maryknoll, New York: Orbis Books, 1976.

Song, Cathy. *Picture Bride*. New Haben: Yale University, 1983.

Song, C. S. *The Compassionate God*. Maryknoll, New York: Orbis Books, 1982.

────. *The Tears of Lady Meng: A Parable of People's Political Theology*. Maryknoll, New York: Orbis Books, 1982.

────. *Theology from the Womb of Asia*. Maryknoll, New York: Orbis Books, 1986.

Sugimoto, Etsu I. *Daughter of the Samurai*. Arden Library, 1977.

Suh, David Kwang-sun. *Religion and the Revolt of the Oppressed*. Delhi: ISPCK, 1981.

────. *Theology, Ideology, and Culture*. Colombo, Sri Lanka: Centre for Society and Religion, 1985.

Thomas, M. M. *Risking Christ for Christ's Sake*. Geneva: WCC, 1987.

Tillich, Paul. *Christianity and the Encounter of World Religions*. New York: Columbia University Press, 1964.

Torres, Sergio and Eagleson, John, eds. *The Challenge of Basic Christian Communities*. Maryknoll, New York: Orbis Books, 1981.

Torres, Sergio and Fabella, Virginia, eds. *The Emergent Gospel*. Maryknoll, New York: Orbis Books, 1978.

────, eds. *Irruption of the Third World: Challenge to Theology*. Maryknoll, New York: Orbis Books, 1984.

Verhese, Jamila. *Her Gold and Her Body*. Hyderabad: Vikas Publishing House, 1980.

────. *No Other Name: The Choice Between Syncretism and Christian Univer-salism*. Philadelphia: Westminster Press, 1963.

Visser't Hooft, Willem. *Has the Ecumenical Movement a Future?* Belfast: Christian Journal Limited, 1974.

Webster, John C. B. and Webster, Ellen Low, eds. *The Church and Women in the Third World*. Philadelphia: The Westminster Press, 1985.

Wolf, M. and Ritke, R., eds. *Women in Chinese Society*. Stanford: Stanford

University, 1976.

Woodsmall, Ruth F., ed. *Eastern Women: Today and Tomorrow*. Boston: The General Committee on the United Study of Foreign Missions, 1933.

Wynne, Alison. *No Time for Crying*. Hong Kong: Resource Centre for Philippine Concern, 1979.

Zinkin, Taya. Caste in India: *Yesterday and Today*. New York: Bantam Books, 1970.

기사

Abeyesekera, Sunila, Bastian, Sunil and Siriwardena, Reggie. "Patriarchy and Capitalism." *Logos*, November 1982.

Ahlstrand, Kajsa. "A Woman's Universe." *Logos*, May 1986.

Ahn Sang Nim. "My Understanding of Feminist Theology." *In God's Image*, April 1985.

Alexander, Anna V. "Female Genital Mutilation." *In God's Image*, June-September 1986.

Alexander, Philip. "Child Birth: A Medical Student's Reflection." *In God's Image*, June-September 1986.

Ariola, Fe. "Women's Place in the Struggle." *Kalinangan*, October 1985.

Asedillo, Rebecca. "A New Picture of Mary: A View from Below." *In God's Image*, April 1985.

———. "Singing their Song in a Troubled Land." *Voices from the Third World*, December 1982.

Balai, "Airline Ads: Selling An Image." *Balai*, Vol. 2, No. 4.

———. "The Buying Power of Female Labor." *Balai*, Vol. 2, No. 4.

———. "Cheap Asian Female Labor and the Run-Away Shops." *Balai*, Vol. 2, No. 4.

———. "Comparative Study of Women Workers in Asia." *Balai*, Vol. 2, No. 4.

———. "The Cultural Roots of Asian Female Subjugation." *Balai*, Vol. 2, No. 4.

———. "The Geopolitics of Prostitution." *Balai*, Vol. 2, No. 4.

———. "Historical Tid-bits of Prostitution in Japan." *Balai*, Vol. 2, No. 4.

———. "The Marriage Market." *Balai*, Vol. 2, No. 4.

———. "The Oriental Christ: A Feminist." *Balai*, Vol. 2, No. 4.

———. "Rural Poverty and Other Issues." *Balai*, Vol. 2, No. 4.

———. "Springboard for Liberation Valiant Women." *Balai*, Vol. 2, No. 4.

———. "The Third World Movement Against Exploitation." *Balai*, Vol. 2, No. 4.

———. "Working Women from 1965~2000." *Balai*, Vol. 2, No. 4.

———. "The Yin and Yang of Asian Women." *Balai*, Vol. 2, No. 4, December 1981.

Balasuriya, Tissa. "Mary a Mature Committed Woman." *Logos*, August 1984.

———. "New Forms of Exploitation." *Logos*, December 1981.

———. "Women and Men in the New Community." *Logos*, November 1982.

Brunerova, Bozena. "Women in Socialist Society." *Logos*, November 1982.

Carter, Aiko, "Women in Church and Society–A Japanese Perspective." *In God's Image*, December 1985.

Chang Sang. "Mission and Competence of Church Women in Korea." *In God's Image*, December 1985.

Chawla, Janet. "Women Power Is Also Birthing Power." *In God's Image*, December 1986.

Chinniah, Malar. "Women in the Early Church and the Interpretation of Pauline Text in Relation to Women Today." *In God's Image*, October 1985.

Christian Conference of Asia. "Backstreet Guide to Degrading Slavery." *CCA News*, Vol. 23, No. 1/2, January/February 1988.

Christiane, "Pathetic Women of the Slums." *Logos*, December 1981.

Chung Hyun Kyung. "Following Naked Dancing and Long Dreaming." *Inheriting Our Mother's Gardens: Feminist Theology in Third World Perspective*, Letty Russell, Kwok Pui-lan, Ada Maria Isasi-Diaz, Katie Cannon, eds., Philadelphia: The Westminster Press, 1988.

———. "Han-pu-ri: Doing Theology from Korean Women's Perspective." *The Ecumenical Review*, Vol. 40, No. 1, January 1987. Reprinted in Virginia Fabella and Lee Sun Ai, eds., We Dare To Dream, Maryknoll, New York: Orbis Books, 1990.

———. "Opium or the Seed of Revolution?: Shamanism, Women Centered Religiosity in Korea." *Concilium*, May 1988.

Cone, James H. "Ecumenical Association of Third World Theologians." *Ecumenical Trends*, Vol. 14, No. 8, September 1985.

Consultation on Asian Women's Theology, Singapore, November 20-28, 1989. "Summary Statement on Mariology." Forthcoming by *In God's Image*.

———. Anonymous. "Mariology: A Pakena Perspective." Unpublished paper.

———. Anonymous. "Spirituality." Unpublished paper.

———. Arayapraatep, Komol. "Christology." Unpublished paper.

———. Cheng, Emily Mei Ling. "Mariology." Unpublished paper.

———. Choi, Man Ja. "Feminist Christology." Unpublished paper.

———. Dunn, Mary. "Emerging Asian Women's Spirituality." Unpublished paper.

———. Han Kuk Yum. "Mariology as a Base for Feminist Liberation Theology." Unpublished paper.

———. Melanchton, Monica. "Christology and Women." Unpublished paper.

———. Nalaan, Navaratnarajah. "Mariology." Unpublished paper.

———. Ong, Ruth. "A Woman of Faith and Hope." Unpublished paper.

———. Zambrano, Anrora. "Mariology." Unpublished paper.

Consultation Report from Theologically Trained Women of the Philippines. "A Continuing Challenge for Women's Ministry." *In God's Image*, August 1983.

Derego, Pearl et al. "The Exodus Story." *In God's Image*, September 1988.

de Silva, Narada. "Sri Lankan Housemaid in the Middle East." *Logos*, December 1981.

Dietrich, Gabriele. "The Origin of the Bible Revisited: Reconstructing Women's History." *Logos*, May 1986.

――――. "Perspective of a Feminist Theology: Toward a Full Humanity of Women and Men." Unpublished paper, India, 1986.

――――. "Perspective of a Feminist Theology." *Logos*, October 1983.

――――. "Recapturing Women's Creativity." *In God's Image*, December 1984.

D'Sousa, Lucy. "My Sadhana." *In God's Image*, September 1988.

Esquivelo, Julia. "Liberation Theology and Women." *Logos*, October 1983.

Eugenia, Mary. "Women in Islamic Faith." *In God's Image*, December 1986.

Fabella, Virginia. "Asian Women and Christology." *In God's Image*, September 1987.

――――. "Mission of Women in the Church in Asia: Role and Position." *In God's Image*, December 1985.

Fernando, Milburga. "Towards a Theology of Womanhood." *Logos*, May 1986.

Fernando, Nimalka. "The Meaning of Mariology for Us Today." *Kalinangan*, June 1985.

――――. "Towards a Theology Related to a Full Humanity." *In God's Image*, April 1985.

Gallup, Padma. "Doing Theology–An Asian Feminist Perspective." *CTC Bulletin*, December 1983.

――――. "The New Community of Asia." *Ecumenical Review*, 34:2, 1982.

Geaga, Gloria Maiv. "Violence in Women's Lives: A Global Perspective." *Kalinangan*, June 1985.

Gnanadason, Aruna. "Human Rights and Women's Concerns." *Religion and Society*, 28:1.

――――. "The Search for Humanhood–A New Hermeneutical Approach." *Atesea Occasional Papers*, June 1987.

Goonatileka, Hema. "The Position of Women in Buddhism." *Logos*, November 1982.

Hensman, Pauline. "Mary Speaks." *In God's Image*, October 1985.

――――. "The Risen Christ and Ending the Oppression and Subjugation of Women, the Poor and the Downtrodden." *Logos*, May 1986.

Hirota, Filo. "The Church in Japan is a Women's Church?" *In God's Image*, December 1986.

Honclada, Jurgette. "Notes on Women & Christ in Philippines." *In God's Image*, October 1985.

IDOC Documentation Service. "Korean Women in Ministry." *IDOC Bulletin*, No. 8-9, 1984.

Indian National Council of Churches. "Church Women Struggling: Two Cases in Point." *Kalinangan*, June 1983.

Ismail, Jezima. "A Statement on the Status, Role, and Responsibility of the Muslim Woman." *Logos*, May 1986.

Jayawardena, Kumari. "Feminism and Nationalism in the Third World." *Logos*, November 1982.

Joseph, Susan. "I am a Woman." *In God's Image*, September 1988.

Katoppo, Marianne. "Mother Jesus." *Logos*, October 1983.

———. "Perspective for a Woman's Theology." *Voices of the Third World*, September 1985.

———. "Women's Liberation from an Indonesian (Mihanassan) Perspective." *Logos*, November 1982.

Kim Ai Young. "Theological Reflections on the Agriculture Situation." *In God's Image*, April 1985.

Kim Hee Eun. "Theological Reflection on Women's Work." *The Context of Korean Women's Theology*, Seoul: KAWT, 1985.

Kim Young Hee. "Theological Reflection on the Situation of the Urban Poor." *In God's Image*, April 1985.

Korean Association of Women Theologians, "Consultation Toward the Establishing of Asian Feminist Theology." *CTC Bulletin*, December 1983.

Korean Feminist Collective. "A Discussion on Feminism." *Asian Women*, Vol. 11, No. 36, September 1986.

Kuninobu, Junko Wada. "Women's Studies in Japan." *Women's Studies International Forum*, 7:4 (1984).

Kwok, Pui-lan. "Discovering the Bible in the Non-Biblical World." Forthcoming in *Semeia*.

———. "The Emergence of Asian Feminist Consciousness on Culture and Theology." Unpublished paper.

———. "The Feminist Hermeneutics of Elizabeth Schüssler Fiorenza: An Asian Feminist Response." *East Asia Journal of Theology*, Vol. 3, No. 2., 1985.

———. "God Weeps with Our Pain." *CTC Bulletin*, December 1983.

Lascano, Lydia. "The Role of Women in the Church and Society." *In God's Image*, December 1985–February 1986.

Lateef, Shahida. "Attitudes Towards Women in Islam." *Logos*, November 1982.

Lee Chong Ai. "Awake, Rise and Sing." *In God's Image*, December

1985–February 1986.

Lee Oo Chung. "Korean Culture and Feminist Theology." *In God's Image*, September 1987.

Lee Sun Ai. "Asian Women's Theological Reflection." *East Asia Journal of Theology*, 3:2, 1985.

———. "Image of God." *In God's Image*, September 1988.

———. "A Reading from a Taoist Funeral Song Designed for Women." *In God's Image*, April 1984.

———. "The Women's Movement and Ecumenical Agenda." Seoul, Korea: Hyundae Shinsuh, 1983.

Lee Sun Ai. and Yayori, Matsui. "Theological Reflections on the Prostitution Industry." *Women in Third World Theology*, September 1985.

Lee Sung Hee. "Women's Liberation Theology as the Foundation for Asian Theology." *East Asia Journal of Theology*, Vol. 4, No. 2, October 1986.

Lewis, Nantawan Boonprasat. "Asian Women Theology: A Historical and Theological Analysis." *East Asia Journal of Theology*, IV, October 1986.

———. "Human Rights for Asian Women: Toward a Fuller Actualization." *Human Rights and the Global Mission of the Church*, Boston Theological Institute Annual Series, I, 1985.

———. "An Overview of the Role of Women in Asia–A Perspective and Challenge to Higher Education." *East Asia Journal of Theology*, October 1985.

Ligo, Arche. "Liberation Themes in Phillippine Religiosity." *Pintig Diwa Faculty Journal VIII*, 1988.

Lobo, Astrid. "Mary and the Women of Today." *In God's Image*, September 1988.

———. "My Image of God." *In God's Image*, September 1988.

Mananzan, Mary John. "Prophecy as Resistance–A Philippine Experience." *Voices of the Third World*, September 1985.

———. "Theology from the Point of View of Asian Women." Paper presented to Asian women EATWOT members, Manila, 1986.

Mascarenhas, Marie Mignon. "Female Infanticide and Foeticide in India." *Stree* (an occasional newsletter of the All India of Council of Christian Women), No. 16, October 1987.

Mathew, Mercy. "The Story of a Continuous Search." *In God's Image*, April 1985.

Monterio, Rita. "My Image of God." *In God's Image*, September 1988.

New Zealand Women's Conference. "Women's Space–Spirituality–Ministry." *In God's Image*, December 1984.

Niles, D. Preman. "Some Emerging Theological Trends in Asia." *CTC Bulletin*, March 1981.

Niquidula, Lydia N. "Women in Theology Revolutionizing Liturgy." *CTC Bulletin*, December 1983.

Park Soon Kyung. "Summing Up the Total Program of the Korean Women's Theological Consultation." *In God's Image*, April 1985.

Parkin, Harry. "Confucian Thoughts on Women." *CTC Bulletin*, December 1983.

Perera, Angela. "Women in the Plantation Sector." *Logos*, December 1981.

Rebera, Audrey. "Woman and Man in the Bible." *Logos*, October 1983.

Rivera, Dazzel K. "Asian Women Down Under." *Balai*, No. 12, June 1981.

Salgado, Nirmala. "Images of the Feminine in Religion with Special Reference to Christian, Buddhist, and Hindu Scriptures." *Logos*, May 1986.

Selvi, Y. and Manorama, Ruth. "Theological Reflections on Our Experience in the Struggle of Women in the Oppressed Section of Society." *Voices of the Third World*, September 1985.

Sigrid. "Through Women's Eyes." *In God's Image*, December 1985/February 1986.

Silva, Bernadeen. "Biblical Message of Equality." *Logos*, October 1983.

———. "Capitalism and Women." *Logos*, November 1982.

———. "Spirituality of Sexuality." *The Voices of the Third World*, September 1985.

———. "What then is Feminist Theology?" *Logos*, May 1986.

Skuse, Jean. "The Ecumenical Movement from a Feminist Perspective." *CTC Bulletin*, December 1983.

Stephens, Alexandra. "Migration & Women Heads of Rural Households." *Balai*, No. 12, June 1981.

Swaris, J. N. "Women in the Old Testament." *Logos*, October 1983.

Talag, Melane V. "The Power Called Mother." *The Manila Chronicle*, February 22, 1988.

Thiruchandran, Selvi. "Women in Hinduism." *Logos*, November 1982.

Thitsa, Khin. "The Conditions of Female Consciousness in Chiengmai Province, Thailand." *Logos*, November 1982.

———. "Providence and Prostitution: Image and Reality for Women in Buddhist Thailand." Unpublished paper.

Thomas, M. M. "Some Notes on a Christian Interpretation of Nationalism in Asia." *South East Asian Journal of Theology*, 1960.

Wall, Lynne. "Power is a Dirty World." *In God's Image*, December 1984.

Women Participants in CCA Ecclesiology Meeting. "Realities of the Asian Women in Society and Church." *In God's Image*, December 1986.

Women's groups Workshop. "Militarisation and Militarism: A Women's Perspective Part II-On Militarisation and the National Security State." *Quest*, November 1986.

———. "Women Against Racism and Militarisation Part I-Nationalism and Racism." *Quest*, September 1986.

Yayori, Matsui. "Asian Population Policies and How They Oppress Women." *In God's Image*, December 1986.

논문

Chung Sook Ja. "An Attempt At Feminist Theology In Korea." M. Div. thesis, San Francisco Theological Seminary, 1986.

Kwok Pui-lan. "Chinese Women and Christianity 1860~1929." Ph. D. dissertation, Harvard Divinity School, 1988.

Lee Ock Kyung. "A Study on Formational Condition and Settlement Mechanism of Jeong Juel Ideology of Yi Dynasty." M. A. thesis, Ewha Women's University, 1985.

Suh Chang Won. "A Formulation of Minjung Theology: Toward a Socio-Historical Theology of Asia." Ph. D. dissertation, Union Theological Seminary, 1986.

Tapia, Elizabeth. "The Contribution of Philippine Christian Women to Asian Women's Theology." Ph. D. dissertation, Claremont Graduate School, 1989.

강의와 인터뷰

Cho Wha Soon. Interview in New York, May 1986.

Gnanadason, Aruna. "Towards an Indian Feminist Theology I, II." Two lectures at the Board of Theological Education's Institute of Teachers of Systematic Theologians at United Seminary, Bangalore, India, June 8-9, 1988.

Hyun Young Hak. "Minjung the Suffering Servant and Hope." Lecture given at Union Theological Seminary, New York, April 1982.

———. "Theology with Sweat, Tears and Laughter." Lecture given at Union Theological Seminary, New York, November 1982.

Lee Sun Ai. Interview at Interchurch Center, New York, August 9, 1988.

Mapa, Loretto-Eugenia. Interview at Women's Theology Center, Boston, February 8, 1989.

Nesiah, Anita. "Armed Conflict: Peace and Justice by Women?" Lecture presented at Bunting Institute, Cambridge, Mass., March 1, 1988.

Suh Kwang Sun. Lecture at School of Theology, Claremont Graduate School, August 1983.